高等职业教育电子商务专业系列教材

电子商务基础与实务

主　编　张格余

副主编　杨永靖　施丽红　钱晓舒

参　编　李　芳　袁　辉　张　沚

　　　　金伟超　刘　永　俞　翔

主　审　胡　桃

机械工业出版社

本书依据国家电子商务师（三级）职业技能标准和五年制高等职业教育电子商务专业人才培养目标，依托国家职业资格电子商务师实验室软件平台进行编写。本书以技术技能型人才培养为目标，以电子商务业务活动中的技能需求为主线，采取项目教学、任务驱动、软件模拟、实战训练等方式，培养、训练、提高学生的电子商务应用能力。全书共 6 个项目，包括网络工具的使用、电子商务交易模式、网络营销、物流配送、网上支付与电子商务安全、网上创业。每个项目分为若干个任务，在每一个任务中包括任务情景、任务分析、任务实施、相关知识、拓展训练和实战训练。

本书可作为五年制高职电子商务专业及商贸类专业（物流管理、会计、市场营销、国际贸易、商务英语等专业）的教学用书，也可作为电子商务专业学生、电子商务从业者参加国家职业资格助理电子商务师、电子商务员技能考试的辅导用书。本书还配有精品课程网站（http://www.xzjmec.cn），读者可登录网站使用电子教案、课件、视频资源、典型案例、微课等课程资源，也可发电子邮件至 zhangy5819@163.com 索取。

图书在版编目（CIP）数据

电子商务基础与实务/张格余主编. —北京：机械工业出版社，2016.3（2024.6 重印）
高等职业教育电子商务专业系列教材
ISBN 978-7-111-52533-2

Ⅰ. ①电… Ⅱ. ①张… Ⅲ. ①电子商务—高等职业教育—教材
Ⅳ. ①F713.36

中国版本图书馆 CIP 数据核字（2015）第 318466 号

机械工业出版社（北京市百万庄大街 22 号 邮政编码 100037）
策划编辑：梁 伟 责任编辑：李绍坤
责任校对：马立婷 封面设计：鞠 杨
责任印制：邓 博

北京盛通数码印刷有限公司印刷

2024 年 6 月第 1 版第 17 次印刷
184mm×260mm · 12.5 印张 · 309 千字
标准书号：ISBN 978-7-111-52533-2
定价：38.00 元

电话服务	网络服务
客服电话：010-88361066	机 工 官 网：www.cmpbook.com
010-88379833	机 工 官 博：weibo.com/cmp1952
010-68326294	金 书 网：www.golden-book.com
封底无防伪标均为盗版	机工教育服务网：www.cmpedu.com

前　言

近年来，随着我国电子商务的迅猛发展，电子商务正在改变世界贸易格局并成为经济发展新的增长点。连续 6 年的“双 11 经济”和“淘宝村”的不断涌现更是彰显电子商务的魅力！电子商务的快速发展，加剧了企业对电子商务人才的需求。依据五年制高职电子商务专业人才培养方案和课程标准，为实现技术技能型电子商务人才培养目标，编写了本书。

本书以电子商务的实际业务为背景，以电子商务业务活动为主线，突出实践教学，采取项目教学、任务驱动，通过“教学做一体”教学模式改革，培养、提高学生的实践能力，达到高职教育技术技能型人才培养目标。

本书采取“软件模拟+实战训练”方式，以国家职业资格电子商务师实验室软件平台、知名电子商务网站及相关网络资源为依托，突出能力培养，通过软件模拟，帮助学生熟悉电子商务业务流程，进一步加深对电子商务基本理论的理解与掌握；通过实战训练，提高学生电子商务应用能力，培养学生的网上创业意识和创新能力。

本书采取“课证融通”方式，在满足学生学习电子商务基本理论与技能的同时，也能为学生参加国家职业资格电子商务师考证奠定坚实的技能基础。

本书由张格余任主编，杨永靖、施丽红和钱晓舒任副主编，参加编写的还有李芳、袁辉、张沚、金伟超、刘永和俞翔。其中，项目 1 由杨永靖、金伟超编写，项目 2 由张格余编写，项目 3 由袁辉、刘永、俞翔编写，项目 4 由李芳编写，项目 5 由杨永靖、施丽红编写，项目 6 由钱晓舒、张沚编写。全书由北京邮电大学胡桃教授主审。

在本书编写过程中，得到了江苏联合职业技术学院教材编写委员会的大力支持，他们对本书的编写提出了许多宝贵意见；本书使用了北京中鸿网络教育技术有限公司开发的国家职业资格电子商务师实验室软件及淘宝网站资源，参考了许多电子商务书籍及网络资源，在此一并致以诚挚的谢意！

由于电子商务理论与实践在不断探索发展中，加之编者学识有限，书中不足之处在所难免，敬请各位读者批评指正。

编　者

目　　录

项目 1

网络工具的使用

学习目标

能力目标

能够进行电子邮件的收发并能根据实际需要对电子邮箱的参数进行设置。

能够利用搜索引擎进行商务信息的搜集，熟练运用搜索方法和技巧。

能够使用下载工具下载网络资源。

能够使用 FTP（File Transfer Protocol，文件传输协议）客户端程序（CuteFTP）进行文件的上传和下载。

能够使用 IM（Instant Messaging，即时通信）工具进行交流和文件传输。

能对比分析同类电子商务网站的经营特点。

知识目标

了解电子商务与传统商务的区别。

明确电子商务的含义、功能、现状和发展趋势，理解电子商务中的四种“流”。

掌握电子邮件地址的构成，理解 SMTP（Simple Mail Transfer Protocol，简单邮件传输协议）和 POP（Post Office Protocol，邮局协议）。

了解搜索引擎的含义、分类和工作原理。

掌握 FTP 的含义，了解其工作原理。

素质目标

培养学生对电子商务职业的热爱，初步具备从事电子商务工作的基本业务素质。

任务 1　走进电子商务

任务情景

2009 年淘宝商城推出“双 11”购物节，当天实现 0.52 亿元的销售额；2010 年“双 11”

实现了9.36亿元销售额；2011年“双11”实现了53亿元销售额；2012年“双11”实现了191亿元销售额；2013年“双11”实现了361亿元销售额；2014年“双11”实现了571亿元销售额；2015年“双11”实现了912亿元销售额。连续6年的“双11经济”彰显了电子商务的巨大魅力，折射出整个中国商务的变迁。

下面，让我们一起走进电子商务，揭开电子商务的神秘面纱。

任务分析

通过浏览国内外著名电子商务网站和相关知识的学习，使学生知晓不同类型电子商务网站的经营特点，感悟电子商务与传统商务的区别，明确电子商务的含义、功能、现状和发展趋势，电子商务中的四种“流”，通过分组讨论，总结出电子商务的特点和优势。

任务实施

浏览电子商务网站

（1）B2C电子商务网站：Amazon（亚马逊）、Dell（戴尔）、当当网、京东商城

1）Amazon网站（www.amazon.com），如图1-1所示。

亚马逊公司（简称亚马逊）是网络上最早开始经营电子商务的公司之一，创立于1995年，总部位于美国华盛顿州的西雅图，目前已成为全球商品品种最多的网上零售商。

2004年8月亚马逊全资收购卓越亚马逊，使亚马逊全球领先的网上零售专长与卓越亚马逊深厚的中国市场经验相结合，进一步提升客户体验，并促进中国电子商务的发展。

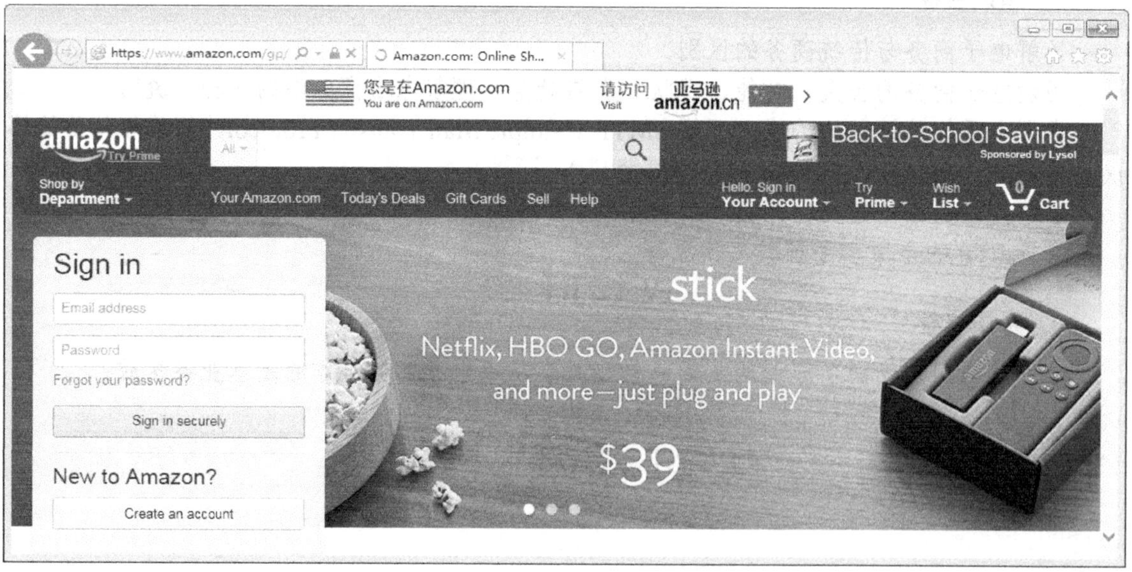

图1-1　Amazon网站

2010年3月15日，已拥有23大类、超过120万种商品的网上商城卓越亚马逊发布了“网

络购物诚信声明白皮书”，主要就目前消费者网购普遍关心的“正品”和“退换”问题，针对售前和售后的诚信保证作出具体阐释。卓越亚马逊认为，网购诚信主要分为“售前诚信”和“售后诚信”。售前诚信指消费者对于网络商城品牌的信任度以及每件商品是否是“正品”。对此，卓越亚马逊对消费者推出了“天天低价、正品保证”的承诺。

亚马逊中国拥有业界公认世界一流的运营网络。目前有 15 个运营中心，主要负责厂商收货、仓储、库存管理、订单发货、调拨发货、客户退货、返厂、商品质量安全等。同时，亚马逊中国还拥有自己的配送队伍和客服中心，为消费者提供便捷的配送及售后服务。

2）Dell 网站（www.dell.com），如图 1-2 所示。

图 1-2　Dell 网站

总部设在德克萨斯州奥斯汀的戴尔公司是世界上最成功的采用电子商务的计算机公司，是全球领先的 IT 产品及服务提供商。戴尔将互联网的重要作用贯穿于整个业务之中，包括获取信息、客户支持和客户关系的管理。戴尔公司 CEO 迈克尔 • 戴尔的经营思想是：“绕过分销商等传统价值链中的中间环节，按单定制并将产品直接销售到客户手中”。

二十多年来，戴尔公司革命性地改变了整个行业，使全球的客户包括商业、组织机构和个人消费者都能接触到计算机产品。直销带来的优势使得其信息技术应用能力变得更加强大，更易于使用，价格更能被接受，从而为客户提供充分利用这些强大的、全新工具的机会，以改善他们的工作和生活。戴尔成为市场领导者的根本原因是：通过直接向客户提供符合行业标准技术的产品和服务，不断地致力于提供最佳的客户体验。

3）当当网（www.dangdang.com），如图 1-3 所示。

当当网于 1999 年 11 月开通，是全球最大的综合性中文网上购物商城。当当网提供繁多的商品、实惠的价格、快捷的搜索、灵活的付款方式、迅速的送货服务，通过不断提升各种网络功能，保持并扩大在全球中文书刊和音像网上零售业务上的领先地位。

过去十年，当当网一直致力于产品、技术和创新服务，同时在物流网络等电子商务基础设施的构建上支持力度较大，相继推出了可实现购买功能的手机当当网、网上自助式的退换货、订单跟踪查询系统、个性化推荐、定制图书以及在线阅读等革命性的产品和服务，并在全国建成总面积达 10 万平方米的五大物流中心，货到付款服务可覆盖全国 1 238 个地区、近 800 个城市，这些都大大提升了当当网的商品交付能力、用户体验和平台黏性。当当网积十年之力最终见证和成就了网上购物在中国的繁荣。

图 1-3　当当网

当当网于美国时间 2010 年 12 月 8 日在纽约证券交易所正式挂牌上市，成为中国第一家完全基于线上业务在美国上市的 B2C（Business to Customer，商家对客户）网上商城。自路演阶段，当当网就以广阔的发展前景而受到大批基金和股票投资人的追捧，上市当天股价即上涨 86%，并以 103 倍的高 PE 和 3.13 亿美元的 IPO 融资额，连创中国公司境外上市市盈率和亚太区 2010 年高科技公司融资额度两项历史新高。

4）京东商城（www.jd.com），如图 1-4 所示。

图 1-4　京东商城

京东商城提供丰富优质的商品，品类包括：计算机、手机及其他数码产品、家电、汽车配件、服装与鞋类、奢侈品（如，手提包、手表与珠宝）、家居与家庭用品、化妆品与其他个人护理用品、食品与营养品、书籍、电子图书、音乐、电影与其他媒体产品、母婴用品与玩具、体育与健身器材以及虚拟商品（如，国内机票、酒店预订等）。

根据第三方市场研究公司艾瑞咨询的数据，京东集团是中国最大的自营式电商企业，2015 年第一季度在中国自营式 B2C 电商市场的占有率为 56.3%。目前，京东集团旗下设有京东商城、京东金融、拍拍网、京东智能、O2O（Online to Offline，线上到线下）及海外事业部。2014 年 5 月，京东在美国纳斯达克证券交易所正式挂牌上市，是中国第一个成功赴美上市的大型综合型电商平台，与腾讯、百度等中国互联网巨头共同跻身全球前十大互联网公司排行榜。2014 年，京东市场交易额达到 2 602 亿元，净收入达到 1 150 亿元。

京东拥有中国电子商务行业最大的仓储设施。截至 2015 年 3 月 31 日，京东在全国拥有七大物流中心，在全国 43 座城市运营 143 个大型仓库，拥有 3 539 个配送站和自提点，覆盖全国 1 961 个区县。京东专业的配送队伍能够为消费者提供一系列专业服务，如，211 限时达、次日达、夜间配和三小时极速达、GIS（Geographic Information System，地理信息系统）包裹实时追踪、售后 100 分、快速退换货以及家电上门安装等服务，保障用户享受到卓越、全面的物流配送和完整的“端对端”购物体验。

（2）B2B（Business to Business，商家对商家）电子商务网站：“南阿里，北慧聪”

1）阿里巴巴（www.1688.com），如图 1-5 所示。

图 1-5 阿里巴巴

阿里巴巴是中国电子商务界的一个神话，是全球企业间电子商务最好的品牌之一。成立于 1998 年年末，总部设在杭州市区，并在海外设立美国硅谷、伦敦等分支。阿里巴巴不同于早期互联网公司以技术为驱动的网络服务模式，它在电子商务萌芽阶段就商业化地切入，并且踏实地做着自己能力能够做到的事情。阿里巴巴具有明确的市场定位，在发展初期专做信息流，绕开物流，前瞻性地观望资金流，并在恰当的时候介入支付环节。它的运营模式是遵循循序渐进的过程，依据中国电子商务界的发展状况来准确定位网站。首先抓基础，然后在实施过程中不断捕捉新的收入机会。

良好的定位、稳固的构成、优秀的服务使阿里巴巴成为全球首家拥有 220 万商人的电子商务网站，成为全球商人网络推广的第一网站，被商人们评为“最受欢迎的企业间网站”。杰出的成绩使阿里巴巴受到各界人们的关注。WTO（World Trade Organization，世界贸易组织）第一任总干事萨瑟兰出任阿里巴巴顾问，美国商务部、日本经济产业省、欧洲的中小企业联合会等政府和民间机构均向本地企业推荐阿里巴巴。

2）慧聪网（www.hc360.com），如图 1-6 所示。

图 1-6　慧聪网

慧聪网成立于 1992 年，是国内领先的 B2B 电子商务服务提供商，于 2003 年 12 月在香港联交所创业板成功上市，成为国内信息服务业及 B2B 电子商务服务业首家上市公司。依托其核心互联网产品买卖通以及雄厚的传统营销渠道——慧聪商情广告与中国资讯大全、研究院行业分析报告为客户提供线上、线下的全方位服务，这种优势互补、纵横立体的架构，已成为中国 B2B 行业的典范，对电子商务的发展具有革命性的影响。

2009 年 9 月 1 日慧聪网宣布正式推出行业专属服务。这个针对不同行业的客户差异化需求而为企业量身定做的网上做生意、结商友的诚信平台，其最大亮点在于“个性化”服务——精准的求购信息、网络和纸媒推广的全面覆盖、新闻营销深度打造企业品牌，将立足跨行业优势，不断提升行业服务深度和广度。确保每一位行业买卖通客户能享受到专门的精细化服务。慧聪网行业专属服务的推出，迎合了市场对 B2B 平台信息行业性配套的要求，也是慧聪网在保持线下业务优势的同时，对线上业务的进一步拓展和创新。不仅有利于提高用户满意度，还大大增强了对行业客户的黏性。

（3）C2C（Customer to Customer，客户对客户）电子商务网站：淘宝网

淘宝网（www.taobao.com），如图 1-7 所示。

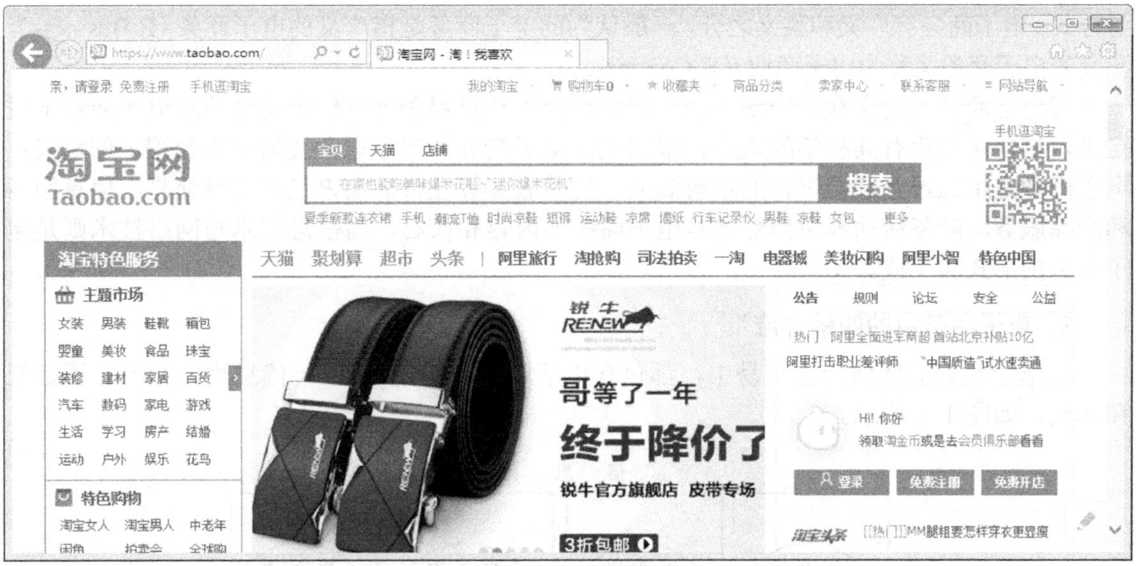

图 1-7　淘宝网

淘宝网的使命是“没有淘不到的宝贝，没有卖不出的宝贝”，由阿里巴巴集团于 2003 年 5 月 10 日投资创办。淘宝网倡导诚信、活泼、高效的网络交易文化，坚持“宝可不淘，信不能弃。”在为淘宝会员打造更安全高效的网络交易平台的同时，淘宝网也全心营造和倡导互帮互助、轻松活泼的家庭式氛围。每位在淘宝网进行交易的人，不但交易更迅速高效，而且还能交到更多朋友。目前，淘宝网已成为广大网民网上创业和以商会友的首选。

2008 年“大淘宝战略”应运而生，秉承“开放、协同、繁荣”的理念，通过开放平台，发挥产业链协同效应。大淘宝致力于成为电子商务的基础服务提供商，繁荣整个网络购物市场。为社会创造 100 万个直接就业机会是大淘宝最重要的目标。2010 年淘宝网创造的直接就业机会是 182.3 万个，而这一数字在 2011 年年底变成了 270.8 万个，比 2010 年增长了 48.5%。推动“货真价实、物美价廉、按需定制”网货的普及是大淘宝的使命。通过提供销售平台、营销、支付、技术等全套服务，大淘宝帮助更多的企业开拓内销市场、建立品牌，实现产业升级。大淘宝的出现将为整个网络购物市场打造一个透明、诚信、公正、公开的交易平台，进而影响人们的购物消费习惯，推动线下市场以及生产流通环节的透明、诚信，从而衍生出一个“开放、透明、分享、责任”的新商业文明。

截至 2014 年年底，淘宝网拥有注册会员近 5 亿名，日活跃用户超 1.2 亿人，在线商品数量达到 10 亿个，在 C2C 市场，淘宝网占 95.1%的市场份额。淘宝网在手机端的发展势头迅猛，据易观 2014 年最新发布的手机购物报告数字，手机淘宝+天猫的市场份额达到 85.1%。到 2014 年年底，淘宝网创造的直接就业机会达 467.7 万个。随着淘宝网规模的扩大和用户数量的增加，淘宝网也从单一的 C2C 网络集市变成了包括 C2C、分销、拍卖、直供、众筹、定制等多种电子商务模式在内的综合性零售商圈。

相关知识

1．电子商务的含义

电子商务作为一种现代商务方式，原来面对面的交易方式逐步变成了通过互联网完成的交易方式。电子商务有广义和狭义之分，一般认为的电子商务是指广义的电子商务（E-Business），狭义的电子商务又称为电子商业（E-Commerce）。

对电子商务的定义众说纷纭，众多国际化组织和世界著名 IT 公司都曾对电子商务下过定义，这些定义都有其科学的地方，根据我国电子商务师国家职业资格培训教程上的定义：电子商务是指通过互联网进行的销售商品、提供服务等经营活动，包括商品交易、信息服务和产品服务。商务活动理所当然地是电子商务的内容和核心，而信息技术与网络技术则是电子商务的形式和手段。

2. 电子商务中的四种“流”

在电子商务的任何一笔交易中，都包含以下四种基本的“流”：信息流、商流、资金流和物流，如图 1-8 所示。

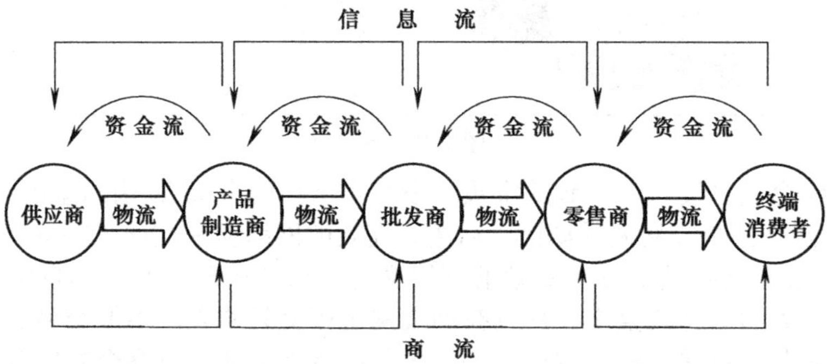

图 1-8 电子商务中的“四流”

信息流既包括商品信息的提供、促销营销、技术支持、售后服务等内容，也包括诸如询价单、报价单、付款通知单、转账通知单等商业贸易单证，还包括交易方的支付能力、支付信誉、中介信誉等。

商流是一种买卖或者说是一种交易活动过程，通过商流活动发生商品所有权的转移。

资金流主要是指资金的转移过程，包括付款、转账和兑换等过程。

物流主要是指商品和服务的配送和传输渠道。对于大多数商品和服务来说，物流可能仍然经由传统的经销渠道传输，然而对有些商品和服务来说，可以直接以网络传输的方式进行配送。

电子商务的过程是以物流为物质基础，以商流为表现形式，信息流贯穿始终，引导资金流正向流动的动态过程。

商流是物流、资金流和信息流的起点和前提，一般情况下，没有商流就不太可能发生物流、资金流和信息流。反过来，没有物流、资金流和信息流的匹配和支撑，商流也不可能达到目的。

3. 传统商务与电子商务的比较

电子商务与传统商务其核心都是商务，只是手段、工具不同。其实早在 1839 年，电报刚出现时人们就已经开始了对运用电子手段进行商务活动的讨论。后来，随着电话、传真、计算机、互联网、无线网等工具的延生，商务活动中可应用的工具也得到了补充。

可以从买方和卖方的角度分别了解传统商务的交易活动。在传统商务中，涉及买方的主要业务活动如图 1-9 所示。

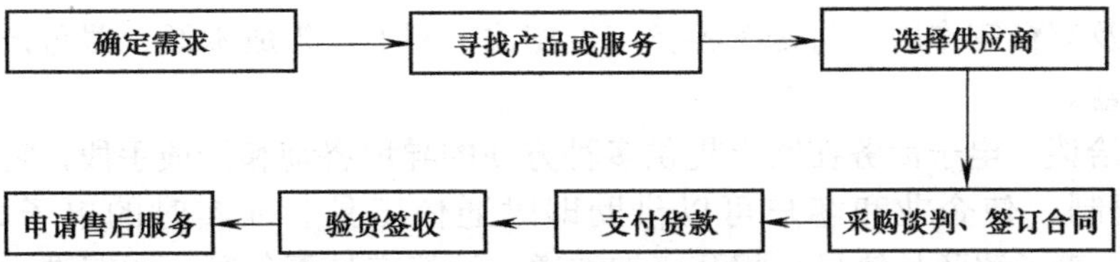

图 1-9 传统商务买方的主要活动

对于上述的买方完成的每一项业务活动，卖方都有一个相应的业务活动与之对应，如图 1-10 所示。

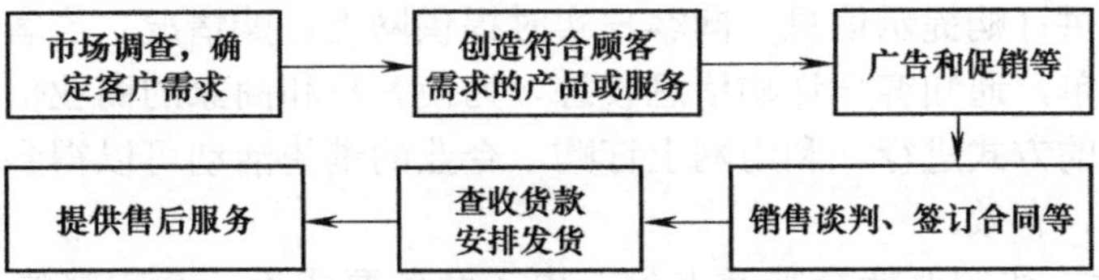

图 1-10 传统商务卖方主要活动

传统商务与电子商务的比较可从信息提供、交易渠道、交易对象、交易时间、交易地点、交易成本、营销活动、顾客方便度、对应顾客和服务等方面进行比较，见表 1-1。

表 1-1 传统商务与电子商务的比较

项　目	传 统 商 务	电 子 商 务
信息提供	传统渠道，传统媒体，有延迟	网络传递，很及时，且更新快
交易渠道	企业→多级中间商→消费者	企业→消费者
交易对象	在一定的交易范围内	遍布全球
交易时间	规定的营业时间内	24×365
交易地点	需要销售空间（店面）	网络虚拟空间
交易成本	相对较高	很低
营销活动	主要是单方面的营销	可实现一对一、一对多、多对一的营销
顾客方便度	受时间、空间、天气等因素的限制	顾客按自己的方式无拘无束购物
对应顾客	需要用很长时间掌握顾客的需求	能够迅速捕捉顾客的需求，及时应对
服务方面	不够周到	互动性强，更加快捷方便、周到灵活

4. 电子商务的功能

电子商务可提供网上宣传、网上交易、网上支付和管理等全过程的服务，也就是说，从寻找客户开始，一直到洽谈、订货、在线（收）付款、开据电子发票一直到电子报关、电子纳税等通过互联网一气呵成，其具体功能体现在：信息发布与广告宣传、咨询洽谈、网上订购、网上支付、电子银行、服务传递、意见征询、交易管理、在线服务支持等。

（1）信息发布与广告宣传　企业可以凭借自身和其他网站的网页发布各类商业信息，信息发布的实时性和方便性是传统媒体无可匹敌的，各种多媒体信息全方位展现了以往各种媒体所不具备的功能，这对于企业来说，相当于在全球范围内作了广告宣传；对用户来说，可利用网上的检索工具，迅速找到所需商品的信息。当然，商家的宣传可能与产品完全不相关，如对企业的整体形象、经营理念、企业文化和企业精神进行宣传，起到塑造、倡议、服务、影响、激励以及解释等作用。与传统各类广告相比，网上广告成本低、覆盖范围广，给顾客的信息最为丰富。

（2）咨询洽谈　电子商务在网上提供多种方便的异地咨询和洽谈手段，它超越了人们面对面交流的限制，使企业和客户可以借助即时通信工具和非实时的电子邮件、新闻组（NewsGroup）来了解商品信息、相互咨询沟通、洽谈交易事务等。如有进一步的需求，则还可用网上的白板会议（Whiteboard Conference）等来交流即时的图形信息。

（3）网上订购　对个人而言，也许电子商务最为直观和方便的功能就是网上购物。企业为了方便客户操作，通常在介绍产品的网页上提供友好的订购交互对话框，帮助客户完成订购过程，有时还提供订购提示信息，向客户实时提供网上订购情况。当客户填完订购单后，系统回复确认信息单，通知客户订购信息收悉。为使客户和商家的商业信息安全交流，订购信息往往采用加密的方式进行。利用网上订购，企业的销售活动可以得到密切跟踪，经营管理活动会更加迅捷、有效。

（4）网上支付　买东西就会涉及支付。电子商务要成为一个完整的过程，网上支付是重要环节。客户可以使用信用卡、电子现金、电子钱包以及电子支票等，通过银行实施支付。在网上直接采用电子支付手段可以节省交易中很多人员的开销。但是，值得注意的是，网上支付将需要更为可靠的信息传输安全性以及可靠性控制，以防止欺诈、窃取、修改、假冒和否认等非法行为。安全问题得不到保证，用户不可能放心，电子商务也就不可能有大发展。

（5）电子银行　网上支付必须要有电子金融来支持，银行、信用卡公司等金融单位为电子商务提供网上金融服务。

（6）服务传递　对于已付了款的客户应将其订购的货物尽快地传递到他们的手中。对于无形的商品，如软件、电子读物、信息服务、音乐等适合在网上直接传递；而对于那些必须要经过实际运输的商品，物流配送部门或公司能起到传递服务的作用。

（7）意见征询　电子商务过程中，商家可以非常方便地采用网页上的“选择”“填空”等对话框收集客户对销售服务的反馈意见，使生产者和消费者之间的距离缩短，这些反馈意见不仅能够提高企业售后服务的水平，更能使企业获得改进产品、发现市场的商业机会，使企业的市场运营形成良性循环。

（8）交易管理　整个交易的管理将涉及人、财、物多个方面，包括企业和企业、企业和客户及企业内部等各方面的协调和管理。因此，交易管理是涉及商务活动全过程的管理。

（9）在线服务支持　企业可以借助 IM、FAQ（Frequently Asked Question，经常问到的问题）、BBS（Bulletin Board Syster，电子公告板）等来提供更加完善的顾客服务，包括提供有关产品和服务的信息、在线解答顾客在产品使用中遇到的各种问题、提供产品订购和运送过程的有关信息等。

5．我国电子商务的发展现状和趋势

从 1997 年电子商务概念导入中国市场开始，中国的电子商务经过了十多年的发展，经历了互联网泡沫的冰河时期、非典爆发的回暖时期，到后来 2007 年的网络购物爆发年，以及随之而来的金融危机下的调整与转型。发展至今，电子商务对于中国社会、经济的发展都起到了一定的促进作用。2015 年 3 月，李克强总理在政府工作报告中提出，制定“互联网+”行动计划，推动移动互联网、云计算、大数据、物联网等与现代制造业结合，促进电子商务、工业互联网和互联网金融健康发展，引导互联网企业拓展国际市场。“互联网+”战略就是利用互联网的平台，利用信息通信技术，把互联网和包括传统行业在内的各行各业结合起来，在新的领域创造一种新的生态。比如，传统集市+互联网有了淘宝，传统百货卖场+互联网有了京东，传统银行+互联网有了支付宝，传统红娘+互联网有了世纪佳缘，传统交通+互联网有了滴滴打车等。

截至 2015 年 6 月，我国网络购物用户规模达到 3.74 亿人，较 2014 年年底增加 1249 万人，半年增长率为 3.5%。网络购物用户规模较快增长，显示出我国电子商务市场强劲的发展势头。随着中小企业电子商务的应用趋向常态化，网络零售业务日常化，网络购物市场主体日益强大。目前，我国电子商务未来将呈现六大发展趋势：

趋势一　市场持续快速增长，逐渐走向稳健和成熟。中国电子商务当前正处于快速发展期，市场交易额规模持续快速增长。预计未来 3～5 年内电子商务市场的这种增长态势仍将维持。特别是随着近两年来政府对电子商务的重视程度日益加大，相继出台多个支持鼓励政策，相信会对电子商务市场未来的发展起到极大的助推作用。同时，随着电子商务配套服务体系（物流、支付、客服等）的建立完善，未来电子商务市场将逐渐走向稳健和成熟。

趋势二　区域电子商务协同发展，中西部地区潜力巨大。目前中国电子商务发达地带为以江浙沪为主的长三角地区；以广州、深圳为主的珠三角地区和以北京为主的京津地区。与此同时，中西部地区电子商务的发展潜力不可小觑。目前从地区网购增长速度来看，中西部二三线地区比如山西、河南、四川等地增速最快。而且电子商务企业也已经开始把未来拓展的重点延伸至二三线区域，相信未来中西部地区将成为电子商务发展的新市场和增长动力。

趋势三　全面渗透传统经济，电子商务应用日渐普及化。电子商务的覆盖面持续扩大。一方面，电子商务正在逐渐渗透传统行业的各个领域，以网购为例，从早期的书籍百货行业逐渐扩展至服装、3C（Computer Communication Consumer Electronic，计算机通信和消费电子产品）、家电、食品乃至农产品等各个行业；从早期的实物类商品扩展至虚拟商品、便民缴费等各个领域；另一方面，电子商务的应用主体也日益丰富，从早期纯互联网企业开展电商，发展到目前，从上游的制造商、品牌商，到中游的经销、代理商，再到渠道终端的零售商，各种各样的传统企业纷纷加入电子商务行业。电子商务作为一种新的销售渠道和营销渠道，其应用在未来将日益普及化。

趋势四　电子商务服务纵深拓展，互联网渠道价值深挖。除了前面提到的全面化，电子商务的纵深化发展也是未来趋势。纵深化一方面体现在电子商务企业提供的电子商务服务纵深化发展，比如，B2B 电子商务正经历从早期的在线信息查询向小单在线交易服务的转变。纵深化另一方面还体现在，商家对于互联网的认知和利用，已经由早期单纯的销售渠道之一，扩展到销售渠道体系整合、企业品牌塑造及营销推广等多个层面，互联网的渠道价值将得到更深入的挖掘和利用。

趋势五　垂直细分孕育商机，电子商务企业将持续涌现。目前电子商务在一些行业的应用已经趋于成熟，比如，标准化的图书音像、3C 等，而且此类垂直 B2C 市场已经拥有 1～3 个规模领先的企业，市场格局相对稳定。但是在更多的垂直细分市场，还尚未出现 1、2 家上规模的 B2C 企业。未来垂直细分市场孕育了无限商机，值得深耕的细分市场还有很多，比如食品、女装、运动服、鞋等细分领域，再比如个性化定制、中高端名品折扣、中老年消费等诸多特色市场，相信未来将会涌现更多的电子商务企业。

趋势六　终端入口多元化，互联网商务与移动商务趋向融合。观察近期电子商务市场的动态可以发现，除了互联网电子商务外，电视购物、手机购物等多终端购物模式的结合愈加紧密。对于消费者来讲，未来消费入口将更加多元化，除了互联网，手机、电视、电子阅读器等各种终端设备都有可能成为用户下单的入口，各种终端购物模式也逐渐趋向融合。

拓展训练

查阅最新发布的《中国互联网络发展状况统计报告》，知晓我国互联网发展的现状，网上购物、网上支付等电子商务发展的规模。

实战训练

浏览本任务中的6个电子商务网站和相关电子商务网站，试比较分析同类型电子商务网站的经营特点，并写出分析报告。

任务2　电子邮箱的申请与使用

任务情景

互联网的发展，改变了人们的交流方式，电子邮件（E-mail）是互联网上使用最广泛的工具之一。电子邮件与普通邮件相比，其最大的特点是速度快、费用省。电子邮件到达目的地一般只需要几秒，它在现代通信方式中占有极其重要的地位，其重要性已有超过当今的电话、传真和普通信件的趋势。因此，现在公司间的信件交流很多采用电子邮件方式。请在某一个门户网站申请一个免费电子邮箱。

任务分析

网易、搜狐、新浪等门户网站均推出免费电子邮箱，在使用电子邮件之前先要设置好电子邮箱，通过中文邮箱第一品牌——163电子邮箱的申请和使用，使学生知晓电子邮箱注册的一些注意事项，了解密码保护问题和答案的作用，掌握收发邮件、邮箱设置等操作技能。

任务实施

1. 电子邮箱申请

1）打开163网易免费邮（mail.163.com），如图1-11所示，单击“注册”按钮。

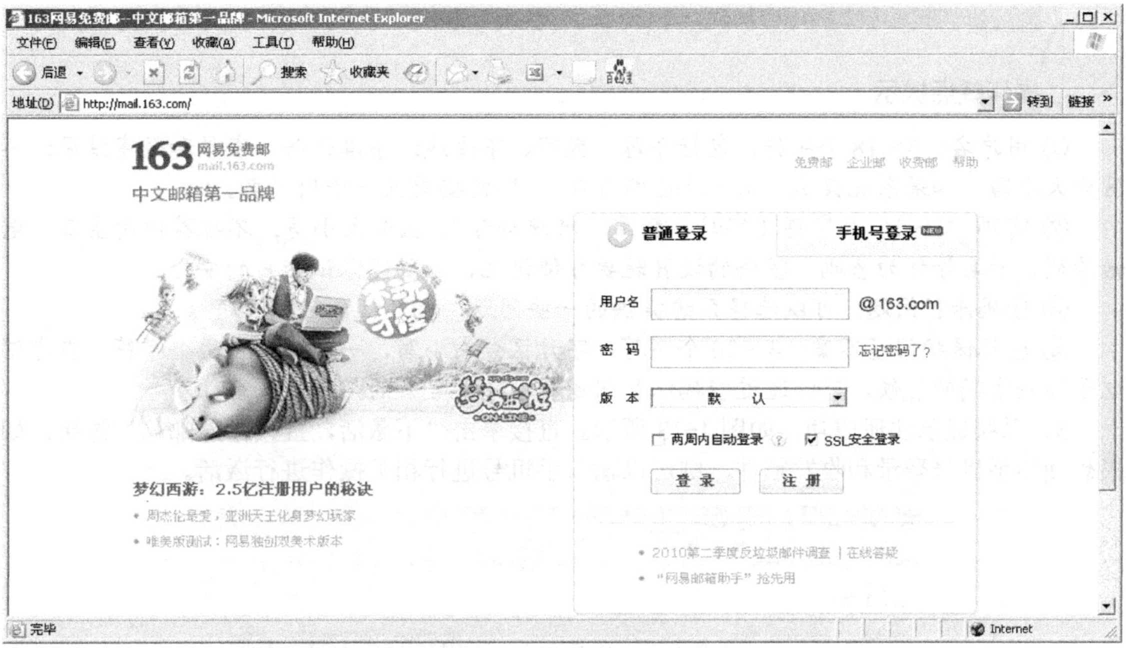

图 1-11　163 网易免费邮

2）填写注册信息，如图 1-12 所示，确认无误后，单击“创建账号”按钮。

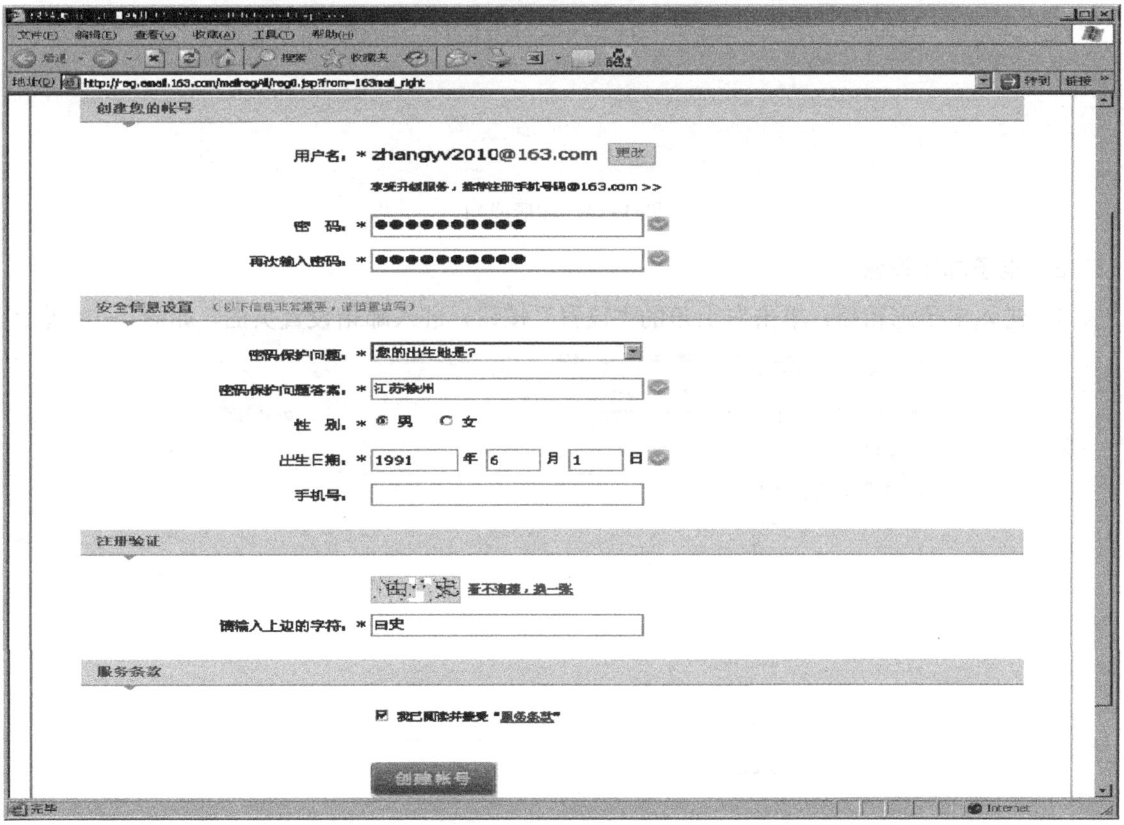

图 1-12　输入注册信息

操作要点提示

① 用户名：6～18 个字符，包括字母、数字、下画线；字母开头、字母和数字结尾；不区分大小写；如果系统提示“用户名已经存在”，则需要更换一个用户名。

② 密码：6～16 个字符（字母、数字、特殊符号），区分大小写；不推荐使用生日、电话号码、姓名等作为密码，密码的设置既要方便记忆，又要能保证账户的安全。

③ 密码保护问题：可以选择系统提供的一些问题，也可以自定义问题。

④ 密码保护问题答案：4～30 个字符，字母区分大小写，一个汉字占两个字符；在忘记电子邮箱密码的时候，可以通过密码保护问题和答案设置新的邮箱密码。

3）系统提示注册成功，如图 1-13 所示。直接单击“不激活，直接进入邮箱”链接；如果想使用手机号登录和收发邮件，则可以输入手机号进行相关操作进行激活。

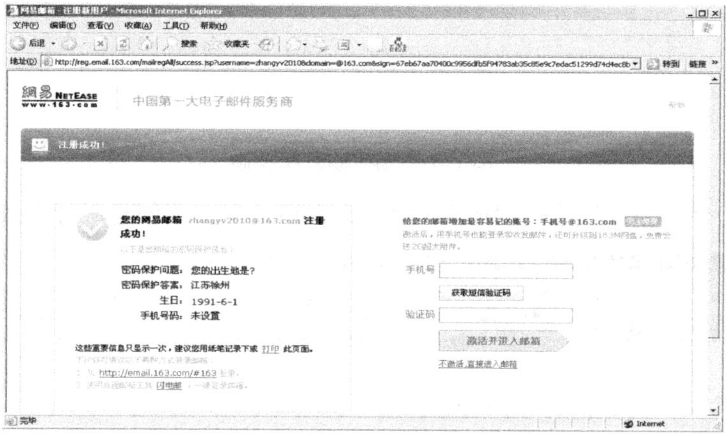

图 1-13　注册成功

2. 电子邮箱设置

1）进入电子邮箱后，单击右上角的“设置”按钮，进入邮箱设置页面，如图 1-14 所示。

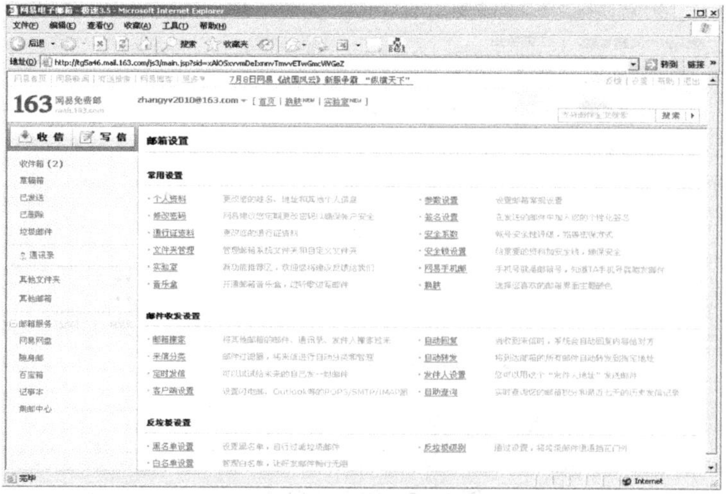

图 1-14　电子邮箱设置

2）单击“个人资料”，对“个人资料”进行设置，然后单击“确定”按钮，如图 1-15 所示。

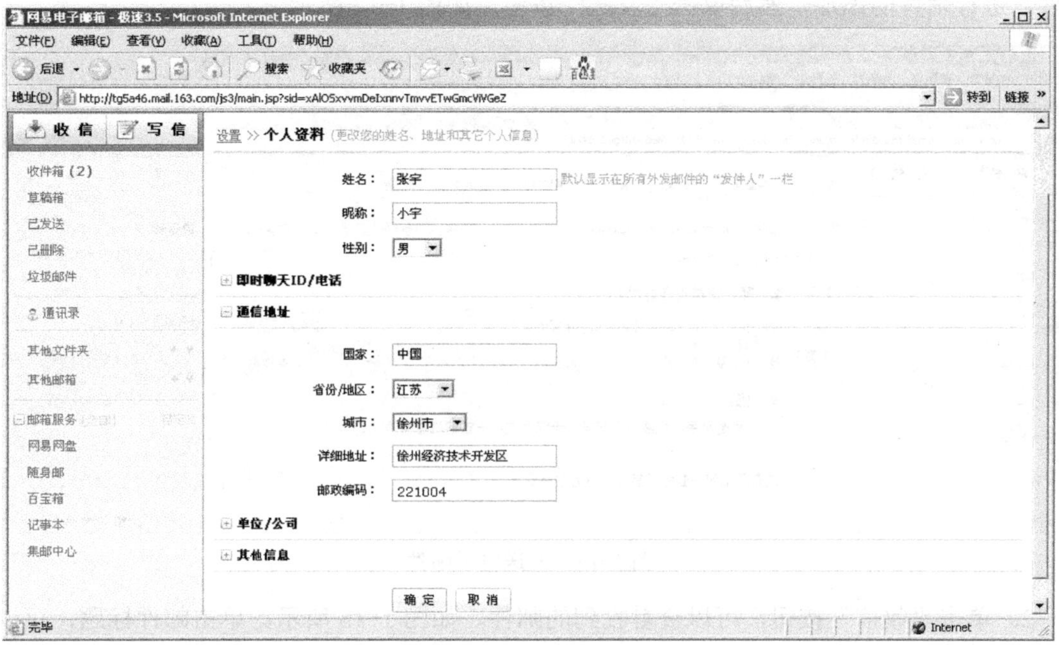

图 1-15　个人资料设置

3）单击“修改密码”，输入旧密码、新密码和验证码，然后单击“下一步”按钮，如图 1-16 所示。

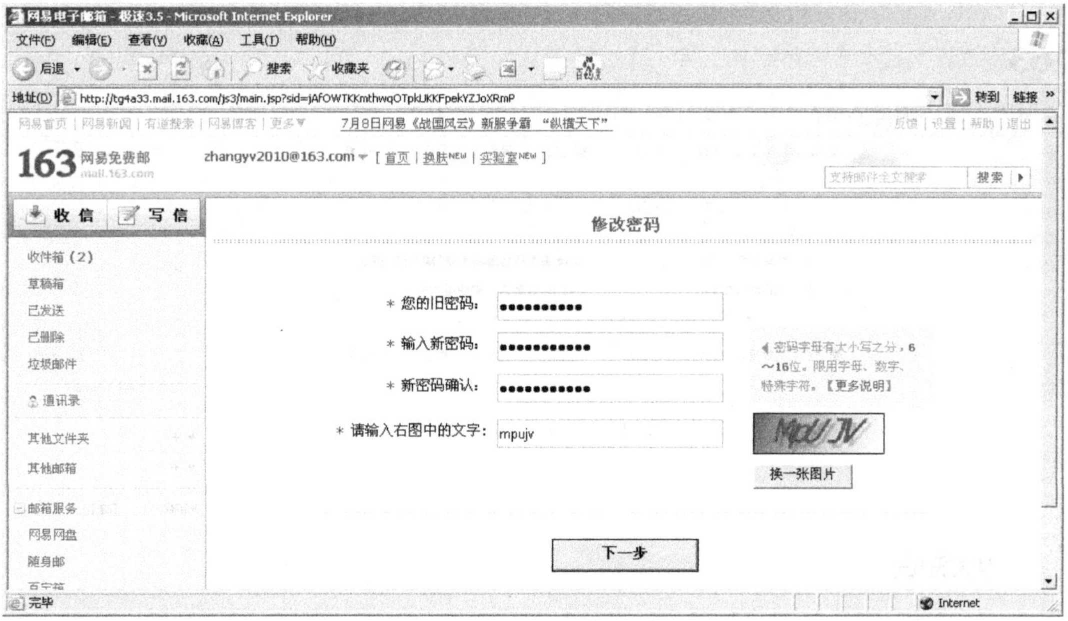

图 1-16　修改密码

3. 收发电子邮件

1）单击“写信”按钮，输入收件人的电子邮箱、邮件主题和邮件内容，可单击“添加附件”进行附件的添加，然后单击“发送”按钮，如图 1-17 所示。

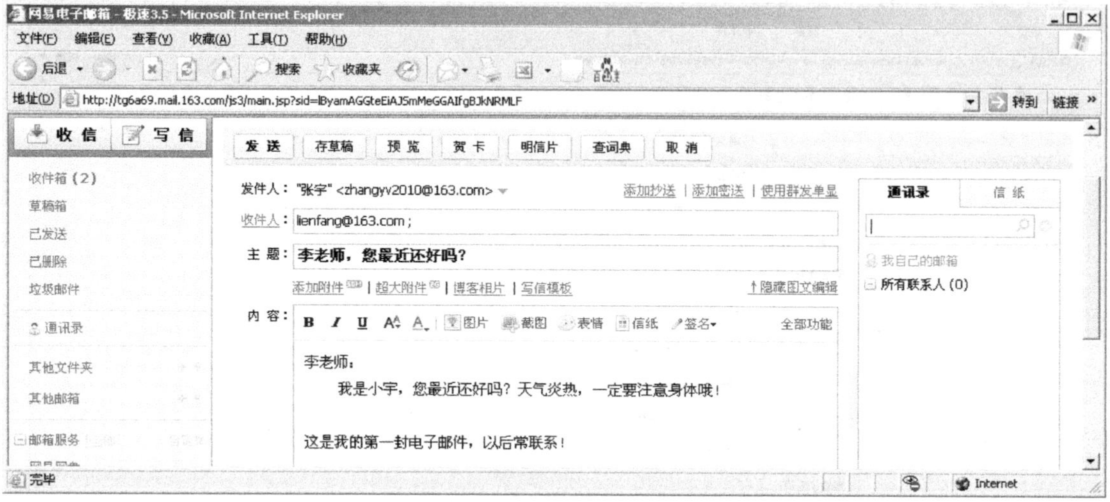

图 1-17　发送电子邮件

2）单击“收信”按钮，可以查看收到的邮件，如图 1-18 所示。单击邮件标题，可以查看电子邮件的内容。

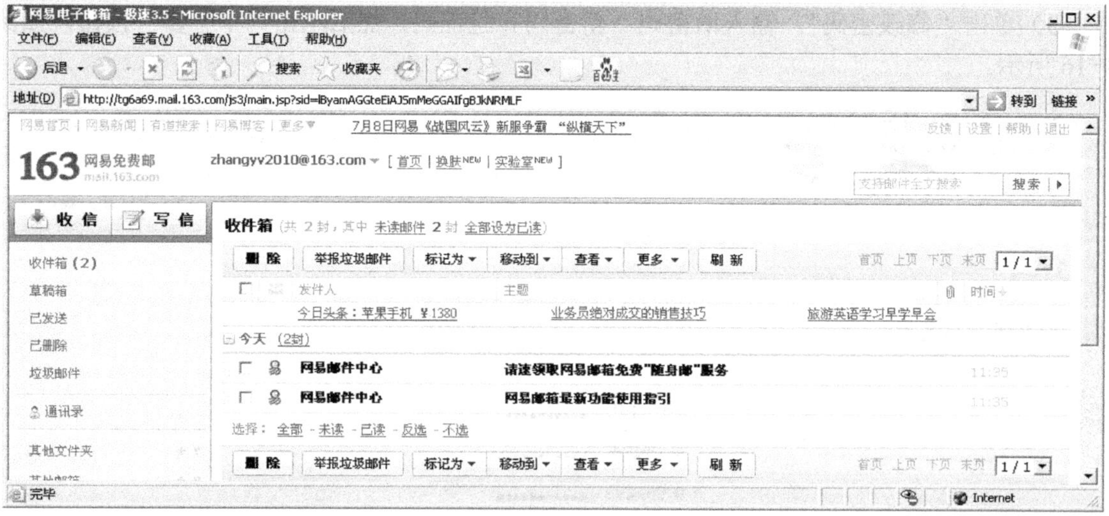

图 1-18　接收电子邮件

相关知识

1. 电子邮件地址的构成

电子邮件是一种用电子手段提供信息交换的通信方式，是 Internet 应用最广的服务，通过网络的电子邮件系统，可以用非常低廉的价格，以非常快速的方式，与世界上任何一个角落的网络用户联系。它可以含有数字化的文字、图画、音频、视频、动画、程序等文件。正是由于电子邮件的使用简易、投递迅速、收费低廉、易于保存、全球畅通无阻等特点，使得它被广泛地应用，使人们的交流方式得到了极大的改变。

传统的邮件包括信封和信本身，电子邮件则包括信头和信体。

每个电子邮箱都有一个地址，这个地址在全球范围内是唯一的。电子邮箱地址的格式是固定的：用户名@服务器域名。用户名表示电子邮箱、注册名或信件接收者的用户标识，@符号后是使用的邮件服务器的域名。@可以读成“at”，也就是“在”的意思。整个电子邮件地址可理解为网络中某台服务器上的某个用户的地址。

2．电子邮件的发送和接收

电子邮件在 Internet 上发送和接收的原理可以形象地用日常生活中邮寄包裹来形容：当人们要寄一个包裹的时候，首先要找到任何一个有这项业务的邮局，在填写完收件人姓名、地址等信息之后包裹就被寄出，并到达收件人所在地的邮局，对方取包裹的时候就必须去这个邮局才能取出。同样，当人们发送电子邮件的时候，这封电子邮件是由邮件发送服务器发出，根据收信人的地址判断对方的邮件接收服务器，将这封电子邮件发送到该服务器上，收信人要收取邮件也只能访问这个服务器才能够完成。

3．SMTP 和 POP

常见的电子邮件协议有：SMTP 和 POP。

SMTP 是一组用于由源地址到目的地址传送邮件的规则，由它来控制信件的中转方式。SMTP 属于 TCP/IP 族，它帮助每台计算机在发送或中转信件时找到下一个目的地。通过 SMTP 所指定的服务器，就可以把 E-mail 寄到收信人的服务器上了。SMTP 服务器则是遵循 SMTP 的发送邮件服务器，用来发送或中转发出的电子邮件。

POP 用于电子邮件的接收，它使用 TCP（Transmission Control Protocol，传输控制协议）的 110 端口。现在常用的是第三版，所以简称为 POP3。POP3 仍采用 Client/Server 工作模式，Client 被称为客户端，一般人们日常使用计算机都是作为客户端，而 Server（服务器）则是网管人员进行管理的。例如，Server（服务器）是许多小信箱的集合，就像人们所居住楼房的信箱结构，而客户端就好比是一个人拿着钥匙去信箱开锁取信一样。

拓展训练

1）开启自动回复功能，内容自定义，有效期为一个月。

2）新建一个文件夹，名称为“同学来信”，以便收取同学的来信。

实战训练

1）在邮箱参数设置里，设置每页最多显示 10 封邮件；显示邮件大小；请求读信方发送已读回执。

2）同学间相互发送一封电子邮件，并添加一个 Word 文件作为附件。

任务 3　搜索引擎的使用

任务情景

在日常工作生活中人们经常使用搜索引擎查询各种信息资源，请使用搜索引擎查找我国电子商务发展现状的相关信息。

任务分析

搜索引擎提供一个包含搜索框的页面，在搜索框输入关键词，通过浏览器提交给搜索引擎后，搜索引擎就会返回与用户输入的内容相关的信息列表。对普通网民而言，搜索引擎是一种查询工具，作为工具，使用者要了解搜索引擎的功用、性能，探讨并掌握其使用方法和技巧。

任务实施

在网络商务信息搜集中，搜索引擎是所有搜索的重要入口，也是网络商务信息搜索的重要工具，国外的搜索引擎主要有必应、雅虎；国内的主要有百度、搜搜、有道、360 搜索等。

1. 主流搜索引擎介绍

百度（www.baidu.com）：全球最大的中文搜索引擎，如图 1-19 所示。

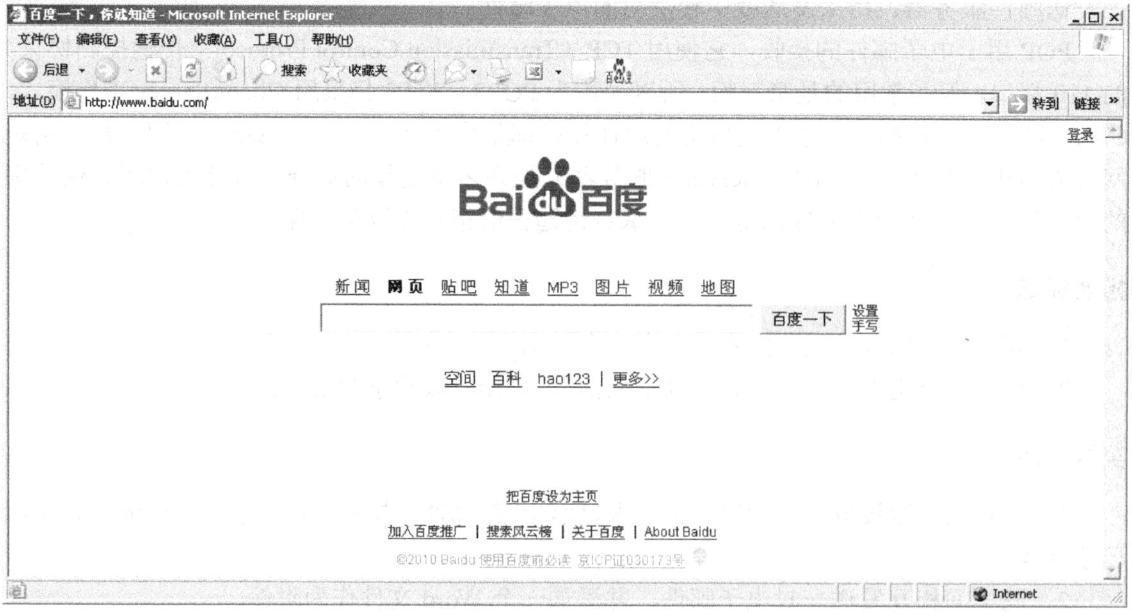

图 1-19　百度

百度是中国互联网用户最常用的搜索引擎，占有70%以上的网页搜索市场份额；也是全球最大的中文搜索引擎，每天完成上亿次搜索，可查询数十亿中文网页。于1999年年底成立于美国硅谷，它的创建者是在美国硅谷有多年成功经验的李彦宏先生及徐勇先生。

“百度”二字源于我国宋朝词人辛弃疾的《青玉案·元夕》诗句：“众里寻他千百度”，象征着百度对中文信息检索技术的执著追求。百度致力于让网民更便捷地获取信息、找到所求，主要提供网页、图片、视频、地图、新闻等搜索服务，以及贴吧、知道、空间等搜索社区产品。而“熊掌”图标的想法来源于“猎人巡迹熊爪”的刺激，与李彦宏的“分析搜索技术”非常相似，从而构成百度的搜索概念，也最终成为了百度的图标形象。百度熊也便成了百度公司的标志。

2. 百度基本搜索方法与技巧

1）常规网页搜索。例如，张宇想了解电子商务的发展趋势，只需输入关键词“电子商务发展趋势”，然后单击“百度一下”按钮，如图1-20所示。

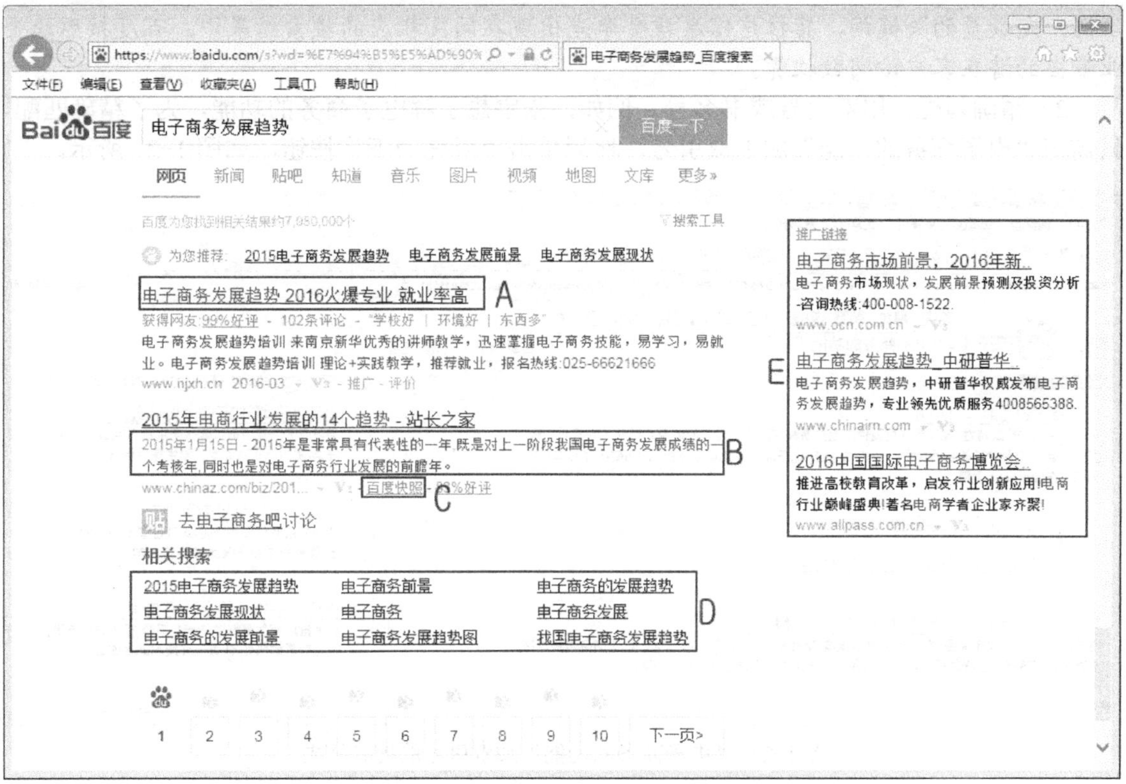

图1-20 “电子商务发展趋势”搜索结果

实训要点提示

① 输入关键词后，可以直接按回车键（<Enter>键），百度也会自动找出相关的网站或资料。百度搜索，就是这么简单！

② 关键词，也称为查询词，就是输入搜索框中的文字，是使用百度寻找的内容。关键词可以是任何中文、英文、数字，或中文英文数字的混合体；也可以输入两个、三个、四个，

甚至可以输入一句话，多个关键词之间建议用空格隔开，可以获得更精确的搜索结果。

③ 百度搜索结果页面构成（对应图 1-20 上的 A-E 区域）。

A：搜索结果标题。单击标题，可以直接打开该结果网页。

B：搜索结果摘要。通过摘要，可以判断这个结果是否满足需要。

C：百度快照。每个未被禁止搜索的网页，在百度上都会自动生成临时缓存页面，称为“百度快照”。当遇到网站服务器暂时故障或网络传输堵塞时，可以通过“快照”快速浏览页面文本内容。百度快照只会临时缓存网页的文本内容，所以那些图片、音乐等非文本信息，仍是存储于原网页。当原网页进行了修改、删除或者屏蔽后，百度搜索引擎会根据技术安排自动修改、删除或者屏蔽相应的网页快照。

D：相关搜索。“相关搜索”是其他和我们有相似需求的用户的搜索方式，按搜索热门度排序。如果搜索结果效果不佳，则可以参考这些相关搜索。

E：百度竞价排名：是一种按效果付费的网络推广方式。企业在购买该项服务后，通过注册一定数量的关键词，其推广信息就会率先出现在网民相应的搜索结果中。百度按照给企业带去的潜在客户访问数收费。

2）精确匹配。用双引号或书名号。例如，张宇想了解电子商务的功能，为了精确匹配，只需把“电子商务的功能”加上双引号，然后单击“百度一下”按钮，如图 1-21 所示。

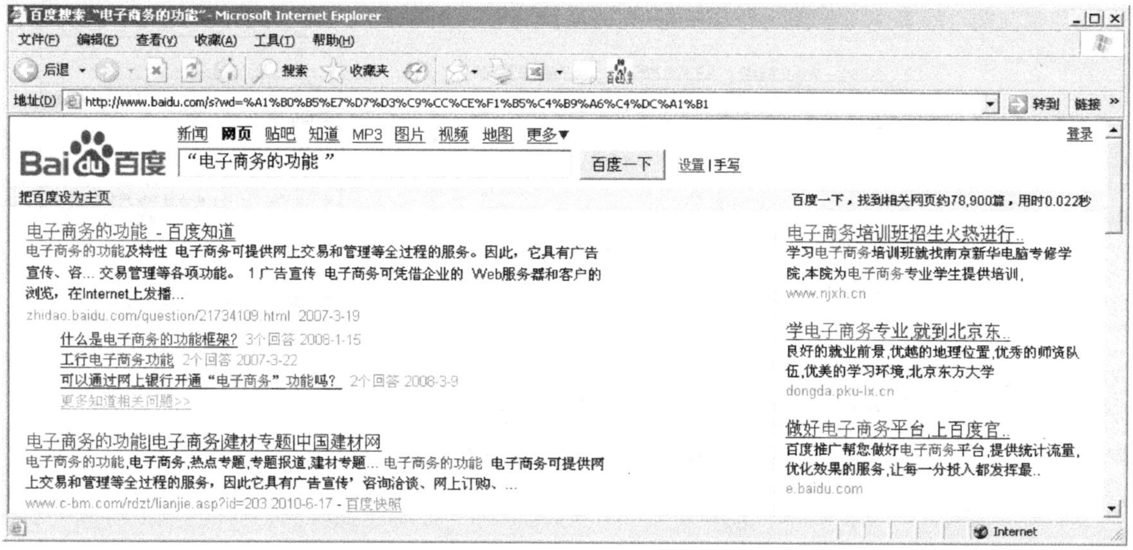

图 1-21 “电子商务的功能”加双引号的搜索结果

实训要点提示

如果输入的查询词很长，百度在经过分析后，给出的搜索结果中的查询词，可能是拆分的。如果对这种情况不满意，则可以尝试让百度不拆分查询词。

① 搜索电子商务的功能，如果不加双引号，则搜索结果被拆分，效果不是很好，但加上双引号后，获得的结果就全是符合要求的了。

② 书名号是百度独有的一个特殊查询语法。在其他搜索引擎中，书名号会被忽略，而在百度中，中文书名号是可被查询的。加上书名号的查询词，有两层特殊功能，一是书名号会

出现在搜索结果中；二是被书名号括起来的内容不会被拆分。书名号在某些情况下特别有效果，例如，查名字很通俗和常用的那些电影。比如，查电影“手机”，如果不加书名号，很多情况下出来的是通信工具手机，而加上书名号后，《手机》的查询结果就都是关于电影方面的了。

3）网页搜索特色提示功能。有拼音提示、错别字提示和搜索框提示。例如，输入“点子商务”，搜索结果如图 1-22 所示。

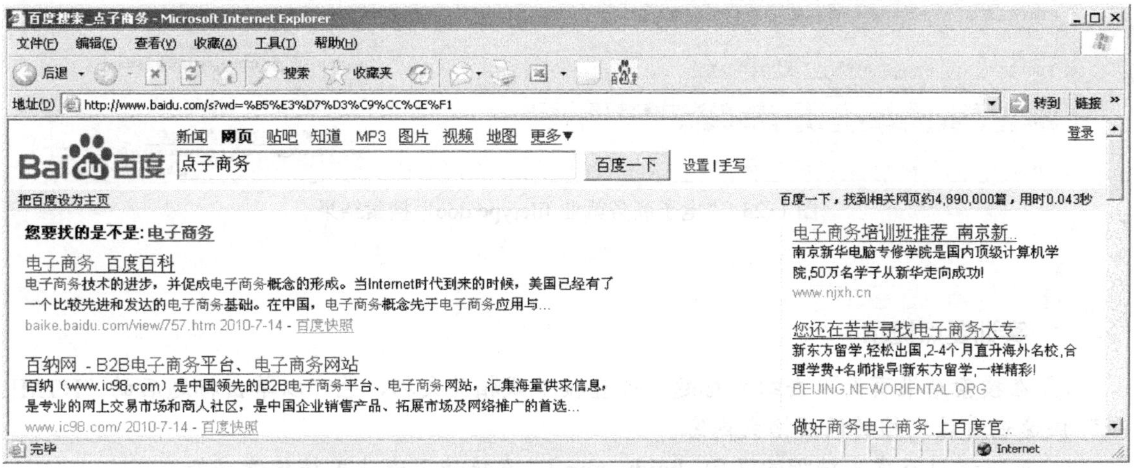

图 1-22　“点子商务”搜索结果及错别字提示

实训要点提示

① 拼音提示。如果只知道某个词的发音，却不知道怎么写，或者觉得某个词拼写输入太麻烦，则只要输入查询词的汉语拼音，百度就能把最符合要求的对应汉字提示出来。它事实上是一个无比强大的拼音输入法。拼音提示显示在搜索结果上方。

② 错别字提示。由于汉字输入法的局限性，在搜索时经常会输入一些错别字，导致搜索结果不佳。别担心，百度会给出错别字纠正提示。错别字提示显示在搜索结果上方。

③ 搜索框提示。百度会根据输入内容，在搜索框下方实时展示最符合的提示词。只需单击想要的提示词，或者用键盘上下键选择想要的提示词并按<Enter>键即可。

4）MP3、图片、视频、地图、新闻等搜索功能。例如，张宇想了解最新的电子商务新闻，可以在百度首页点击“新闻”进入百度新闻搜索页面，输入“电子商务”，选中“新闻标题”单选按钮，然后单击“百度一下”按钮，即可进行新闻的搜索。

3．百度高级搜索和个性设置

1）专业文档搜索。例如，张宇想查找关于电子商务就业方面 DOC 格式的论文，只需要在搜索文本框中输入“电子商务就业 filetype:doc”即可，如图 1-23 所示。

很多有价值的资料，在互联网上并非是普通的网页，而是以 Word、PowerPoint、PDF 等格式存在。要搜索这类文档很简单，在普通的查询词后面（或前面）加“filetype:”文档类型限定。“filetype:”后可以跟以下文件格式：DOC、XLS、PPT、PDF、RTF、ALL。其中，ALL 表示搜索所有这些文件类型。

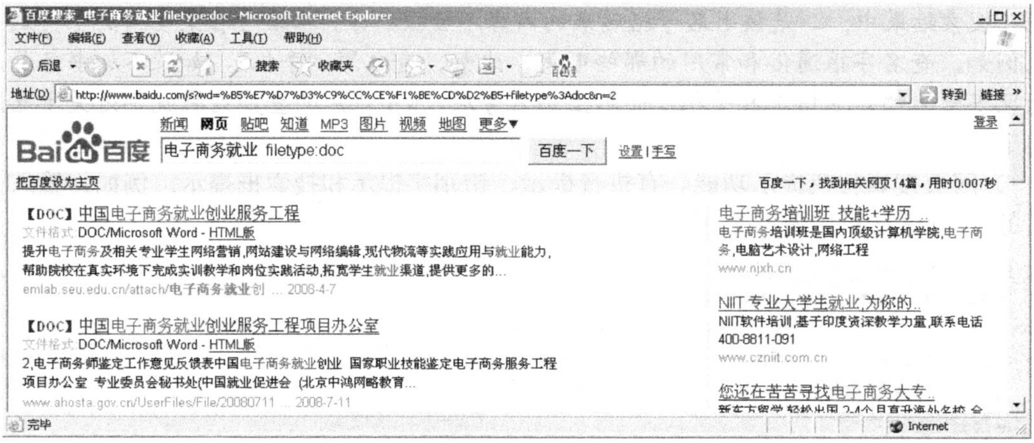

图 1-23 “电子商务就业 filetype:doc”搜索结果

实训要点提示

① 在搜索结果页面单击结果标题，可直接下载相关文档，也可以单击标题后的“HTML版”快速查看该文档的网页格式内容。

② 可以通过百度文档搜索（file.baidu.com），直接使用专业文档搜索功能。

2）用好搜索逻辑命令，提高搜索精度。搜索引擎基本上都支持附加逻辑命令查询，常用的是“+”号、“|”号和“-”号，或与之相对应的布尔（Boolean）逻辑命令 AND、OR 和 NOT。用好这些命令符号可以大幅提高搜索精度。百度搜索引擎的逻辑检索规则为：

① 两个关键词之间有空格，便为“逻辑与”关系：两词同时出现的记录便被命中。

② “逻辑或”功能：可用“A|B”来搜索“包含 A 或包含 B，或者同时包含 A 和 B”的网页。

③ 两个关键词之间用减号（前面空一格）连接，可实现“逻辑非”功能：命中记录中不含减号后的关键词。

3）如果对百度各种查询语法不熟悉，则可以使用百度集成的高级搜索界面，可以方便地做各种搜索查询，如图 1-24 所示。

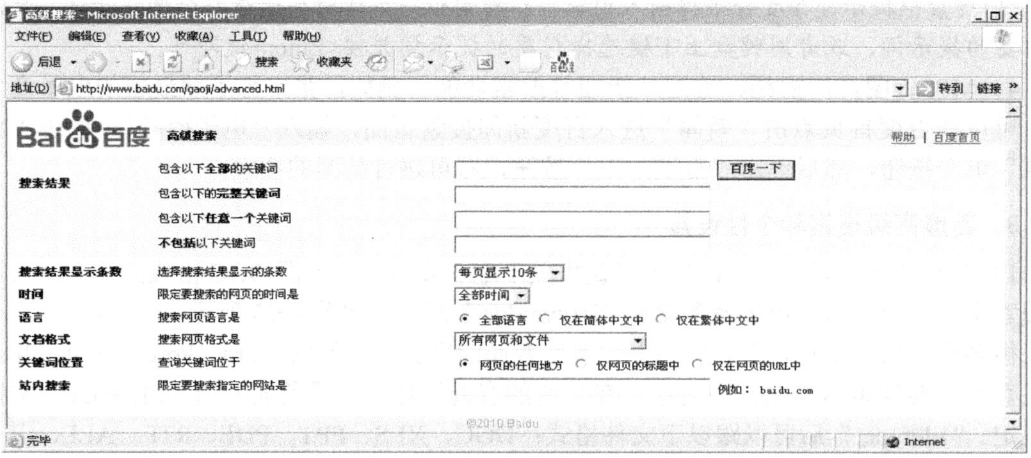

图 1-24 百度高级搜索页面

4）可以根据自己的习惯，在搜索文本框右侧的设置中，改变百度默认的搜索设定，如搜索文本框提示的设置，每页搜索结果数量等，如图 1-25 所示。

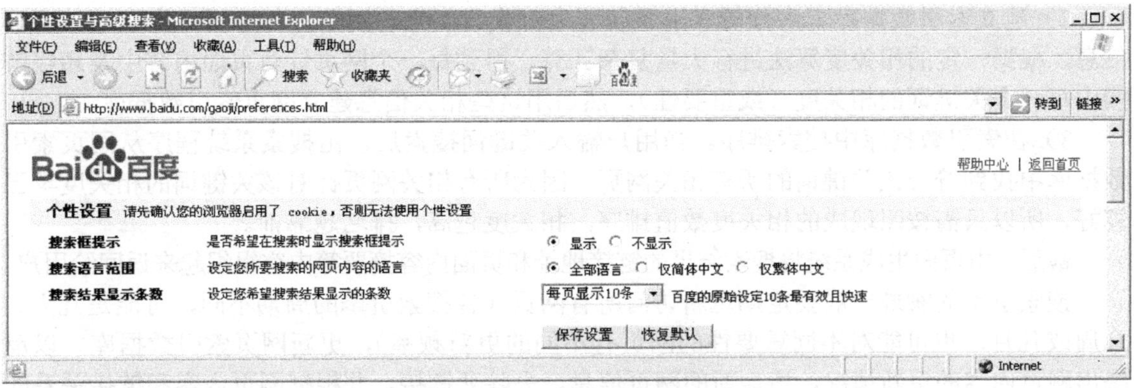

图 1-25　百度个性设置页面

如果想了解更多百度搜索技巧，则可以登录 http://www.baidu.com/search/jiqiao.html 查看。

相关知识

1. 搜索引擎的含义和分类

搜索引擎（Search Engine）是指根据一定的策略、运用特定的计算机程序搜集互联网上的信息，在对信息进行组织和处理后，将处理后的信息显示给用户，是为用户提供检索服务的系统。搜索引擎按其工作方式主要可分为三种：全文搜索引擎（Full Text Search Engine）、目录索引类搜索引擎（Search Index/Directory）和元搜索引擎（Meta Search Engine）。

1）全文搜索引擎是名副其实的搜索引擎，国外代表性的有 Google，国内著名的有百度。它们都是通过从互联网上提取的各个网站的信息（以网页文字为主），建立起数据库，能够检索与用户查询条件匹配的相关记录，然后按一定的排列顺序将结果返回给用户。

2）目录索引虽然有搜索功能，但在严格意义上算不上是真正的搜索引擎，仅仅是按目录分类的网站链接列表而已。用户完全可以不用进行关键词（Keywords）查询，仅靠分类目录也可以找到需要的信息。

3）元搜索引擎在接受用户查询请求时，同时在其他多个引擎上进行搜索，并将结果返回给用户。在搜索结果排列方面，有的直接按来源引擎排列搜索结果，有的则按自定的规则将结果重新排列组合。

另外，垂直搜索引擎为 2006 年后逐步兴起的一类搜索引擎。不同于通用的网页搜索引擎，垂直搜索专注于特定的搜索领域和搜索需求（例如，视频搜索、机票搜索、旅游搜索、生活搜索、小说搜索等），在其特定的搜索领域有更好的用户体验。

2. 搜索引擎的工作原理

搜索引擎的工作过程，主要包括以下三步：

1）从互联网上抓取网页。利用能够从互联网上自动收集网页的 Spider（蜘蛛）系统程序，自动访问互联网，并沿着任何网页中的所有 URL 爬到其他网页，重复这个过程，并把爬过的所有网页收集回来。被抓取的网页称之为网页快照。由于互联网中超链接的应用很普遍，理论上，从一定范围的网页出发，就能搜集到绝大多数的网页。

2）建立索引数据库。由分析索引系统程序对收集回来的网页进行分析，提取相关网页信息，根据一定的相关度算法进行大量复杂计算，得到每一个网页针对页面内容中及超级链接中每一个关键词的相关度（或重要性），然后用这些相关信息建立网页索引数据库。

3）在索引数据库中搜索排序。当用户输入关键词搜索后，由搜索系统程序从网页索引数据库中找到符合该关键词的所有相关网页。因为所有相关网页针对该关键词的相关度早已算好，所以只需按照现成的相关度数值排序，相关度越高，排名越靠前。

最后，由页面生成系统将搜索结果的链接地址和页面内容摘要等内容组织起来返回给用户。

搜索引擎的蜘蛛一般要定期重新访问所有网页（各搜索引擎的周期不同，可能是几天、几周或几月，也可能对不同重要性的网页有不同的更新频率），更新网页索引数据库，以反映出网页内容的更新情况，增加新的网页信息，去除死链接，并根据网页内容和链接关系的变化重新排序。这样，网页的具体内容和变化情况就会反映到用户查询的结果中。

互联网虽然只有一个，但各搜索引擎的能力和偏好不同，所以抓取的网页各不相同，排序算法也各不相同。使用不同搜索引擎的重要原因，就是因为它们能分别搜索到不同的内容。而互联网上有更大量的内容，是搜索引擎无法抓取索引的，也是人们无法用搜索引擎搜索到的。所以，搜索引擎只能搜到它网页索引数据库里储存的内容。

拓展训练

1）登录中国站长之家网站，查看搜索引擎收录查询。

2）查找一个关于电子商务专业介绍方面的 PPT 格式的文档，并下载。

实战训练

分别搜索以下内容（注意空格）

1）网上开店准备工作

2）网上开店 准备工作

3）网上开店+准备工作

4）网上开店-准备工作

5）网上开店|准备工作

比较以上 5 种搜索结果的不同之处，试分析其原因。

任务 4　文件传输工具的使用

任务情景

互联网的诞生在改变商务活动的同时，也改变了人们的生活、工作方式，网络资源异常丰富，可谓应有尽有（软件、视频、手机铃声、小游戏、各类信息）；日常生活中人们经常上传、下载网络资源。下面一起学习文件传输工具的使用。

任务分析

通过网络下载工具迅雷、FTP 客户端程序 CuteFTP 以及即时通信工具 QQ 的实际应用操作，使学生掌握网络资源的下载方法、CuteFTP 软件和 QQ 软件的使用，同时能够了解 FTP 的含义和工作原理。

任务实施

1．下载工具的使用（以迅雷为例）

1）下载迅雷。打开百度，搜索“迅雷”，如图 1-26 所示。单击“官方下载”按钮进行下载。

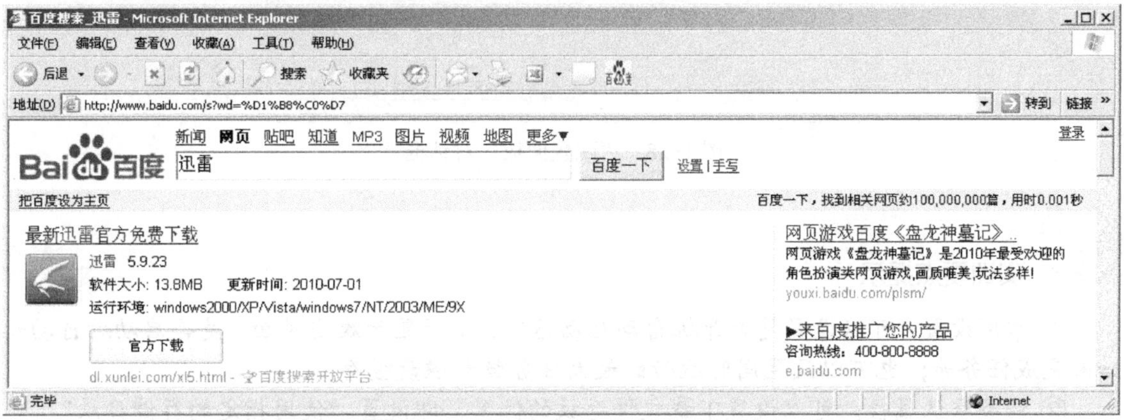

图 1-26　百度搜索“迅雷”结果页面

2）安装迅雷。运行迅雷安装文件，按照安装提示进行安装，如图 1-27 所示。

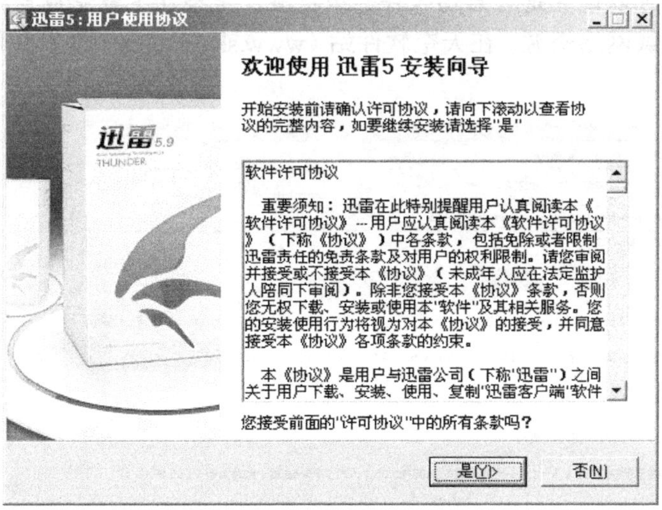

图 1-27　迅雷安装界面

3）配置迅雷。迅雷安装完成后，双击桌面上的迅雷图标运行迅雷。执行“工具”→“配置”命令，打开“配置面板”对话框可以看到迅雷 5 有 14 个分类的参数设置，如图 1-28 所示。

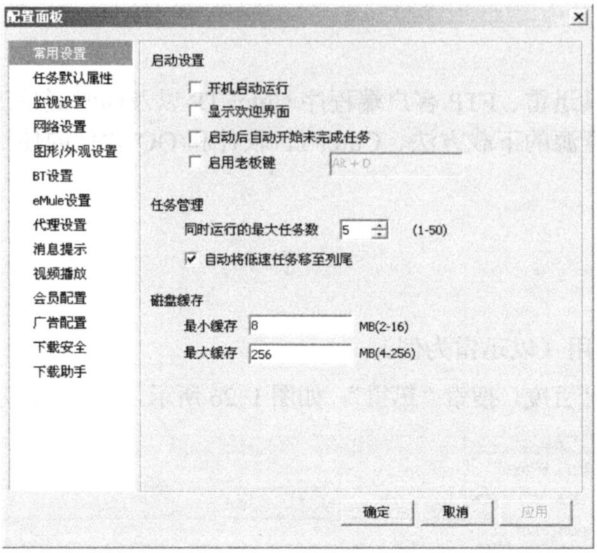

图 1-28　“配置面板”对话框

实训要点提示

① 常用设置。可以设置是否开机自动启动迅雷、是否显示欢迎界面、是否启动后自动开始未完成任务等；也可以设置同时运行的最大任务数和磁盘缓存。

② 任务默认属性。可以设置下载文件存放的位置，即设置“使用指定的存储目录”。

③ 监视设置。可以设置监视对象，例如，启用“在 Flash 和流媒体上显示下载图标”，这样就可以很方便地下载网上的视频等资源了；也可以设置所监视的下载类型。

④ 消息提示。可以设置是否启动软件升级提醒，是否在下载完成后播放提示音等。

4）使用迅雷下载网络资源。在天空软件站（www.skycn.com）搜索软件“Photoshop CS”，如图 1-29 所示。

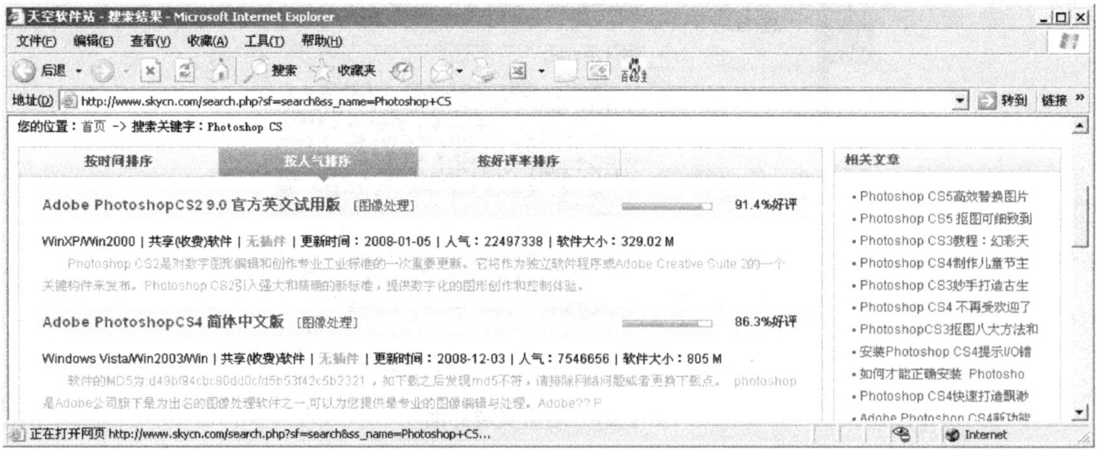

图 1-29　在天空软件站“Photoshop CS”搜索结果页面

实训要点提示

① 在搜索结果列表里，可以根据自己的需要选择相应的软件进行下载。

② 单击第二个搜索结果，打开软件详情页面，如果在迅雷的配置中启用了下载助手功能，则直接单击绿色的“立即下载”按钮进行下载，如图 1-30 所示。

图 1-30　使用迅雷下载助手进行下载

③ 如果没有启用迅雷下载助手功能，则可以在页面下方的软件下载地址中，直接单击“迅雷用户专用下载”链接进行下载，也可以在“迅雷用户专用下载”上单击鼠标右键，在弹出的快捷菜单中选择“使用迅雷下载”命令即可，如图 1-31 所示。

图 1-31　使用迅雷用户专用下载链接进行下载

2．FTP 客户端程序的使用（以 CuteFTP 软件为例）

1）使用迅雷下载 CuteFTP 软件。在百度搜索“CuteFTP 绿色免安装版”，并进行下载安装。

2）CuteFTP 设置。解压缩“CuteFTP8.rar”文件，因为是绿色版，无需安装，直接运行 cuteftppro.exe 即可；然后执行“工具”→“全局选项”命令，打开“全局选项”对话框，对 CuteFTP 进行设置，如图 1-32 所示。

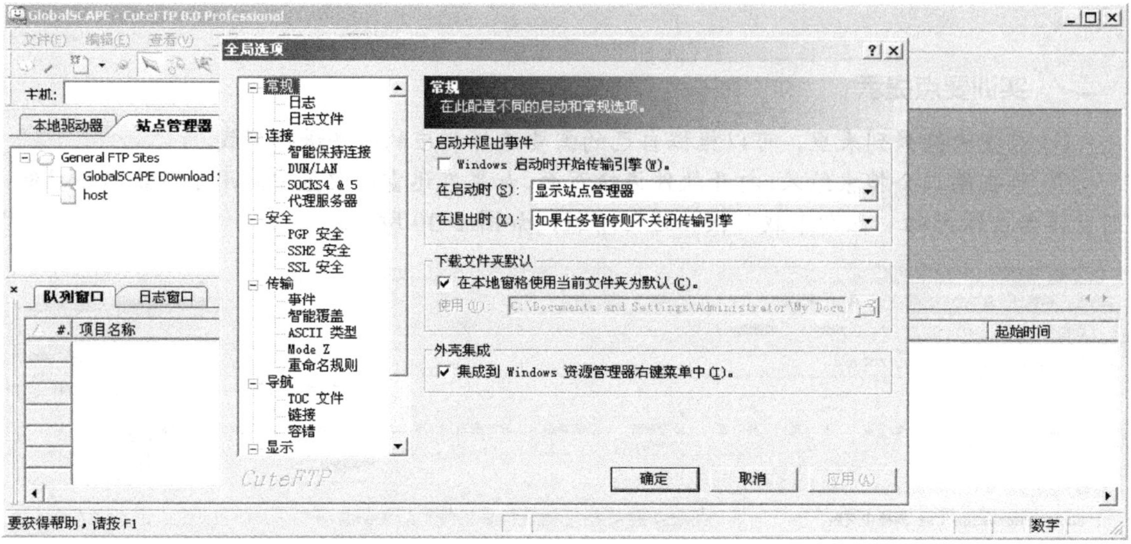

图 1-32　CuteFTP 全局选项设置界面

实训要点提示

① 在常规选项里，本地默认的下载文件夹为“我的文档”，可以设置为其他文件夹。

② 在连接选项里，配置各种连接相关设置。例如，可以设置连接时显示服务器的欢迎信息。

③ 在安全选项里，可以对访问策略及“站点管理器”存储位置进行设置。

④ 在传输选项里，可以对传输方式、数据模式、续传等进行设置。

3）新建 FTP 站点。执行“文件”→“新建”→“FTP 站点”命令，输入站点标签（即站点的名称，是对 FTP 站点的一个说明）、主机地址（即 FTP 服务器所拥有的 IP 地址）、用户名和密码，然后对其他一些选项根据需要进行设置，如图 1-33 所示。最后单击“确定”按钮。

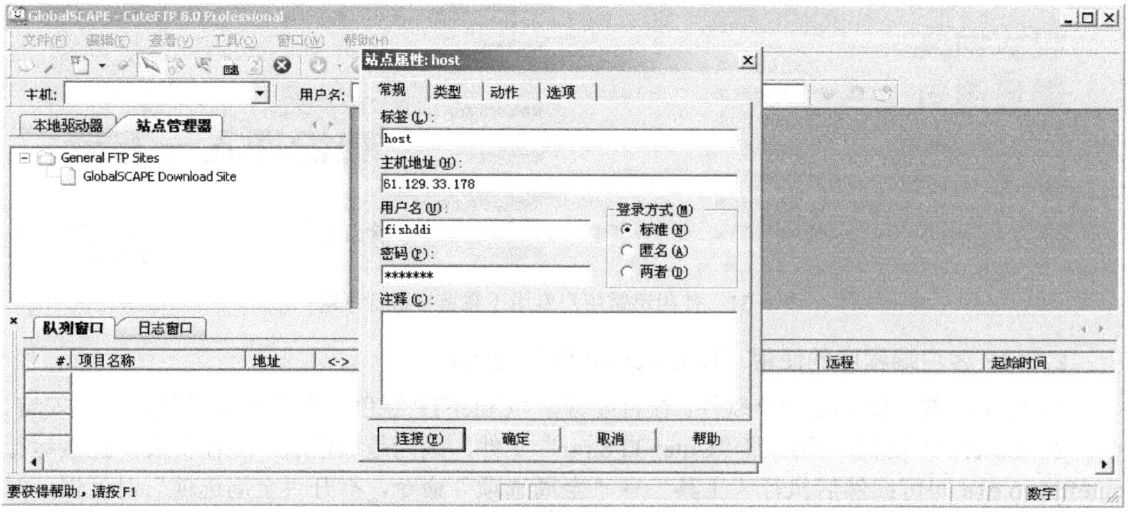

图 1-33　新建 FTP 站点界面

4）CuteFTP 软件界面介绍。在图 1-34 中，①是菜单栏，②是常用工具栏，③是快速登录区，④是本地驱动器窗口，⑤是站点管理器窗口，⑥是远程服务器窗口，⑦是任务状态窗口，⑧是队列窗口，⑨是日志窗口。

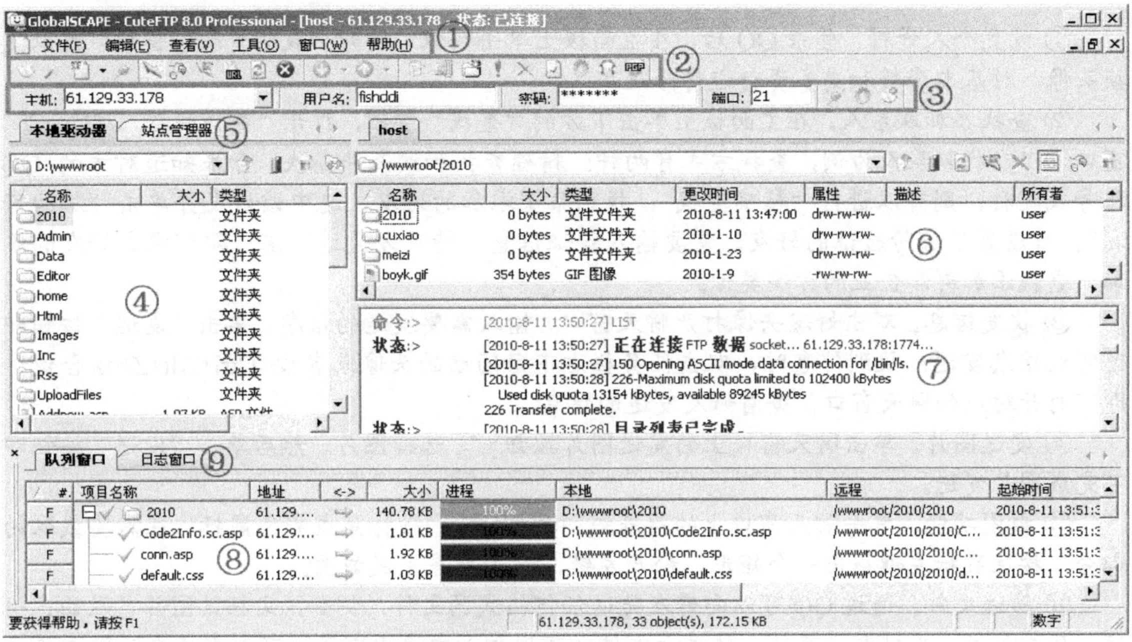

图 1-34 CuteFTP 软件界面

5）CuteFTP 软件的基本操作。其操作主要包括站点连接、文件上传、文件下载和远程文件管理等。

实训要点提示

① 站点连接。在站点管理器窗口中双击站点名进行连接，也可以在站点名上单击鼠标右键在弹出的快捷菜单中选择“连接”命令。

② 文件上传。在本地驱动器窗口中选择需要上传的文件和文件夹，单击鼠标右键在弹出的快捷菜单中选择“上传”命令或者直接拖曳到右侧的远程服务器窗口即可完成上传。

③ 文件下载。在远程服务器窗口中选择需要下载的文件和文件夹，单击鼠标右键在弹出的快捷菜单中选择“下载”命令或者直接拖曳到左侧的本地驱动器窗口。

④ 远程文件管理。可以利用鼠标右键中的常用选项对远程服务器中的文件和目录进行操作，如重命名、移动、删除、建立目录等。

3. 即时通信工具的使用（以 QQ 为例）

1）下载并安装 QQ 最新版本。

2）申请 QQ 账号。打开 http://id.qq.com 单击“立即申请”按钮，选择 QQ 号码或者 Email 账号作为 QQ 账号（以 QQ 号码作为 QQ 账号为例）。按照要求，填写账号相关信息，确认无误后，单击“确定并同意以下条款”按钮，系统会提示申请成功和所获得的 QQ 号码。

3）QQ 的基本功能使用。打开 QQ 客户端，输入 QQ 账号和密码，即可登录 QQ。

实训要点提示

① 设置个人资料。登录 QQ 后，在主面板上单击头像，打开“我的资料”窗口，可以更换头像、对基本资料和更多资料进行修改。

② 查找添加联系人。在主面板上单击下方的“查找”按钮，打开“查找联系人/群/企业”窗口。以查找联系人为例，查找方式有两种：精确查找和按条件查找，如果知道对方的 QQ 账号或昵称，则可以进行“精确查找”，找到希望添加的好友，选中该好友并单击“加为好友”。对设置了身份验证的好友，需要输入验证信息，待对方通过验证，即可完成好友的添加。查找添加群和企业的方法类似。

③ 收发信息。双击好友头像打开聊天窗口，输入需要发送的信息，单击“发送”按钮即可完成信息发送。收到信息时，双击任务栏右下角闪动的头像或者按<Ctrl+Alt+Z>组合键，即可打开对应的聊天窗口，查看好友发送的信息。

④ 发送图片。单击聊天窗口上的发送图片按钮，选择图片，然后单击“发送”按钮即可完成图片发送。

⑤ 截图功能。单击聊天窗口上的屏幕截图按钮，鼠标变成彩色鼠标，在需要截取的部分，按住鼠标左键拖出一个矩形，松开左键，双击屏幕完成截图。

⑥ 传送文件。通过 QQ 可以向好友传送任何格式的文件，例如，文档、图片、歌曲、视频、压缩包等，支持断点续传，传送大文件也不用担心中途中断了。可以在好友头像上单击鼠标右键，在弹出的快捷菜单中选择“发送文件”命令向好友发送文件；也可以在聊天窗口中单击“传送文件”按钮向好友发送文件；最方便的方法是直接拖曳文件到好友的聊天窗口。然后等待好友选择接收，连接成功后聊天窗口右上角会出现传送进程。文件接收完毕后，QQ 会提示打开文件所在的文件夹。

相关知识

1. 文件传输协议

FTP 用于管理计算机之间的文件传送，是 TCP/IP 组中的协议之一，也是 Internet 上最广泛的应用之一。与 Internet 大多数信息服务方式类似，FTP 使用的也是客户机/服务器的工作模式。使用方法很简单，启动 FTP 客户端程序先与远程主机建立连接，然后向远程主机发出传输命令，远程主机在收到命令后就给予响应，并执行正确的命令。

在 FTP 的使用当中，经常遇到两个概念：“下载”和“上传”。“下载”文件就是从远程主机复制文件到自己的计算机上；“上传”文件就是将文件从自己的计算机中复制到远程主机上。用 Internet 语言来说，用户可通过客户端程序向（从）远程主机上传（下载）文件。

使用 FTP 时首先需要登录，在远程主机上获得相应的权限以后，方可下载或上传文件。换言之，除非有用户 ID 和密码，否则便无法传送文件。这种情况违背了 Internet 的开放性，匿名 FTP 就是为解决这个问题而产生的。匿名 FTP 是这样一种机制，用户可通过它连接到远程主机上，并从其下载文件，而无需成为其注册用户。系统管理员建立了一个特殊的用户 ID，名为 anonymous，Internet 上的任何人在任何地方都可使用该用户 ID。

当远程主机提供匿名 FTP 服务时，会指定某些目录向公众开放，允许匿名存取。系统中的其余目录则处于隐匿状态。作为一种安全措施，大多数匿名 FTP 主机都允许用户从其下载文件，而不允许上传文件，也就是说，用户可将匿名 FTP 主机上的所有文件全部复制到自己的机器上，但不能将自己机器上的任何一个文件复制到匿名 FTP 主机上。即使有些匿名 FTP 主机确实允许用户上传文件，用户也只能将文件上传至某一指定上传目录中。随后，系统管理员会去检查这些文件，他会将这些文件移至另一个公共下载目录中，供其他用户下载，利用这种方式，远程主机的用户得到了保护，避免了有人上传有问题的文件，如带病毒的文件。

2. FTP 文件传输方式

FTP 可用多种格式传输文件，通常由系统决定，大多数系统（包括 UNIX 系统）只有两种模式：文本模式和二进制模式。

文本传输器使用 ASCII 字符，并由<Enter>键和换行符分开，而二进制不用转换或格式化就可传字符，二进制模式比文本模式更快，并且可以传输所有 ASCII 值，所以系统管理员一般将 FTP 设置成二进制模式。应注意在用 FTP 传输文件前，必须确保使用正确的传输模式，按文本模式传二进制文件将导致错误。

拓展训练

1）使用迅雷批量下载网络资源。

2）下载微信，体验微信通信功能。

实战训练

1）在主机屋网站（http://www.zhujiwu.com）申请一个免费空间，使用 CuteFTP 软件进行文件的上传、下载、删除、修改等操作。

2）使用 QQ 的远程协助功能，对朋友进行远程协助。

项目 2

电子商务交易模式

学习目标

能力目标

能通过电子商务实验室软件模拟，熟练掌握 B2C、B2B、C2C 等主要电子商务交易流程；初步掌握电子合同、招投标管理业务流程和网上单证设计技巧，能够在京东商城、卓越亚马逊、淘宝、阿里巴巴等电子商务网站进行实战。

知识目标

知晓电子商务分类，掌握 B2C、B2B、C2C 电子商务业务流程；掌握电子合同、招标管理、O2O 等基本概念。

素质目标

培养学生严谨的工作作风，从事电子商务工作必须具备的合作意识、团队精神、网购诚信意识、网络安全等业务素质。

任务1　B2C 电子商务

随着电子商务的发展和生活节奏的加快，网上购物因其方便、快捷、经济等特点已成为人们购物的首选方式，国内天猫、1 号店、京东商城、卓越亚马逊、当当网等著名电子商务网站为人们提供了服装、食品、书籍、数码 3C、家电、玩具、家居、箱包、体育用品及办公用品等成千上万种的商品以供选择，方便了互联网时代人们的工作与生活。

子任务 1　网上购物

任务情景

2014 年，苹果公司推出的 iPhone6 手机吸引了众多苹果粉丝的追捧，可谓是十分抢手，一直对 iPhone 6 观望的张宇也开始摩拳擦掌，经过网上搜索对比，决定在京东商城购买一部 16GB 金色 iPhone6 手机。请在电子商务实验室完成网上购物流程。

任务分析

网上购物首先要开通网上银行，并在电子商务网站注册成为会员；然后，搜索商品，进行价格、质量、物流及售后服务等方面的比较，做到货比三家、物有所值。

图 2-1　国家职业资格电子商务师实验室

任务实施

1．登录国家职业资格电子商务师实验室

1）打开浏览器，在地址栏输入本校电子商务实验室网址，学生使用教师分配好的学号和密码，选择“学生”身份登录电子商务实验室，输入用户名和密码，单击“提交”按钮，如图 2-1 所示。

2）修改密码。登录后，学生先进行密码修改，确保实验账号安全，如图 2-2 所示。然后，单击“进入实验室”按钮，查看电子商务实验室实训模块，如图 2-3 和图 2-4 所示。

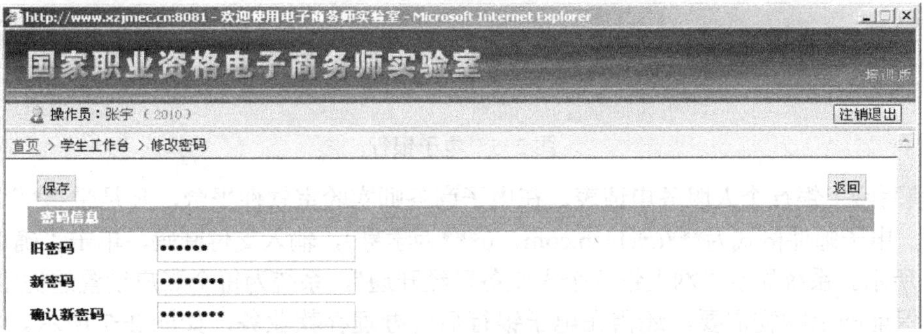

图 2-2　修改密码

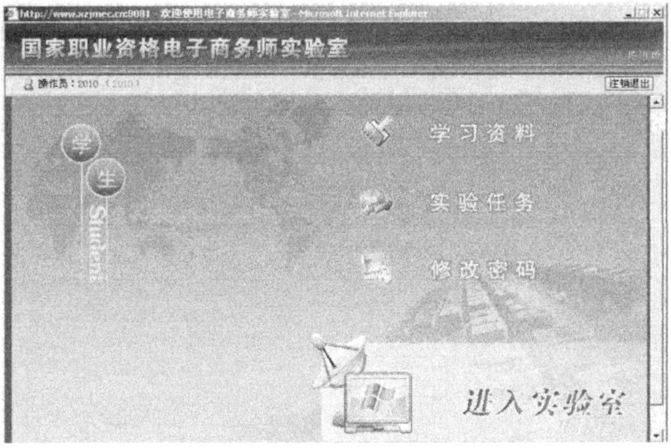

图 2-3　进入实验室

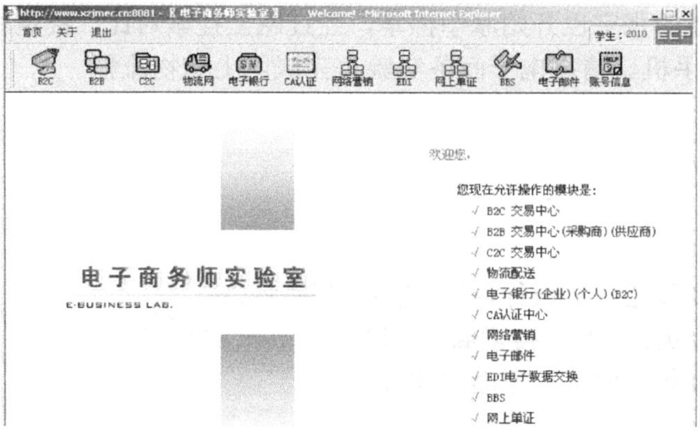

图 2-4　电子商务实验室实训模块

2. 个人电子银行业务

1）单击“电子银行”按钮，选择“个人网上银行注册”，如图 2-5 所示。

图 2-5　电子银行

2）填写网上银行个人服务申请表。在电子商务师实验室软件平台，凡是带“*”号的项目是必填项，电子邮件格式为***@eblab.com，（***为学号），输入支付密码，单击“确定”按钮，如图 2-6 所示。系统显示“网上银行个人服务已经开通”，系统为每个账户设置的初始余额为 1 元钱，为保证网上购物需要，还需在电子银行后台办理存款业务，如图 2-7 所示。

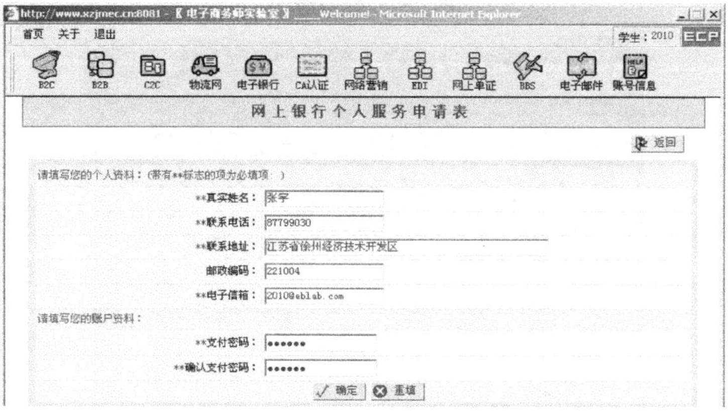

图 2-6　个人网上银行注册

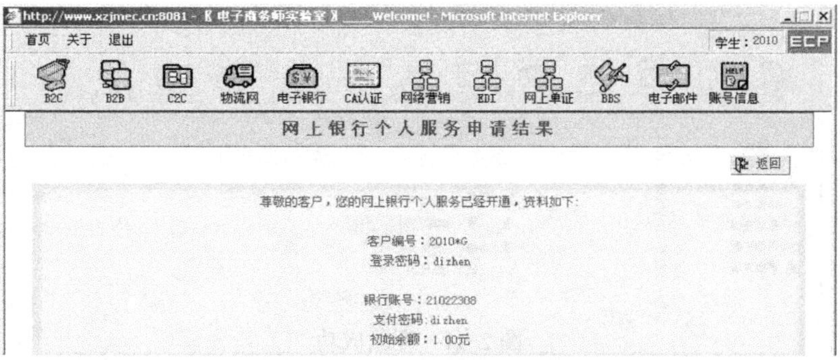

图 2-7 个人网上银行申请结果

3）办理存款业务。执行“个人银行”→“登录个人网上银行”→“确定”命令，进入电子银行后台管理界面，如图 2-8 所示。

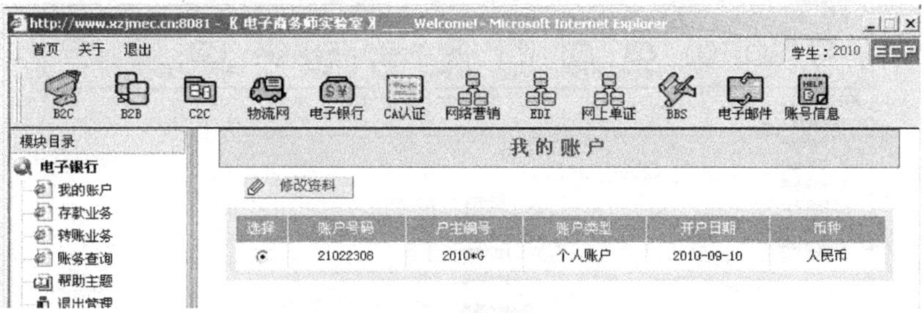

图 2-8 网上银行后台管理

4）选择“存款业务”，输入存款金额和支付密码，单击“确定”按钮，如图 2-9 所示。进行存款确认，如图 2-10 所示。系统显示“存款成功”，如图 2-11 所示。

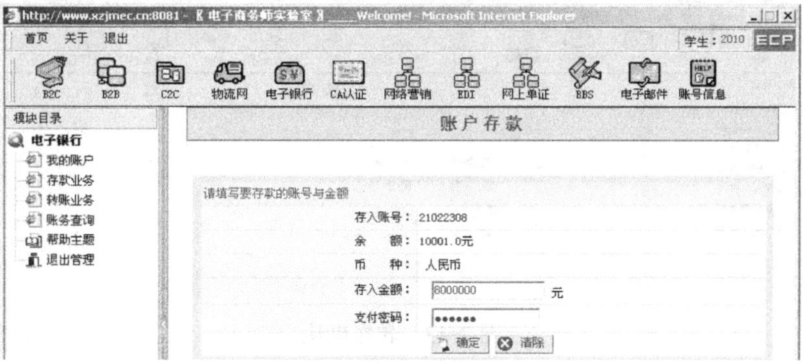

图 2-9 办理存款业务

图 2-10 存款确认

图 2-11　存款成功

5）办理转账业务。选择“转账业务”，同学间两人一组输入对方账号和转出金额，确认转账金额，系统提示转账成功，如图 2-12～图 2-14 所示。

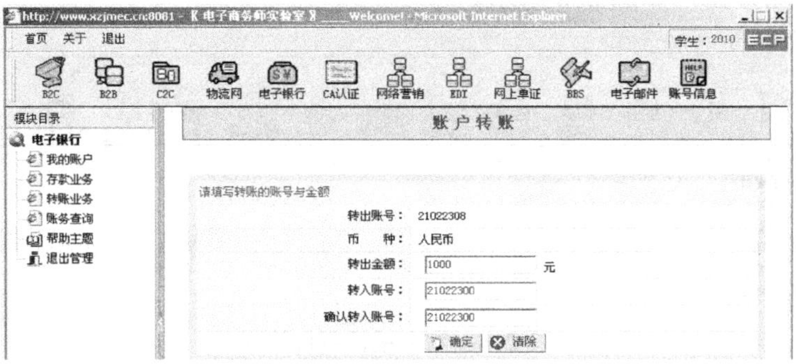

图 2-12　办理转账业务

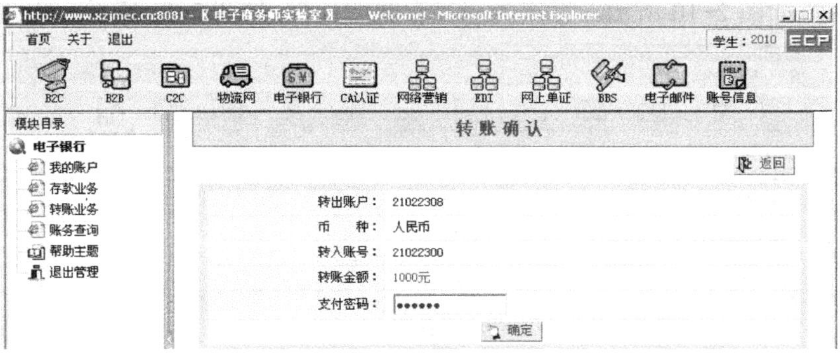

图 2-13　转账确认

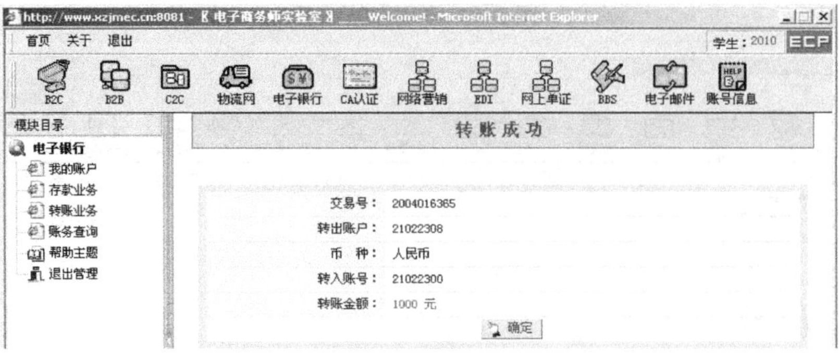

图 2-14　转账成功

3. B2C 会员注册

单击进入“B2C”商城模块，如图 2-15 所示。单击“会员注册”按钮，输入用户名，单击“确定”按钮，如图 2-16 所示。填写用户基本信息，如图 2-17 所示。填写完成后，单击“提交”按钮，系统提示注册成功，如图 2-18 所示。

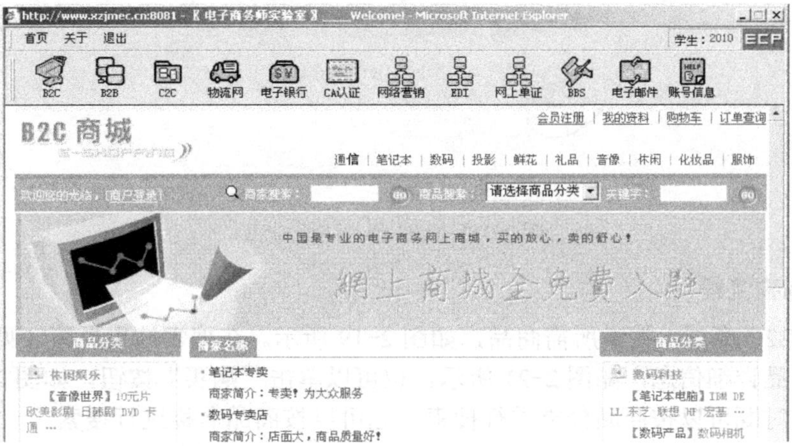

图 2-15　B2C 商城

图 2-16　填写用户名

图 2-17　B2C 会员基本信息

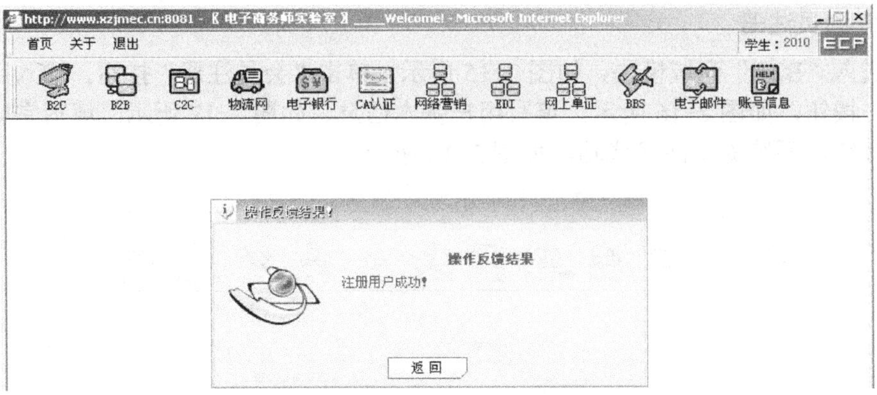

图 2-18　B2C 会员注册成功

4. B2C 购物流程

1）登录 B2C 商城，搜索所需商品，如图 2-19 所示。在搜索结果页面（见图 2-20），用户可以查看商品详细信息，如图 2-21 所示。也可以单击“购买”按钮，如图 2-22 所示。注意：搜索商品时既可以按商品分类进行搜索，也可以按商品名称进行搜索。

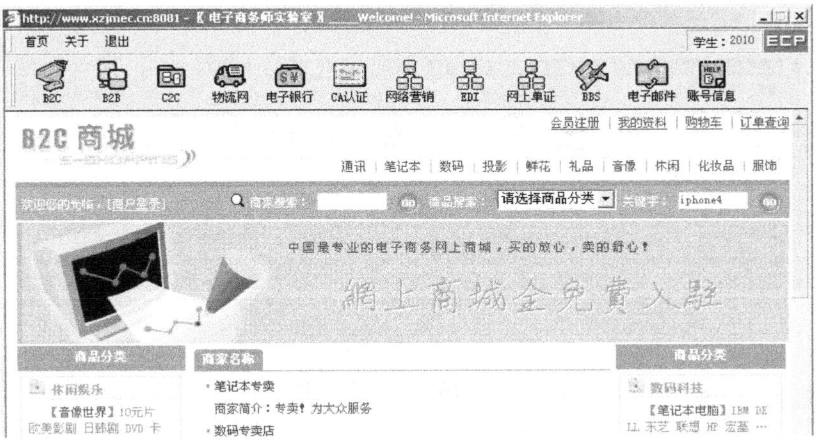

图 2-19　商品搜索

图 2-20　商品搜索结果

图 2-21 商品详情页面 1

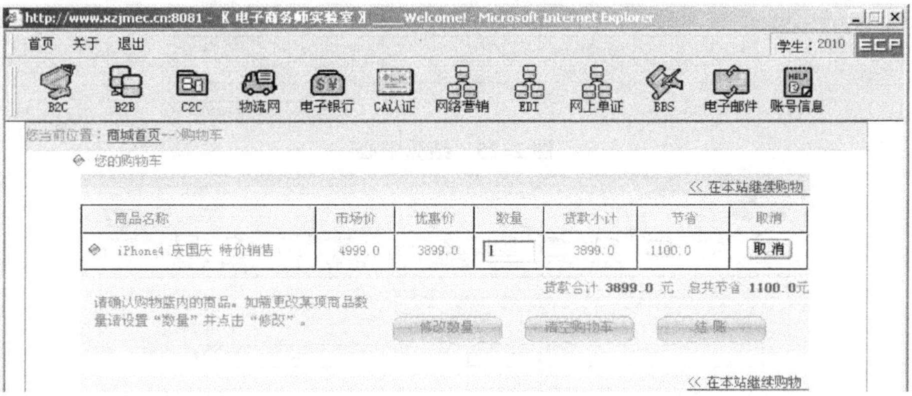

图 2-22 商品详情页面 2

2）客户可以根据需要继续选购。如需要修改购买数量，则在“数量”文本框中输入所需数量，然后单击“修改数量”按钮，如图 2-23 所示。

图 2-23 修改商品数量

3）单击“结账”按钮，输入用户名和密码，如图 2-24 所示。单击“进入结算中心”按钮，选择需要结算的订单，单击“进行结算”按钮，如图 2-25 所示。根据系统提示，单击“下一步”按钮，显示购物清单，如图 2-26 所示。

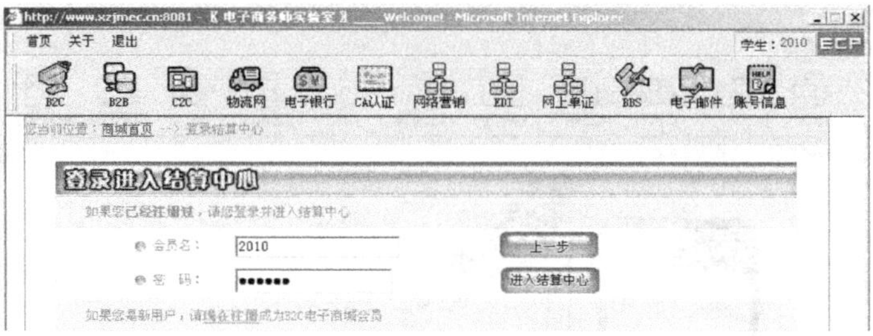

图 2-24 输入用户名和密码

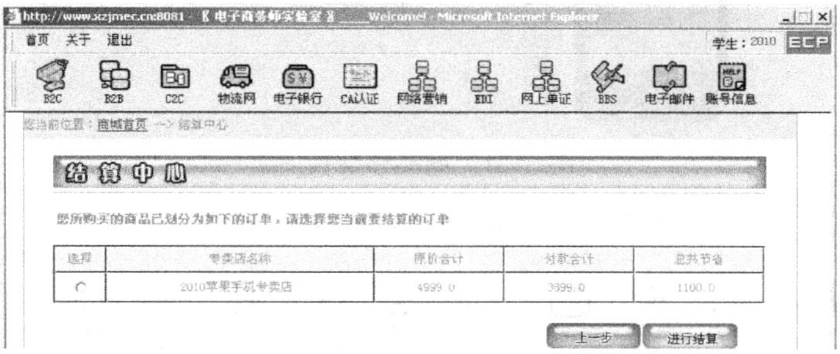

图 2-25 结算中心

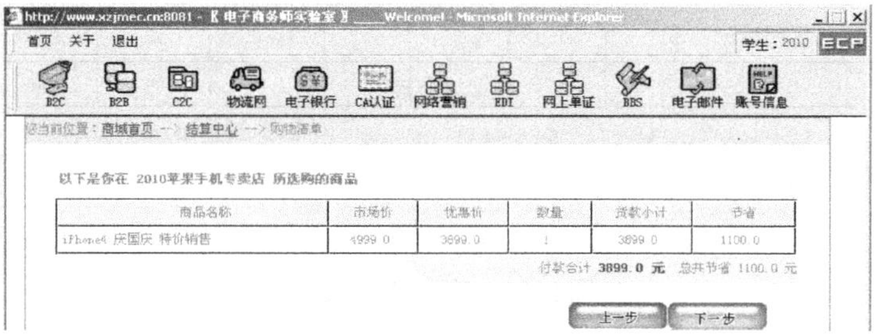

图 2-26 购物清单

4）选择支付方式和送货方式。根据需要选择，这里选择“送货上门”和“网上支付”，然后单击“下一步”按钮，如图 2-27 所示。

图 2-27 选择送货方式和支付方式

5）确认订货人、收货人信息。若订货人和收货人相同，则在左下角复选框内打“√”，单击“下一步”按钮，如图 2-28 所示。

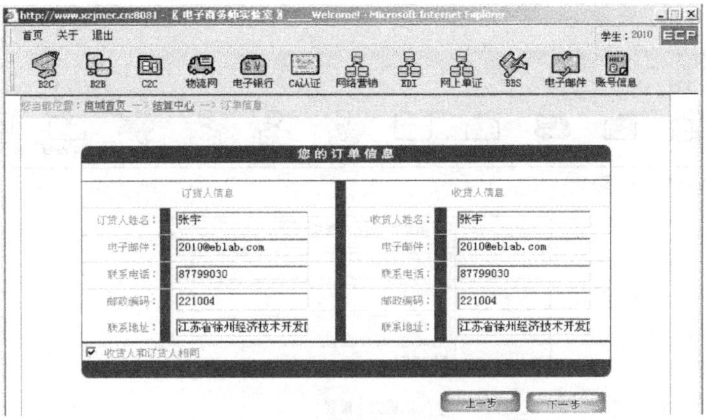

图 2-28　订货人、收货人信息

6）订单确认。系统显示订单的详细信息，如图 2-29 所示。如需修改，则单击“上一步”按钮，确认无误后单击“确认我的订单”按钮，进入支付页面，如图 2-30 所示。

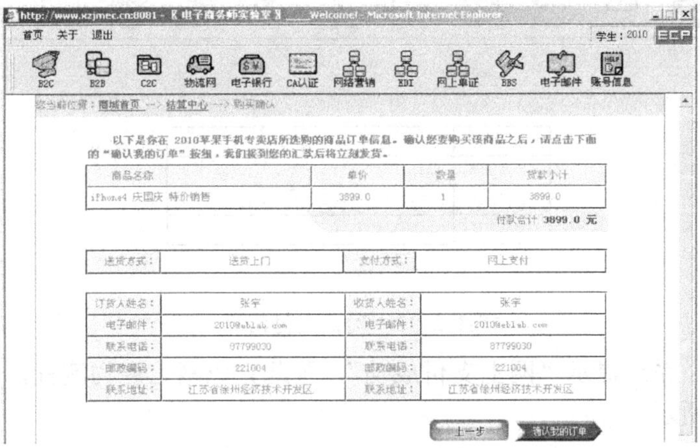

图 2-29　订单信息确认

图 2-30　订购过程结束

7）单击“进行网上支付”按钮，输入支付卡号和密码（支付卡号可在账号信息页面查询），如图 2-31 所示。单击“提交”按钮，进入确认支付信息页面，单击“确认”按钮，如图 2-32 所示。

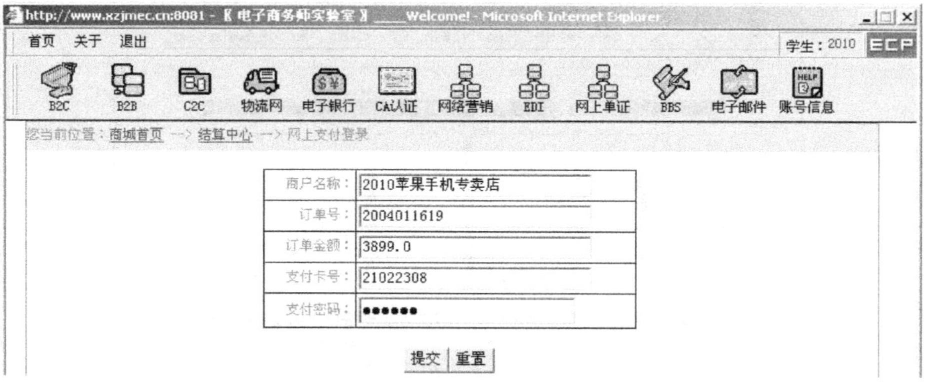

图 2-31 网上支付登录

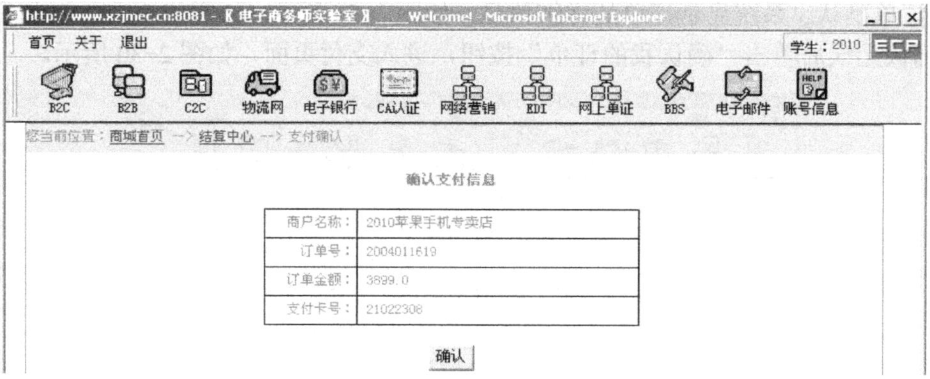

图 2-32 确认支付信息

8）支付成功。系统提示“网上支付成功”，至此完成网上购物流程，等待快递公司送货上门，如图 2-33 所示。

图 2-33 网上支付成功

5. B2C 会员订单查询

1）进入 B2C 商城首页，单击页面上方的“订单查询”按钮，进入用户登录页面，输入用户名和密码，如图 2-34 所示。单击“提交”按钮，系统显示订单信息，如图 2-35 所示。注意：订单状态为“待受理”。

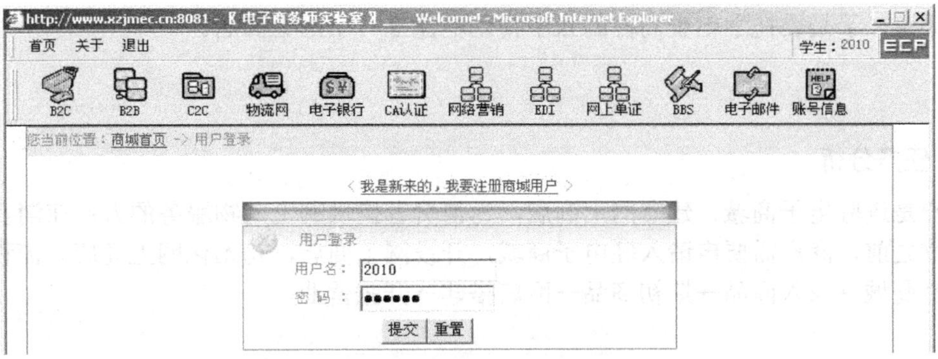

图 2-34　B2C 会员登录

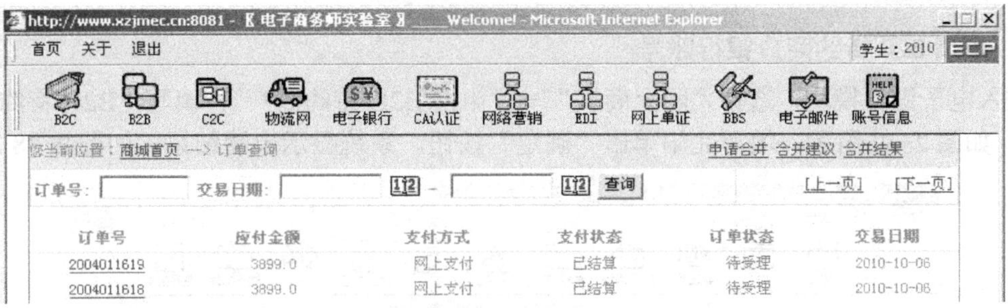

图 2-35　订单显示

2）单击“订单号”按钮，系统显示“订单明细”，如图 2-36 所示。

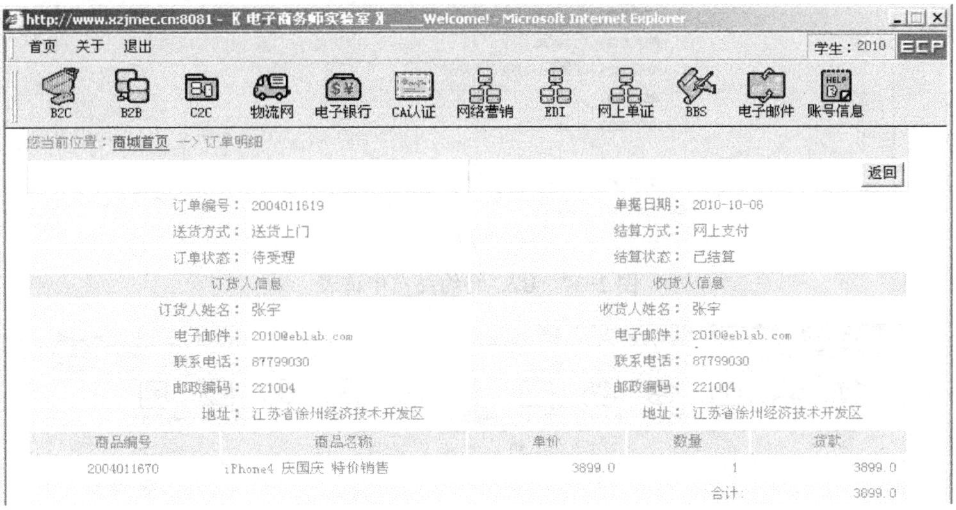

图 2-36　订单明细

子任务 2　B2C 后台管理

任务情景

韩都衣舍是一家经营韩版服装的实体店，该店经理了解到中小企业可以通过网上开店拓宽销售渠道，于是委托学电子商务的张宇帮助他建立一个网上商店。

任务分析

商户是进驻电子商城，建立网上商店，为消费者提供网上购物服务的人；在消费者进行网上购物之前，商户需要申请入驻电子商城，开设网上商店，初始化网上商店。流程如下：

入驻商城→录入商品→期初商品→网店搭建→开张营业。

任务实施

1. 申请 B2C 特约商户银行账号

进入电子银行模块，选择“网上商城”→“申请 B2C 特约商户”，填写“B2C 特约商户申请表”，如图 2-37 所示。填写完毕单击“确定”按钮，系统显示申请结果，如图 2-38 所示。

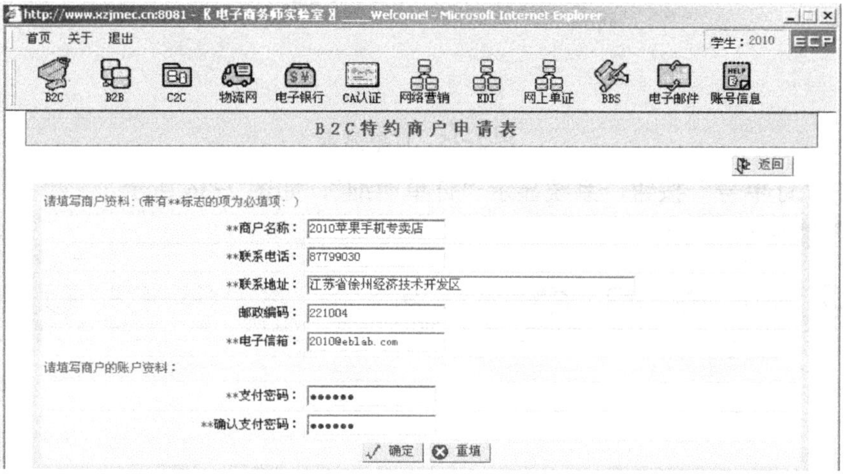

图 2-37 B2C 特约商户申请表

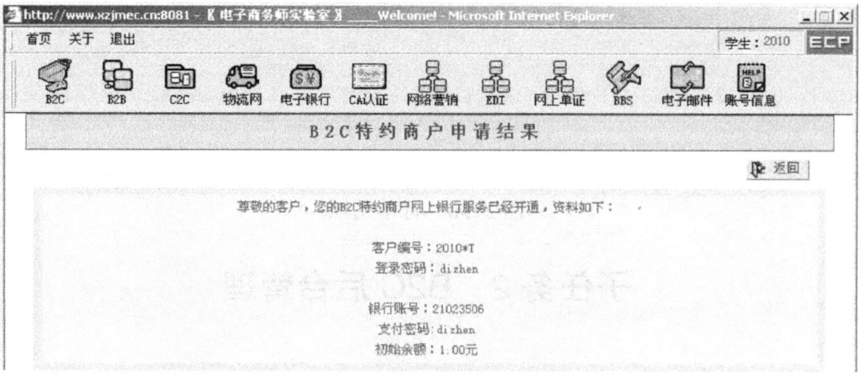

图 2-38 B2C 特约商户申请结果

2. 商户入驻

电子商城以柜台租赁的方式提供空间，让商户进行网上建店，商户入驻的过程就是电子商城注册的过程。操作步骤如下：

1）进入 B2C 商城首页，单击“商户登录”按钮后，进入商户登录界面，如图 2-39 所示。

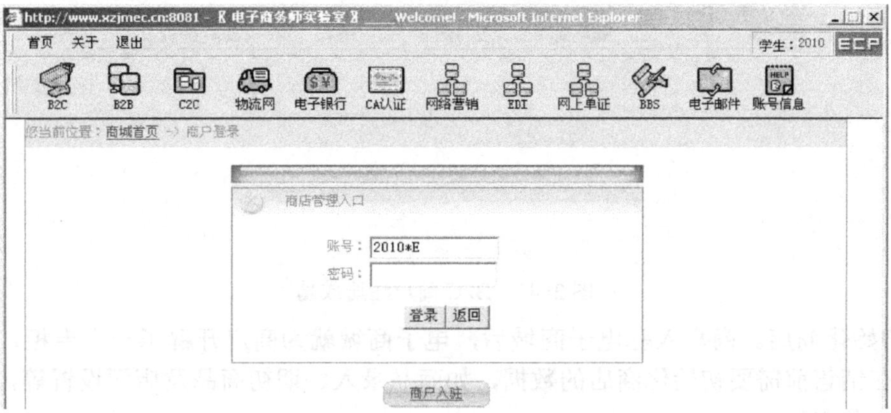

图 2-39 B2C 商店管理入口

2）单击“商户入驻”按钮，填写商户基本信息，然后单击“提交”按钮，如图 2-40 所示。

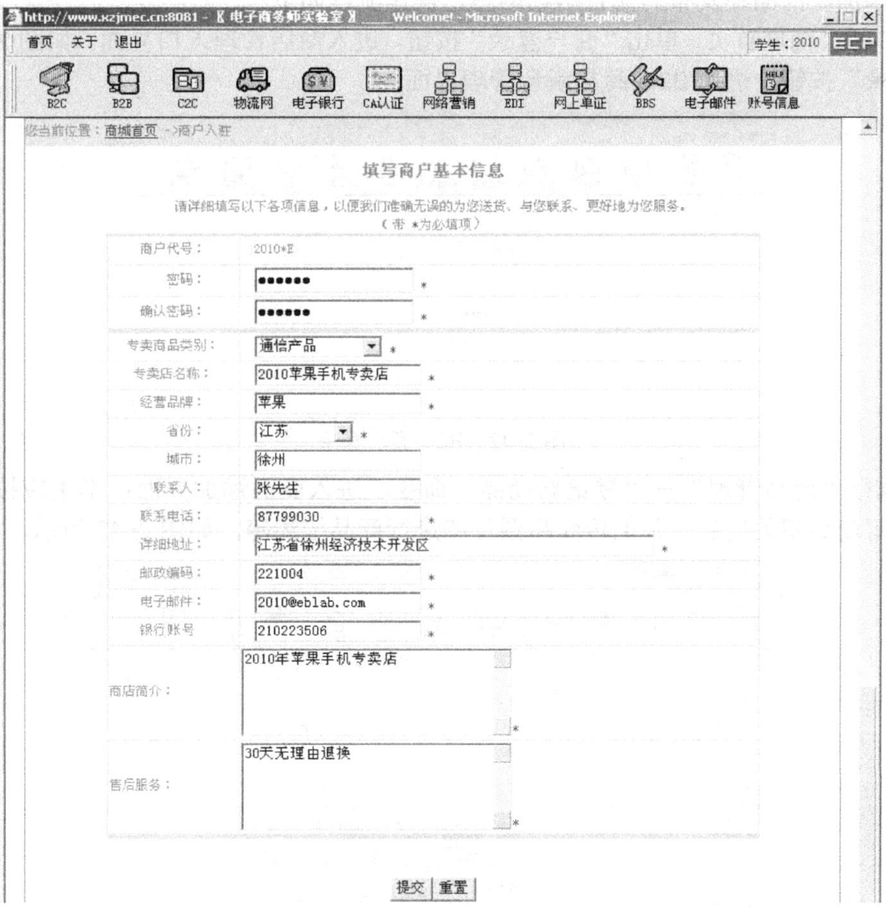

图 2-40 B2C 商户信息

3）入驻完成。系统提示“注册成功，你已经成为电子商城的正式商户”，即完成入驻，如图 2-41 所示。

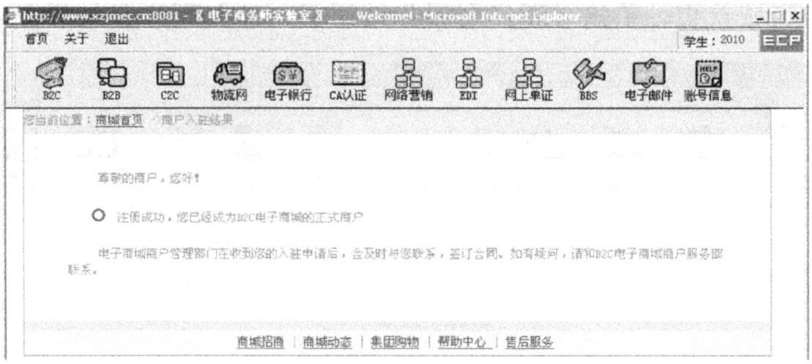

图 2-41 B2C 商户注册成功

4）初始化商店。商户入驻电子商城后，电子商城就为商户开辟了一个专柜，供商户销售商品，在销售前需要初始化商店的数据，如商品录入、期初商品及店面设置等，下面将逐步介绍这部分内容。

3. 登记新商品

用于添加新商品并发布到前台购物网站，操作流程如下：

1）在 B2C 商城首页，单击“商户登录”按钮，进入商店管理入口界面，如图 2-42 所示。单击“登录”按钮，进入 B2C 商户后台管理界面。

图 2-42 B2C 商户登录

2）执行“商品管理”→“登记新商品”命令，进入商品添加界面；学生应按照实际业务规范填写商品相关信息，并上传商品图片和进行商品描述等，如图 2-43 所示。

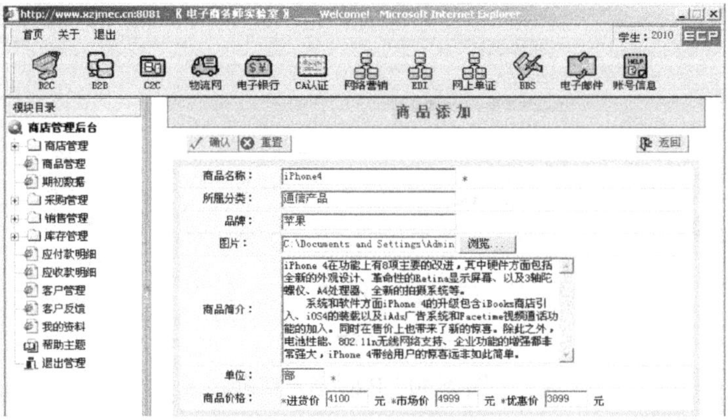

图 2-43 登记新商品

3）填写无误后，单击“确认”按钮，系统提示“添加商品成功”，如图 2-44 所示。新商品即自动发布到 B2C 前台页面，完成新商品的添加。

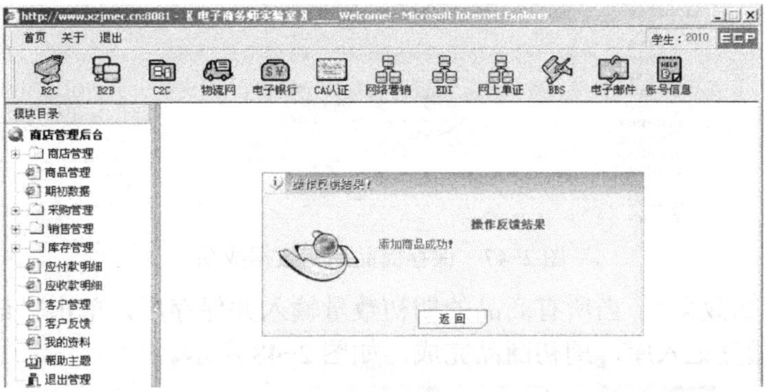

图 2-44　添加商品成功

4）修改商品。用于修改已发布商品的基本信息，包括商品介绍和价格调整。

① 进入“商品管理”，在商品列表中选择要修改的商品，单击“修改商品”按钮。

② 在商品修改页面，更新商品信息后，单击“确认”按钮，系统就会保存更新后的商品信息。

5）删除商品。进入“商品管理”，在商品列表中选择要删除的商品，单击“删除商品”按钮，系统弹出如图 2-45 所示的对话框，单击“确定”按钮，系统提示“删除商品成功”。

图 2-45　删除商品确认

实训要点提示

删除商品时，如果还有包含该商品未完成的销售订单或采购单，系统将拒绝删除商品，建议学生不要轻易删除商品。

4. 期初数据

期初商品就是在商户第一次营业前，把当前商品的数量登记入库，即初始化库存。

1）单击“期初数据”，输入对应商品的期初数量，如图 2-46 所示。单击“保存”按钮，系统提示“保存商品期初数据成功！”，如图 2-47 所示。

图 2-46　期初商品

图 2-47　保存商品期初数据成功

2）单击“期初数据”，当所有商品的期初数量输入并保存后，单击“记账”按钮，系统自动将商品的数量登记入库，期初商品完成，如图 2-48 所示。

图 2-48　商品期初记账成功

实训要点提示

期初商品只能做一次，记账后商品数量无法修改，为保证网上交易正常运营，操作时商品数量在 50～100 件。

5. 网店搭建

1）在 B2C 商城首页，单击“商户登录”按钮，进入商店管理入口界面，单击“登录”按钮，进入 B2C 商户后台管理界面，系统显示“欢迎进入电子商城管理后台，请您先进行网店发布前的设置：您必须设置网店模板、Logo、Banner，可以选择设置网店配送、支付说明和文字、按钮广告。网店一经成功发布，显示在首页商家列表中”，如图 2-49 所示。

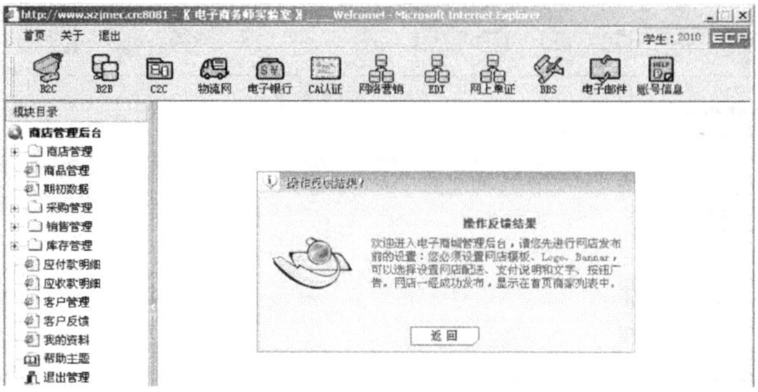

图 2-49　B2C 商户后台管理界面

2）模板选择。单击“返回”按钮，进入网店模板界面，如图 2-50 所示。选择模板后单击“确认”按钮，系统提示“保存成功，请进行网店 Logo 的设置”，单击“返回”按钮。

图 2-50　选择网店模板

3）设置网店 Logo。浏览网店 Logo 图片，如图 2-51 所示。单击“确认”按钮，系统提示“保存成功，请进行网店 Banner 的设置”，单击“返回”按钮。

图 2-51　设置网店 Logo

4）设置商店 Banner。浏览网店 Banner 图片，如图 2-52 所示。单击“确认”按钮，系统提示“保存成功，请选择设置网店配送、支付方式和文字、按钮广告或直接发布网店”，单击“返回”按钮。

图 2-52　设置网店 Banner

5）发布网店。个人网店发布状态变为“未发布”，如图 2-53 所示。先单击“预览”按钮，查看网站样式，然后单击“发布”按钮，系统提示“网店发布成功”。这时个人网店发布状态变为“已发布”。

图 2-53　发布网店

实训要点提示

如果想取消网店发布，则单击“取消发布”按钮，系统提示如图 2-54 所示。

图 2-54　取消网店发布

6）单击“配送说明”按钮，设置送货方式，如图 2-55 所示。单击“保存”按钮即可。

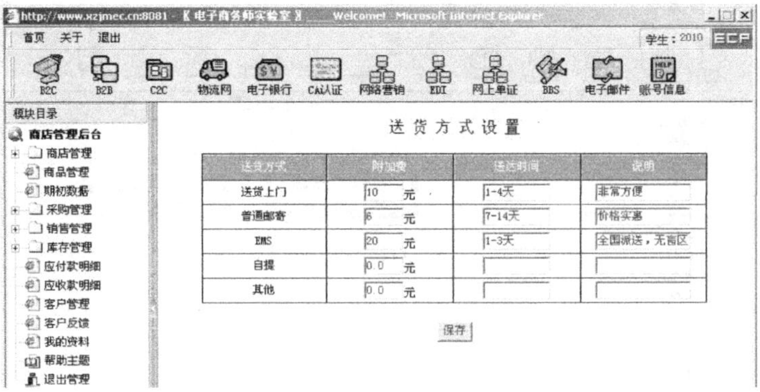

图 2-55　送货方式设置

7）单击“支付说明”按钮，设置支付方式，如图 2-56 所示。单击“保存”按钮即可。

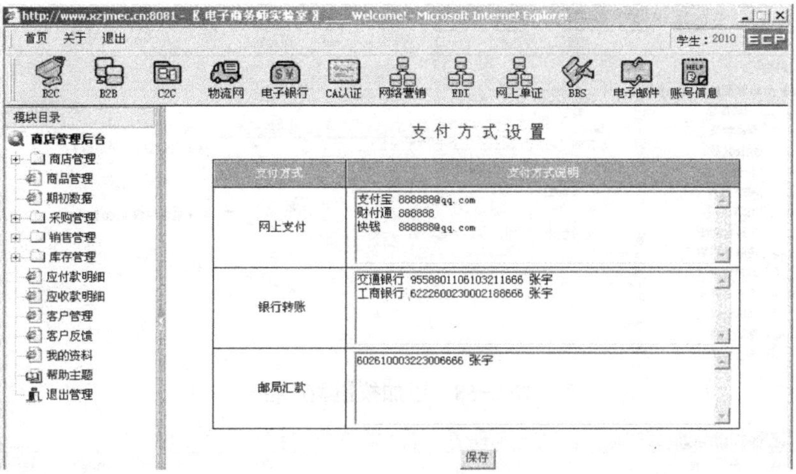

图 2-56　支付方式设置

8）发布文字广告。执行“文字广告”→“新增”命令，在添加文字广告界面，填写广告标题和广告内容，如图 2-57 所示。单击“确定”按钮，系统提示“保存成功”。此外，可以对已发布的广告进行修改或删除。

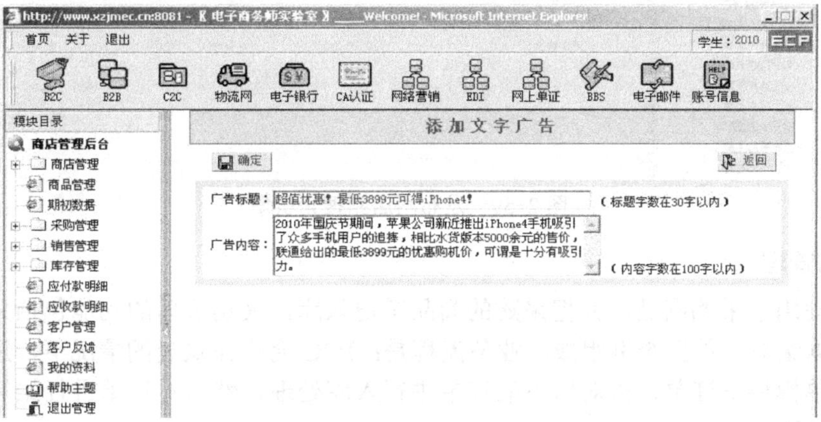

图 2-57　添加文字广告

实训要点提示

如果希望让广告标题以滚动方式显示，可以使用以下命令格式：

<marquee>广告标题</marquee>

9）添加按钮型广告。执行“按钮广告”→“新增”命令，在添加按钮型广告界面，填写广告标题和广告备注，并上传图片，如图 2-58 所示。单击“确定”按钮，系统提示“保存成功”。此外，还可以对已发布的广告进行修改或删除。

10）发布网店到搜索引擎。填写网站名称、搜索关键词和网站描述，如图 2-59 所示。单击“发布”按钮，系统显示“发布成功”。

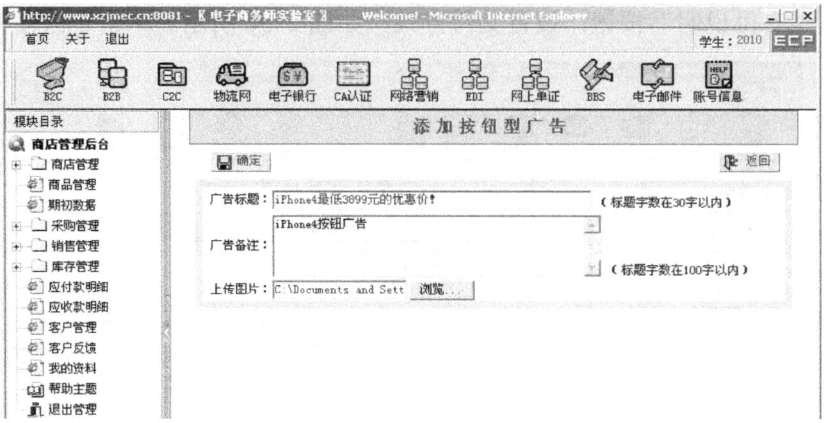

图 2-58　添加按钮型广告

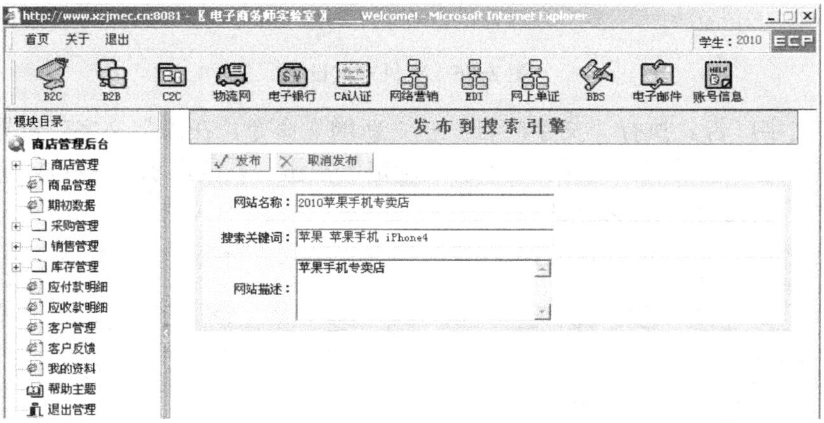

图 2-59　发布网店到搜索引擎

6. 采购管理

采购管理用于采购商品，并把采购的商品登记入库。采购管理的功能包括采购订单、采购入库、单据结算、单据查询组成。业务流程是：B2C 商户在缺货的情况下，进行采购，先进入采购订单模块下订单，再对所下的订单进行入库处理，然后对订单进行结算。业务流程及操作步骤如下：

1）新建采购单。进入 B2C 商城商店管理后台，执行“采购管理”→“采购订单”→“新单”→“选择商品”命令，如图 2-60 所示。选择需采购商品，单击“确定”按钮，如图 2-61 所示。采购单相关信息填写完成后，单击“保存新单”按钮，系统提示“添加新采购单成功！”。

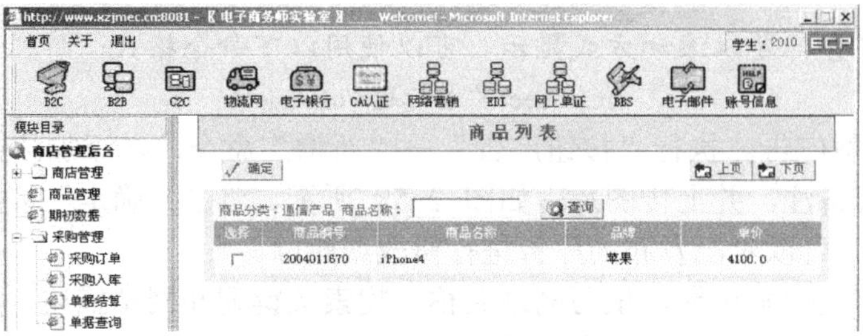

图 2-60　选择采购商品

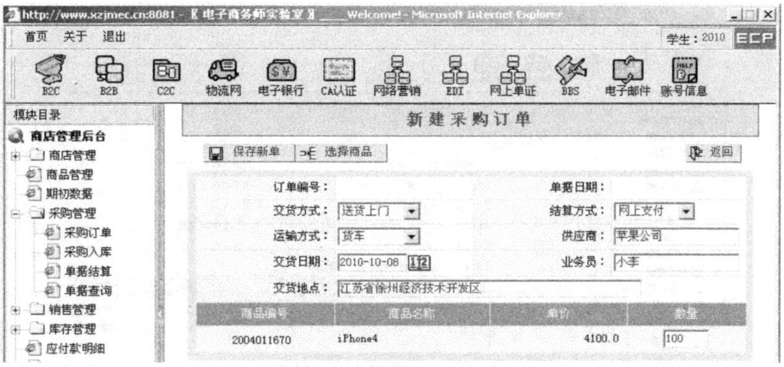

图 2-61 新建采购单

2）订单确认。新建的采购单的单据状态为“待确认”，在采购订单里选择需要确认的采购单，执行“明细”→“确认”命令，系统提示“采购单确认完成！”，如图 2-62 所示。

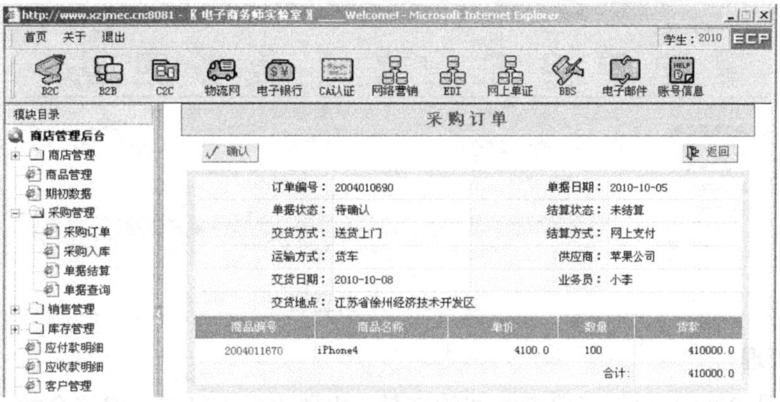

图 2-62 采购订单确认

3）采购入库。单击“采购入库”按钮，进入采购单列表，选择相应的采购单，单击“明细”按钮进入“采购订单”界面，如图 2-63 所示。单击“采购入库”按钮，系统提示“采购单入库完成！”。

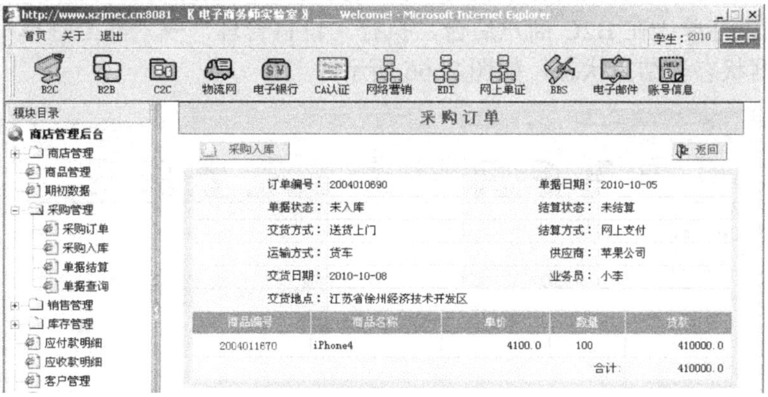

图 2-63 采购入库

4）单据结算。单击“单据结算”按钮，进入采购单列表，选择相应的采购单，单击“明细”按钮，进入采购单明细界面，如图 2-64 所示。单击“结算”按钮，系统提示“采购单结算完成！”。

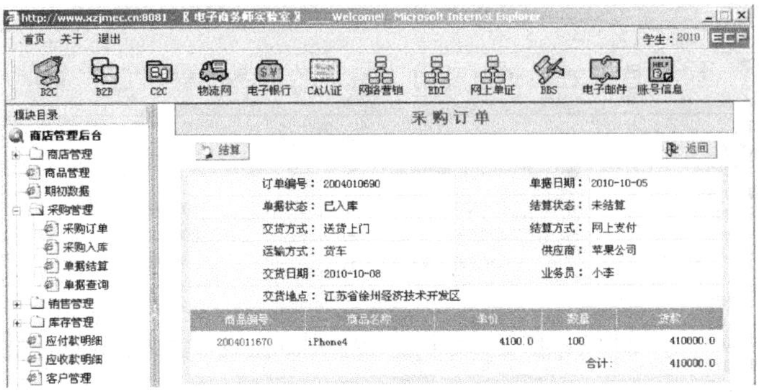

图 2-64 采购订单结算

5）单据查询。单击“单据查询”按钮，如图 2-65 所示。选择或输入所需要查询的采购单号，单击“查询”按钮即可。

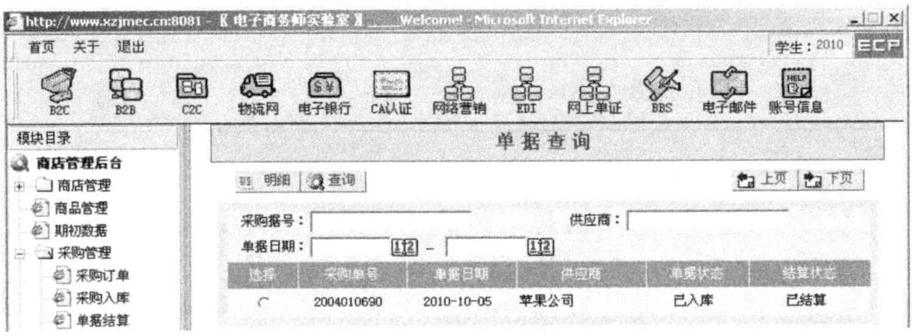

图 2-65 单据查询

7. 销售管理

销售管理是 B2C 商户与消费者之间的交易，主要由网上订单、建议合并、合并订单、销售订单、发货处理、单据查询等功能组成。业务流程及操作步骤如下：消费者在 B2C 商城下订单，B2C 商户在网上订单模块接受订单，然后对订单状态为“待处理”的订单进行处理，确认后，订单变为销售单。B2C 商户在银行中确认 B2C 的客户已经付款，在销售订单中进行“结算”确认，经过结算确认的订单就可以到发货处理中进行发货，完成交易。

1）查看网上订单。在 B2C 商户后台，执行“销售管理”→“网上订单”命令可以查看网上订单的单据状态和结算状态，如图 2-66 所示。

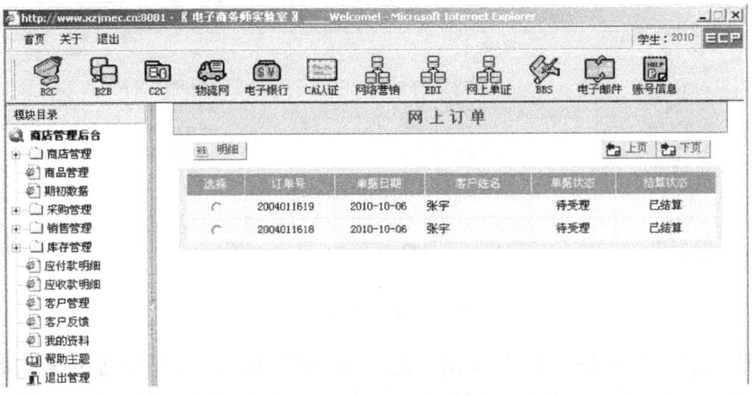

图 2-66 查询网上订单

2）受理网上订单。选择单据状态为“待受理”的订单，单击“明细”按钮，打开网上订单详情界面，如图 2-67 所示。单击“受理”按钮，系统提示“受理网上订单完成!”，即生成销售订单，如图 2-68 所示。如不接受，则单击“作废”按钮。

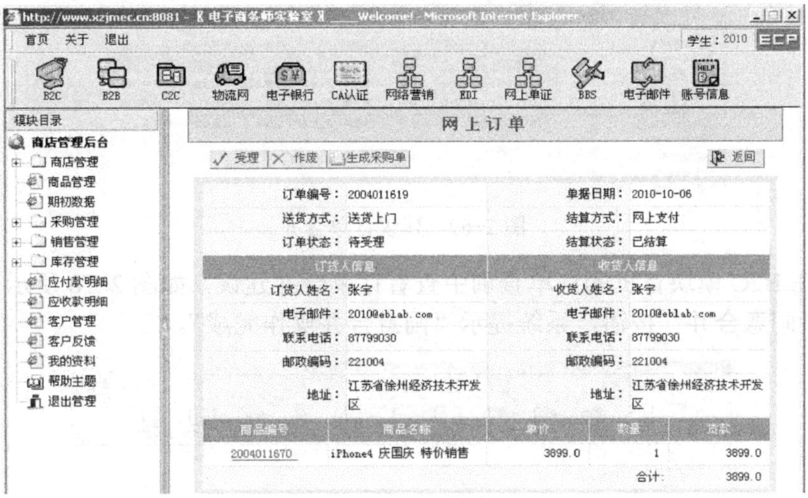

图 2-67 网上订单详情

图 2-68 受理网上订单完成

实训要点提示

订单受理后，在“销售订单”处才能看到对应的订单。

3）订单合并。当 B2C 的客户在商品采购中连续购买商品，该客户在同一家网店下了两个或两个以上的订单，支付模式和配送模式选择一样的订单并且每个单据的交易状态都属于“未发货”状态时，作为商店管理者可以通过后台管理将这些订单合并成一个订单，以节约管理成本；同时，客户也可以节约邮费支出。操作步骤如下：

① 客户在同一家网店分两次购买商品，完成购物流程（注意先不要进行网上支付）。

② 商家登录后台，执行“销售管理”→“建议合并”命令，查看符合合并条件的订单，如图 2-69 所示。选择相应的订单，单击“建议合并”按钮给客户发送订单合并建议。

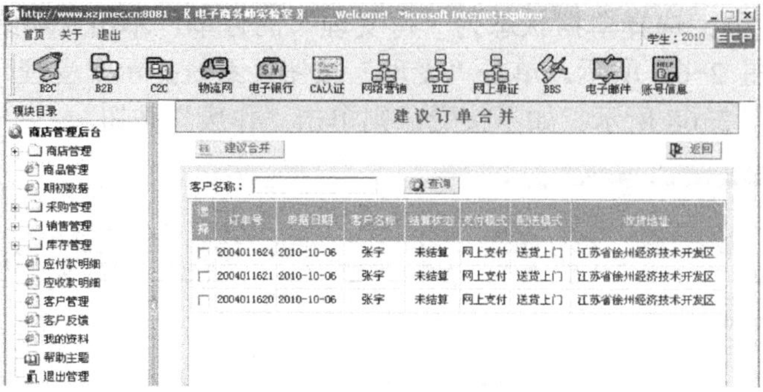

图 2-69　建议订单合并

③ 客户在 B2C 模块首页的订单查询中查看订单合并建议，如图 2-70 所示。如果客户同意，则单击“同意合并”按钮，系统提示“同意合并操作完成”。

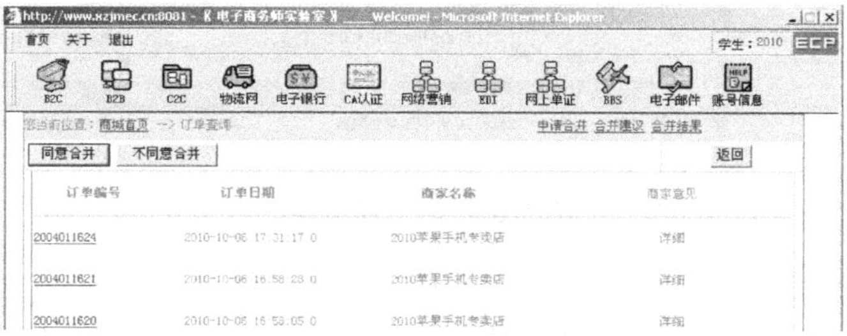

图 2-70　订单合并

④ B2C 商户进入商店管理后台，单击“合并订单”按钮，选择“待合并订单”，打开明细，如图 2-71 所示。单击“合并订单”按钮，系统提示“合并成功!”。

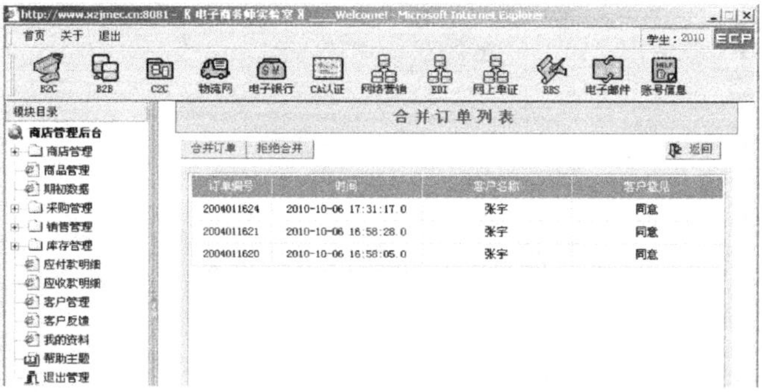

图 2-71　订单合并明细

⑤ 客户在 B2C 商城首页，单击“订单查询”按钮，然后输入用户名和密码，单击“合并结果”按钮，在合并状态一栏，可以看到订单合并是否成功，如图 2-72 所示。

图 2-72　订单合并结果

4）销售订单处理。执行“销售管理”→“销售订单”命令，选择需要处理的订单，然后单击“明细”按钮，可以查看网上订单的详细信息、订单状态和结算状态，如图2-73所示。

① 如果结算状态为“未结算”，单击“确认”按钮，系统提示“错误信息：此销售单据未曾结算，因此不能把状态改为：待发货。”这种情况下，要先单击“结算”按钮，系统提示“销售订单已经结算，可接着进行发货处理！”

② 如果结算状态为“已结算”，则单击“确认”按钮，系统提示“销售订单确认完成！”。这时订单状态变为“待发货”，在“发货处理”中可以看到。

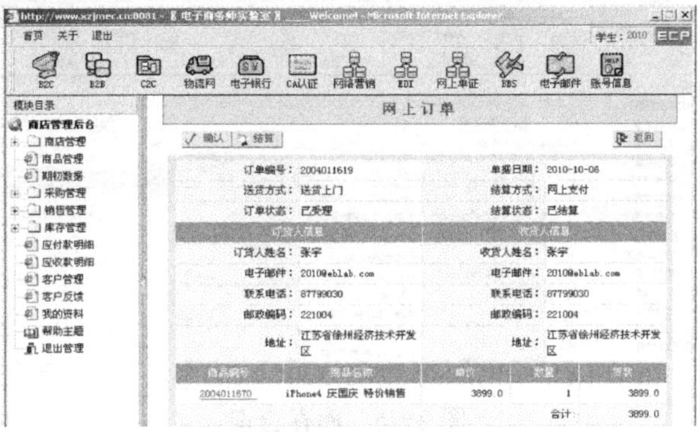

图2-73　网上订单明细

5）发货处理。执行“销售管理”→“发货处理”命令，选择需要发货的订单，单击“明细”按钮，如图2-74所示。单击“确认发货”按钮，系统提示“发货处理完成”。

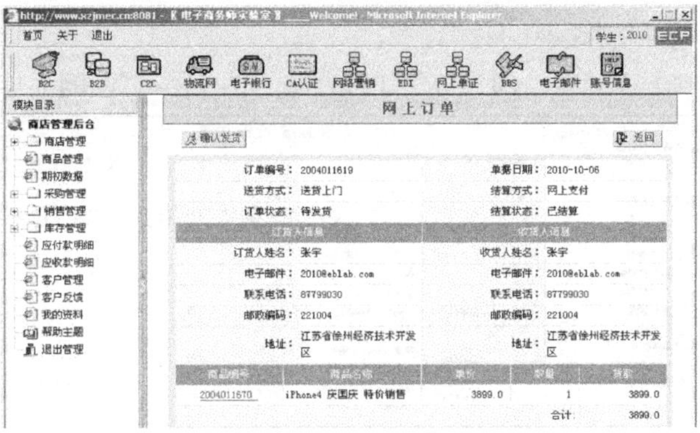

图2-74　网上订单发货处理

6）单据查询。执行“销售管理”→“订单查询”命令，可以对B2C商户与客户之间的各种状态的订单进行查询，如图2-75所示。可以根据销售单号、客户名称、单据日期对单据进行查询，也可以查看相应订单的明细。

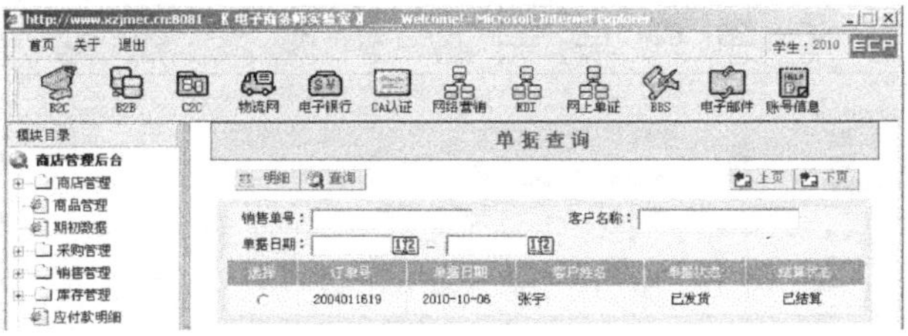

图2-75　网上订单查询

8．库存管理

库存管理是B2C商户对仓库中的商品进行管理，主要包括库存查询、预警设置、缺货查询、溢货查询、盘点录入、盘点查询等功能。

1）库存查询。主要是对仓库中商品的预约库存和实际库存进行查询。执行“库存管理”→“库存查询”命令，如图2-76所示。这里可以选择相应的商品，单击“商品明细”按钮进行查看，也可以输入商品名称，进行查询。

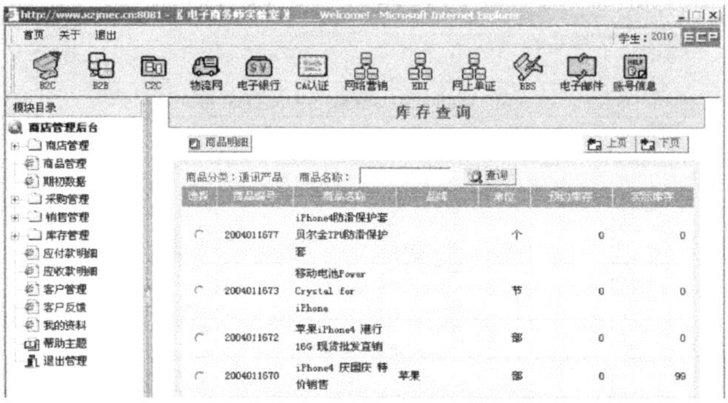

图2-76　库存查询

2）预警设置。是对仓库商品的库存量的上限及下限做预警设置。上限预警功能主要是为预防企业的仓库货物积压而设置的，而下限预警设置主要是针对防止仓库断货而设置的。

① 执行“库存管理”→“预警设置”命令，打开库存预警设置列表，如图2-77所示。

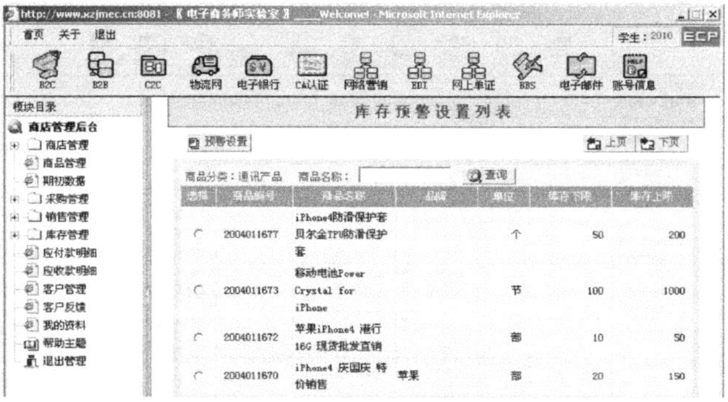

图2-77　库存预警设置列表

② 选择要设置的商品，单击“预警设置”按钮，进入库存预警设置页面，输入库存上限和库存下限，单击“确认”按钮即可，如图2-78所示。

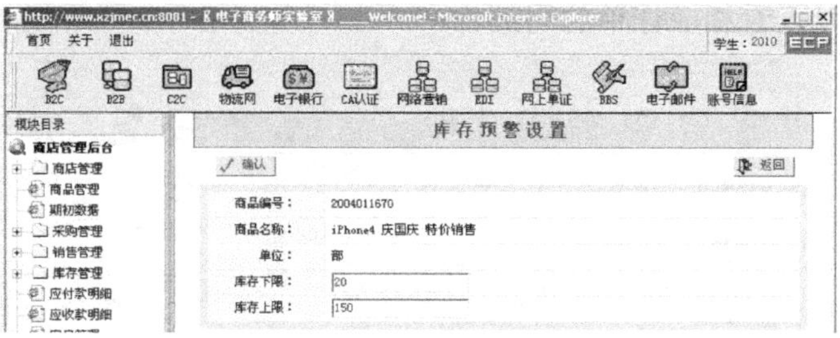

图2-78　库存预警设置

3）缺货查询。可以对已缺货商品进行查询。执行“库存管理”→“缺货查询”命令，如图2-79所示。这里可以通过输入商品名称进行缺货查询。

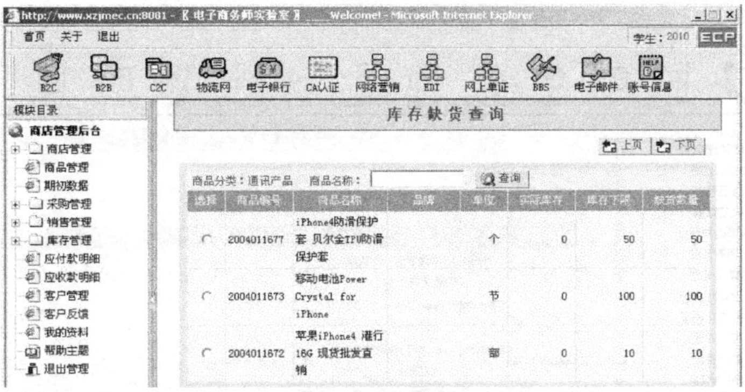

图2-79 库存缺货查询

4）溢货查询。对库存中高出饱和的商品进行查询。执行“库存管理”→“溢货查询”命令，可以看到实际库存、库存数量和溢货数量，如图2-80所示。这里也可以通过输入商品名称进行溢货查询。

图2-80 库存溢货查询

5）盘点录入。是对现在库存商品进行数量的清点，主要是实际商品库存数量与账面数量的核对工作。

① 盘点后，执行“库存管理”→“盘点录入”命令，选择盘点日期（盘点日期应在当前日期之前），输入盘点人、各商品实盘数，如图2-81所示。

② 单击“生成盘点表”按钮，系统提示“您确定生成盘点表吗？”，单击“确定”按钮即可。

图2-81 盘点录入

③ 检查输入的商品实盘数，如图 2-82 所示。单击“调整库存”按钮，系统提示“您确定调整库存吗？”，单击“确定”按钮完成盘点录入工作，此时库存数量调整为盘点数。

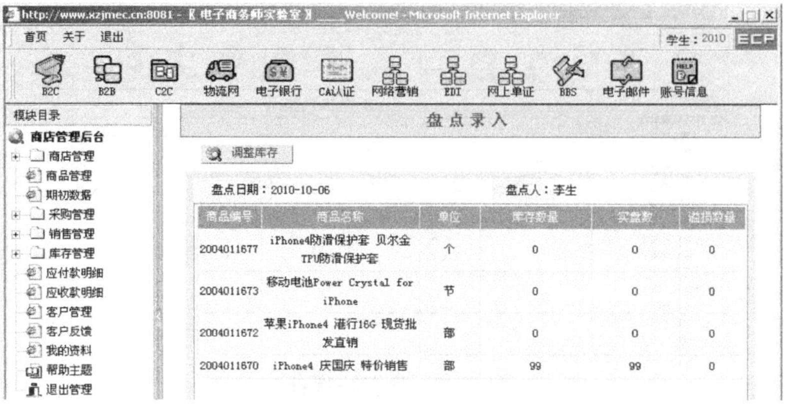

图 2-82　调整库存

6）盘点查询。是对盘点记录的查询。用户可以选择不同的时间查询盘点记录，也可以选择具体的盘点记录查询明细。

9．其他查询与管理

1）应付款明细。主要是 B2C 商户在采购商品时的付款明细。单击“应付款明细”按钮，选择单据，单击“明细”按钮，系统显示采购订单的详细信息。也可以通过输入采购单据号、供应商、单据日期进行查询。

2）应收款明细。主要针对 B2C 客户所下的订单做收款管理。单击“应收款明细”按钮，选择需要查询的销售单号，单击“明细”按钮，系统显示网上订单的详细信息。也可以通过输入销售单号、客户名称、单据日期进行查询。

3）客户管理。该功能模块可以看到客户的详细信息，也可以查看客户的历史交易情况。

4）客户反馈。可以对客户的反馈进行回复，也可以通过反馈日期进行查询反馈、删除反馈。

5）我的资料。可以查看和修改 B2C 商户的注册信息。

相关知识

1．电子商务的基本组成要素

电子商务的基本组成要素一般包括 Internet、用户、商家、银行、认证中心、物流配送（配送中心）等，其系统结构如图 2-83 所示。

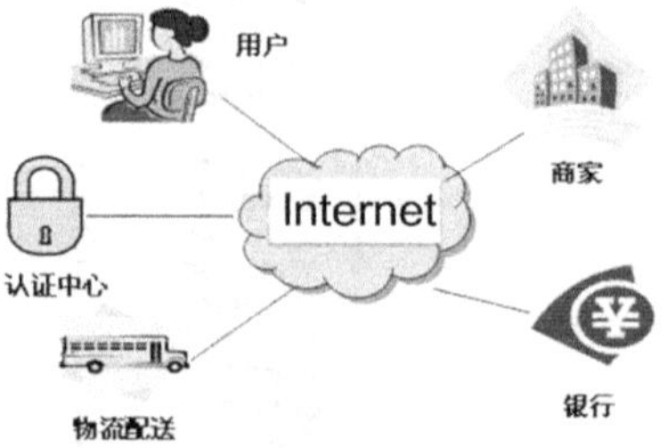

图 2-83　电子商务的基本组成要素

1）Internet。Internet 是电子商务的基础，也是商务、业务等信息传送的载体。

2）用户。电子商务活动中的用户主要分为个人用户和企业用户。个人用户使用浏览器等接入 Internet。企业用户利用 Internet 发布产品信息、接受订单等，如要在网上进行销售等商务活动，还要借助于电子报关、电子报税、电子支付系统与海关、税务局、银行进行有关商务、业务处理。

3）银行。银行可在 Internet 上实现传统的业务，为用户提供 7×24h 实时服务；与信用卡公司合作，发放电子钱包，提供网上支付手段，为电子商务交易中的用户和商家服务。

4）认证中心。CA（Certificate Authority，认证中心）是法律承认的权威机构，具有半官方的性质，负责发放和管理数字证书，使网上交易的各方能够互相确认身份。数字证书是一个包含证书持有人的个人信息、公开密钥、证书序号、有效期、发证单位的电子签名等内容的数字文件。

5）物流配送（配送中心）。配送中心接受商家的送货要求，组织运送无法从网上直接得到的商品，跟踪商品的流向，将商品送到消费者手里。

2．电子商务分类

（1）按照交易对象分类

1）B2C 电子商务。

企业与消费者之间的电子商务，即 B2C，也就是通常说的商业零售，直接面向消费者销售产品和服务。这种形式的电子商务一般以网络零售业为主，主要借助于互联网开展在线销售活动。

B2C 电子商务以其完备的双向信息沟通、灵活的交易手段、快捷的物流配送、低成本高效益的运作方式等在各行各业展现了极大的生命力。

2）B2B 电子商务。

企业与企业之间的电子商务，即 B2B，指的是企业对企业透过电子商务的方式进行交易。B2B 也泛指企业间的市场活动，不局限于最终交易对象的认定。B2B 着重于企业间网络的建立、供应链体系的稳固。

B2B 电子商务包括非特定企业间的电子商务和特定企业间的电子商务。非特定企业间的电子商务是在开放的网络中对每笔交易寻找最佳伙伴，与伙伴进行从订购到结算的全部交易行为。这里虽说是非特定多数，但由于加入该网络的只限于需要这些商品的企业，可以设想是限于某一行业的企业。不过，它不以持续交易为前提，不同于特定企业间的电子商务。特定企业间的电子商务是在过去一直有交易关系或者今后一定要继续进行交易的企业间，为了相同的经济利益，共同进行的设计、开发或全面进行市场及库存管理的商务交易。企业可以使用网络向供应商订货、接收发票和付款。

3）C2C 电子商务。

消费者之间的电子商务，即 C2C，指的是通过互联网消费者与消费者之间进行相互的个人交易，即消费者与消费者之间通过网络进行产品或服务的经营活动。

C2C 交易平台是为买卖双方提供的在线交易的平台，在该平台的支持下，卖方可以自行提供商品上网展示销售，而买方可以自行选择商品拍下付款或以竞价方式在线完成交易支付。目前国内的大型 C2C 交易平台如淘宝网等。

4）B2G 电子商务。

企业与政府方面的电子商务，即 B2G（Business to Government），指的是企业和政府机关能使用中央网站来交换数据并且与彼此做生意。电子商务这种商务活动覆盖企业与政府组织间的各项事务。

由于活动在网上完成，使得企业可以随时随地了解政府的动向，还能减少中间环节的时间延误和费用，提高政府办公的公开性与透明度。B2G比较典型的例子是网上采购，即政府机构在网上进行产品、服务的招标和采购。这种运作模式的来源是投标费用的降低。这是因为供货商可以直接从网上下载招标书，并以电子数据的形式发回投标书。同时，供货商可以得到更多的甚至是世界范围内的投标机会。由于通过网络进行投标，即使是规模较小的公司也能获得投标的机会。

（2）按照商务活动内容分类

1）间接电子商务。

间接电子商务（Indirect Electronic Commerce）即有形货物的电子订货，是指在网上进行的交易环节只能是订货、支付和部分的售后服务，而商品的配送还需交由现代物流配送公司或专业的服务机构去完成。因此，间接电子商务要依靠送货的运输系统等外部要素，又被称为不完全的电子商务。

2）直接电子商务。

直接电子商务（Direct Electronic Commerce）即无形货物和服务，是指商家将无形商品和服务产品内容数字化，不需要某种物质形式和特定的包装，直接在网上以电子形式传送给消费者，收取费用的交易活动。如计算机软件、音像制品、网上订票、网上参团旅游或娱乐、网上咨询服务以及网上银行、网上证券交易等，通过互联网或专用网直接实现交易。

3．020电子商务

O2O是新型的网络营销模式，O2O即Online To Offline，线下销售与服务通过线上推广来揽客，消费者可以通过线上来筛选需求，在线预订、结算，甚至可以灵活地进行线上预订，线下交易、消费，O2O模式是随着像美团网、拉手网、街库网这样本地化电子商务的推广以及市场的需要逐步形成的。

O2O已经成为电子商务网站的下一个掘金点。O2O让传统的商业流变成可以数字化的信息流、资金流，将线上和线下的障碍彻底打通，激活了一个巨大的蓝海。同城购是电子商务O2O（Online To Offline）模式的创新平台和大规模的应用平台，随着O2O模式的逐渐成熟和广泛应用，本地化电子商务必将成为电商服务争夺战的决胜之地。

当前电子商务的主流贸易形态是B2B、B2C、C2C，B2C、C2C是在线支付，购买的商品需要通过物流公司送到客户手中；O2O模式的核心很简单，就是把线上的消费者带到现实的商店中，在线支付购买、预订线下的商品和服务，再到线下享受服务，最后到平台去评价商品和服务质量以达到和消费者互动的目的。

拓展训练

1）国庆节快到了，小林想买一款佳能数码照相机，以便和同事一起旅游时拍外景。经过一番上网搜索，终于在一家网上数码产品店找到了这款照相机，价格也比较合理。于是他通过这家网站申请了一张网上银行卡，并注册成为网上超市的会员，从网上订购了这款照相机，要求商家送货上门，并通过网上在线支付的方式进行了结算，之后还查看了订单和银行卡余额，真正体会了网上购物的方便和乐趣。请在电子商务师实验室模拟完成以上购物过程。会员注册用户名为***，收货人和订货人信息相同，***为学号，其余信息自定义。

2）李文是某高校电子商务专业毕业生，毕业后到一家知名电子商务网站注册为 B2C 特约商户，并开了一个网上商店，商户名称：***商户，专卖商品类别为：数码产品，专卖店名称：***专卖店，经营品牌：***品牌。入驻商城后，他先对公司简介、配送说明、支付说明和售后服务等网店信息进行设置（信息自定义），然后添加了一批新商品，商品名称为***笔记本计算机，进货价 2 000 元，市场价 2 500 元，优惠价 2 200 元，期初记账为 10 台，开张第一天，李文收到小张订购 15 台笔记本计算机的订单，由于库存不足，李文又采购入库 20 台该商品，交货方式为送货上门，运输方式为火车，结算方式为网上支付，然后，按照订单要求，将 15 台笔记本计算机发给小张。请在电子商务实验室中模拟完成该实验。注册信息中，***为学号，其他信息自定义。

实战训练

1）请在工商银行或交通银行、建设银行、中国银行开通网上银行。

2）请在卓越亚马逊或京东商城购买一件自己喜欢的商品。

任务 2　C2C 电子商务

互联网为个人经商提供了便利，任何人都可以“过把瘾”，日常生活中人们可以将一些个人物品放到网上进行拍卖，淘宝网推出的“1 元拍”相当诱人。只要出价合适，就能以超低价格买到心仪宝贝。心动不如行动，行动就有可能，现在就一起踏上网上竞拍之旅吧。

任务情景

张宇有一款价值 3 080 元、使用 2 年的苹果 iPhone 5s 手机，随着苹果 iPhone 6 手机上市，他又想购买苹果 iPhone 6 手机，于是决定把 iPhone 5s 手机放到网上拍卖，请运用所学的电子商务技能，帮助他完成 iPhone 5s 手机拍卖和苹果 iPhone 6 手机的竞拍。

任务分析

互联网上有淘宝网、拍拍网等拍卖网站，为完成此任务，首先，要在拍卖网站注册成为会员，先以卖家身份发布拍卖商品信息，并实时查看竞价情况，完成拍卖流程；其次，再以买家身份寻找想购买的商品，参与竞拍；最后进入拍品管理。

任务实施

1. 会员注册

在发布和竞拍商品前，需要先注册成为得易 C2C 网站的会员。操作步骤如下：打开 C2C 模块，单击“免费注册”按钮，进入用户信息填写界面。填写注册信息，如图 2-84 所示。然后单击“看过并同意服务条款，下一步”按钮，系统提示“注册成功”，这样就完成了会员注册。

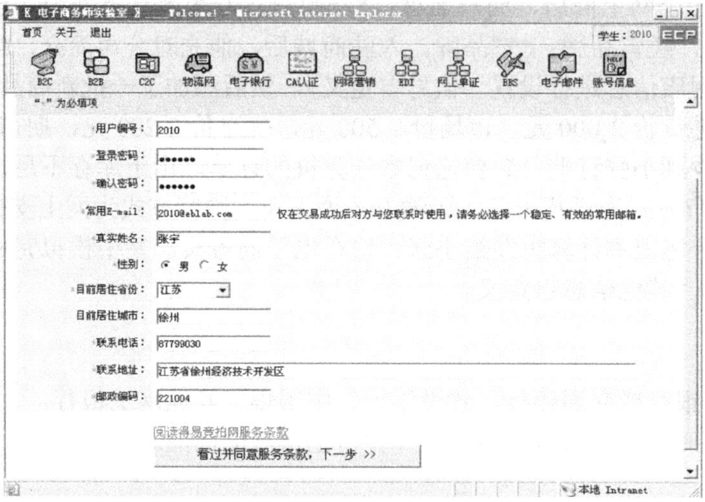

图 2-84　卖家会员注册

实训要点提示

如果独自扮演买家和卖家进行拍卖交易，需要注册两个会员账号。

2. 卖东西

卖方发布拍卖的商品，具体操作步骤如下：

1）在 C2C 模块首页单击“卖东西”按钮，如图 2-85 所示。商品分类选择“手机/电话/通信器材”。

图 2-85　选择商品分类

2）选择商品分类后，系统自动转到登录界面，输入用户名和密码，单击“确定”按钮进行登录。

3）填写拍卖商品详细信息（商品名称、商品描述、数量、商品所在地、新旧程度），上传商品图片，如图2-86所示。确定商品“起始价”“底价”“商品在线时间”“附属信息”等信息，如图2-87所示。然后单击“下一步”按钮，系统提示“您的商品已登录成功”。

实训要点提示

1）在发布商品信息时，要求发布一件真实商品实物图片和商品描述，然后上传图片和文字。

2）在电子商务实验室平台确定在线天数时，系统中5min相当于现实中的一天。

3）确定底价目的是当出价高于底价时，系统显示竞拍成功的信息，否则，竞拍失败。

图2-86　填写商品基本信息

图2-87　填写商品附属信息

3. 买东西

买方出价参与竞拍商品，具体操作步骤如下：

1）在C2C模块首页单击“买东西”按钮，进入商品分类界面，选择“手机/电话/通信器材”分类。

2）选择需要竞拍的商品，单击商品名称进入商品详情页面，如图2-88所示。

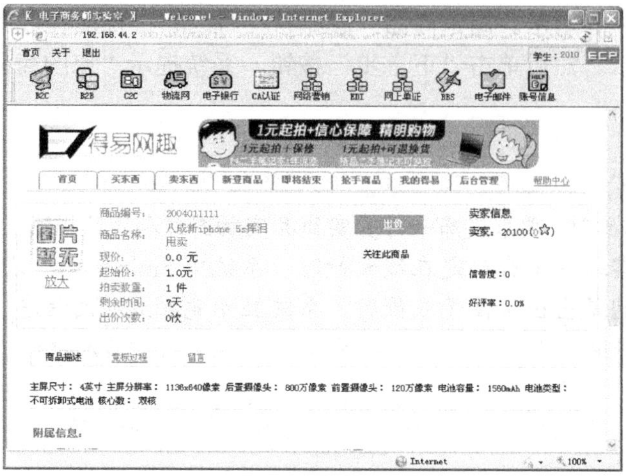

图 2-88　商品详情

3）单击“出价”按钮，如图 2-89 所示。填写用户名、密码和愿意接受的出价价格，然后单击“出价”按钮，进入出价预览页面，如图 2-90 所示。

图 2-89　买方出价

图 2-90　确认出价

4）单击“确认”按钮，系统提示“竞价成功”。买家可以查看竞价过程，如图 2-91 所示。

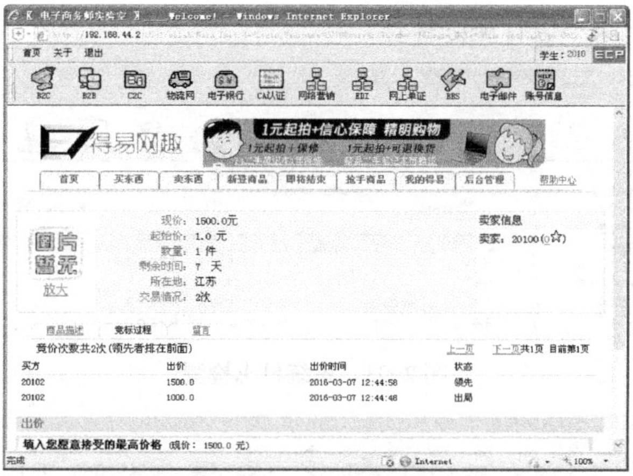

图2-91　竞价过程

4．我的得易

买卖双方都可以登录“我的得易”查询竞标情况，具体操作步骤如下：

1）单击“我的得易”，输入用户名和密码，单击“确定”按钮，进入“我的得易”。

2）我是买家。在“我是买家”里可以查看竞标中的商品和已买入的商品，如图2-92所示。

3）我是卖家。在“我是卖家”里可以查看出售中的商品、已结束的商品和被注销的商品。

4）用户设置。在“用户设置”里，可以修改用户信息、注销用户。

图2-92　买入商品

5．后台管理

1）单击“后台管理”按钮，进入后台管理界面。

2）在后台管理中，可以查看系统日志、会员管理、组群设置、拍卖目录管理和拍卖商品管理等操作。

① 系统日志。系统时时记录每个会员的活动情况，如图2-93所示。可以单击“清空日志”按钮，对日志进行清空。

② 会员管理。选择某一会员，单击“明细”按钮，可以查看注册会员信息，如图2-94所示。也可以单击“改变群组”按钮修改该会员所在组群，如图2-95所示。然后单击“提交修改”按钮。

③ 组群设置。可以进行群组的添加、修改、删除等操作。

④ 拍卖目录管理。可以进行拍卖商品类别的添加、修改和删除等操作，如图2-96所示。

系统中商品类别设置一般不进行删除操作。

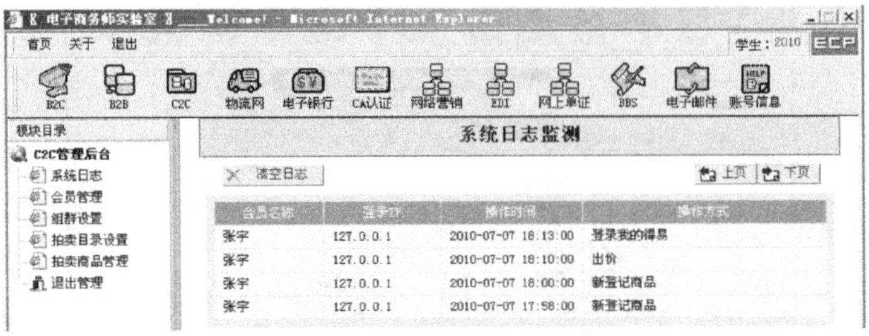

图 2-93　系统日志检测

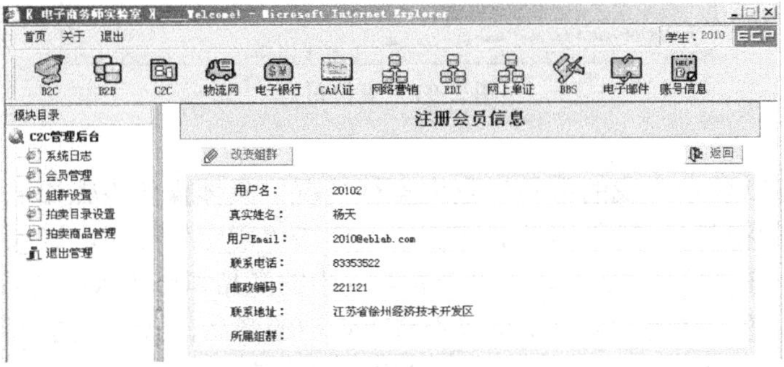

图 2-94　注册会员信息

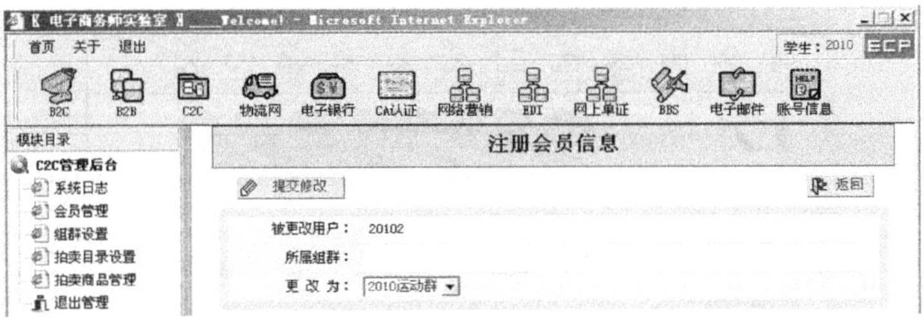

图 2-95　组群修改

图 2-96　拍卖商品类别列表

实训要点提示

在电子商务师职业资格考证技能考试中，如果所给商品不在拍卖商品类别中，可以先在后台新增一个商品分类。操作步骤为：单击“新增”按钮，输入需要增加的商品类别名称，然后单击“保存”按钮即可。

相关知识

1. 我国 C2C 电子商务的发展

1）eBay 易趣取自“易趣”与“eBay”的结合。易趣于 1999 年 8 月成立，其含义为“交易的乐趣”。而“eBay”取自全球成功的电子商务网站 eBay Inc.。两个企业结合而成的名字蕴涵着中国与世界领先的电子商务网站的强强联手与紧密合作。这个名字向用户传达了我们是既中国又世界、既本土又全球的网上交易平台。

2002 年 3 月，易趣获得美国最大的电子商务公司 eBay 的 3 000 万美元的注资，并同其结成战略合作伙伴关系，2003 年 6 月，易趣获得 eBay 追加的 1.5 亿美元投资，并成为 eBay 全球大家庭中的一员。2004 年 7 月，易趣网推出新品牌“eBay 易趣”。

2）淘宝网，顾名思义，没有淘不到的宝贝，没有卖不出宝贝。淘宝网是国内领先的个人交易网上平台，由阿里巴巴公司投资一亿元创办，致力于成就全球最大的个人交易网站。自 2003 年 5 月 10 日成立以来，淘宝网基于诚信为本的准则，从零做起，在短短的半年时间，迅速占领了国内个人交易市场的领先位置，创造了互联网企业的一个发展奇迹，真正成为有志于网上交易的个人的最佳网络创业平台。

2003 年之前，在国内 C2C 市场上除了易趣，几乎没有什么其他的竞争对手。但是淘宝的出现却打破了这个格局。淘宝网成立之初，就面临着易趣的绞杀。当时 eBay 是全球首屈一指的个人、企业商品在线交易市场，而易趣在网上交易尤其是 C2C 领域一直统领国内电子商务领域。eBay 入主易趣实现强强联手，面对强敌，马云带领团队采取了迂回策略。

① 免费策略。当时在线拍卖网站的收费主要包括交易服务费、登录费、推荐位费（橱窗展示位）。淘宝则是全部免费，相较其他网站，淘宝的免费策略对网络商户来说具有非常大的吸引力。

② 打造完善的交易平台。淘宝成立之初，马云就将阿里巴巴“客户第一”的价值观移植到淘宝。

③ 适时推出支付宝。当时类似易趣、淘宝等只提供交易平台，对买卖双方缺乏必要的制约，假如在货款、商品等方面出现了问题，只能由交易双方承担。因此，卖方为了保护自身利益，普遍采用“款到发货”的方式，而从买家角度考虑，普遍希望采取“货到付款”的方式。2003 年 10 月，淘宝抓住了支付风险这个人人回避的市场空白，试探性地发布了“支付宝”服务，这大大降低了交易双方的顾虑，由此淘宝的会员注册量和成交额也节节攀升。

根据艾瑞咨询最新数据显示，截至 2014 年年底，从 C2C 市场来看，淘宝集市地位依旧稳固，淘宝占我国 C2C 市场的 96.5%，拍拍网占 3.4%，易趣网占 0.1%。我国 C2C 网络购物市场格局相对稳定，各网站占比趋于稳定，交易规模平稳增长。

3）拍拍网是腾讯旗下电子商务交易平台，网站于 2005 年 9 月 12 日上线发布，2006 年 3 月 13 日宣布正式运营。拍拍网依托于腾讯 QQ 超过 5.9 亿的庞大用户群以及 2.5 亿活跃用户的优势资源，具备良好的发展基础。拍拍网主要有网游、数码、女人馆、运动、学生、哄抢、彩票七大频道。拍拍网还拥有功能强大的在线支付平台——财付通，能为用户提供安全、便捷的在线支付服务。

2006 年 9 月 12 日，拍拍网上线满一周年。通过短短一年时间的运营，拍拍网成长迅猛，已经与易趣、淘宝共同成为中国最有影响力的三大 C2C 平台。凭借丰富多样的商品类别和高人气的互动社区，拍拍网已成为国内成长最快、最受网民欢迎的 C2C 电子商务交易平台。

拍拍网作为腾讯“在线生活”战略的重要业务组成，在创立之初就定位于“中国电子商务的普及者和创新者”，希望通过不断努力降低电子商务门槛，促进电子商务在中国的全民普及和发展。基于腾讯 QQ 以及腾讯其他业务的整体优势，拍拍网在经营理念、产品技术等方面提出了很多创新，例如，在业界首次研发的“边聊边买”“买家与卖家信用分离制度”等创新专利均获得了业界的广泛认可和采纳。

2014 年 3 月 10 日上午，京东集团与腾讯控股有限公司宣布建立战略合作伙伴关系。同意以约 2.15 亿美元收购京东 3.5 亿多股普通股股份，占上市前在外流通京东普通股的 15%。京东将收购腾讯 B2C 平台 QQ 网购和 C2C 平台拍拍网的 100%权益、物流人员和资产以及易迅网的少数股权和购买易迅网剩余股权的权利。

2015 年 11 月 10 日，京东集团发布公告称，因 C2C 模式当前监管难度较大，无法杜绝假冒伪劣商品，决定到 12 月 31 日时停止提供其 C2C 模式（拍拍网）的电子商务平台服务，并在三个月的过渡期后将其彻底关闭。

2. C2C 电子商务交易流程

此处以典型的支付宝担保交易流程为例，介绍 C2C 电子商务交易流程，如图 2-97 所示。

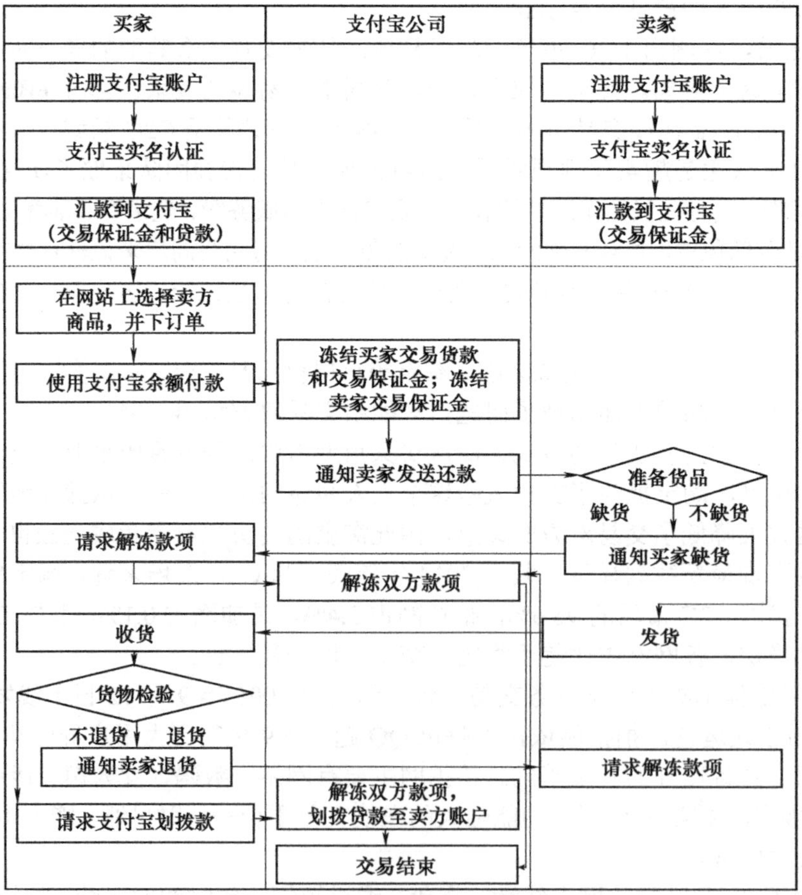

图 2-97　C2C 电子商务交易流程

拓展训练

1）小芳有个用了一年的饭桌，不便于拿到旧货市场，于是在网上以用户名 fangfang***注册了一个拍卖会员，并且把该饭桌发布到自己新建的拍卖类目 fangfang***中，具体商品信息为：半新的“100×80cm 普通饭桌”1 张，商品所在地为北京，起始价 20 元，商品在线时间为 7 天，最后有个注册为“jinjin***”的人，出价 35 元拍得该饭桌。请在电子商务实验室中模拟完成该实训。注册信息中，***为学号，其他信息自定义。

2）庄静有一套珍藏多年的文房四宝***，她准备放到网上拍卖。于是在电子商务实验室平台进行了注册，登记了拍卖的物品，起拍价为 500 元，底价为 800 元，商品在线 4 天。一位网友见到立即出价 1 000 元，并且成功拍得该套珍贵的文房四宝。请在电子商务实验室中模拟完成该实训。注册信息中，***为学号，除题目中规定以外，其他信息自定义。

实战训练

1）请你在淘宝网拍卖一件个人闲置商品。

2）请你在淘宝网竞拍一件自己喜欢的商品。

任务3 B2B 电子商务

任务情景

厦门电子商务公司是一家专门从事运动服装批发业务的公司，361°徐州专卖店从事 361°运动服装销售，徐州香山物流公司专门从事物流配送业务。经过市场调研，361°徐州专卖店欲与厦门电子商务公司建立合作关系，经双方洽谈，达成合作意向，双方约定商品配送由徐州香山物流公司承担。

任务分析

B2B 电子商务是企业与企业之间经过 Internet 进行的商务活动。该模块提供了企业相互之间的交易服务平台，学生通过对 B2B 交易平台的操作，熟悉并了解 B2B 电子商务主要的业务流程及 B2B 电子商务的后台管理活动。

1）实验准备：采购商、供应商、物流商银行注册及 CA 认证，会员注册。

2）初始数据：采购商、供应商、物流商建立商务关系，增加商品，建立仓库，安排车辆。

3）B2B 业务流程：企业产品发布、产品查询及产品维护、网上签约购买、在线购买、货款支付、订单交易、企业数据维护。

任务实施

1. 注册采购商银行账号

1）执行“电子银行”→“企业网上银行注册”命令，系统显示“网上银行企业客户服务协议”，单击“同意”按钮，填写注册申请表和初始资金及支付密码，如图 2-98 所示。单击“确定”按钮，系统显示申请结果，如图 2-99 所示。

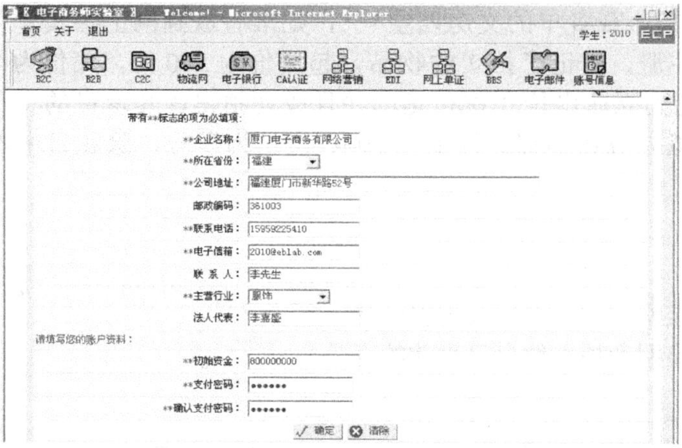

图 2-98 企业网上银行注册

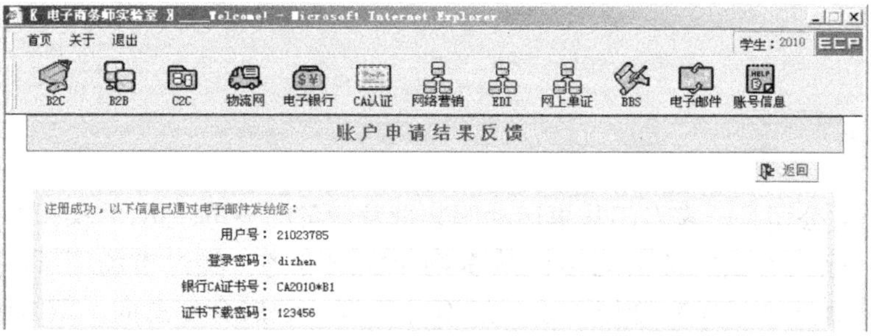

图 2-99 企业网上银行申请结果反馈

2）执行“CA 认证”→“CA 证书下载”命令，在下载验证页面复制、粘贴图 2-99 中的银行 CA 证书号和证书下载密码，如图 2-100 所示。单击“确定”按钮，系统进入数字证书下载界面，执行“下载数字证书”→“文件下载”→“保存”命令，将证书保存在计算机中。

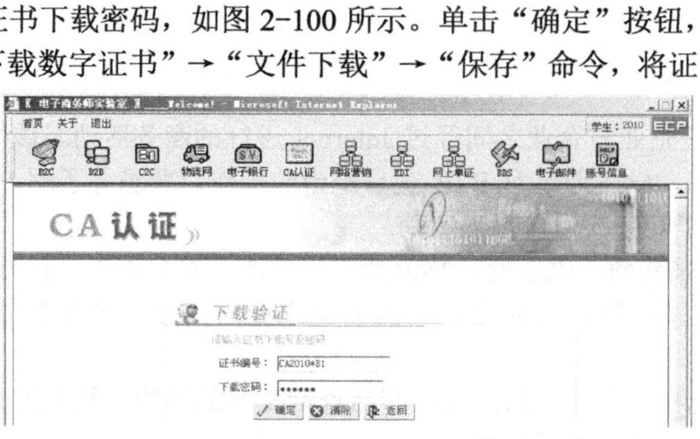

图 2-100 CA 证书下载验证

实训要点提示

在输入或复制数字证书编号时，前后不要留有空格，否则系统会提示错误。

2. 注册采购商会员账号

1）采购商注册。执行“B2B”模块→“注册会员”命令，在电子身份验证界面单击“注册会员”按钮，填写“数字证书信息”，如图 2-101 所示。注意：企业类型选择“采购商”。单击“确定”按钮，系统提示会员注册成功，如图 2-102 所示。

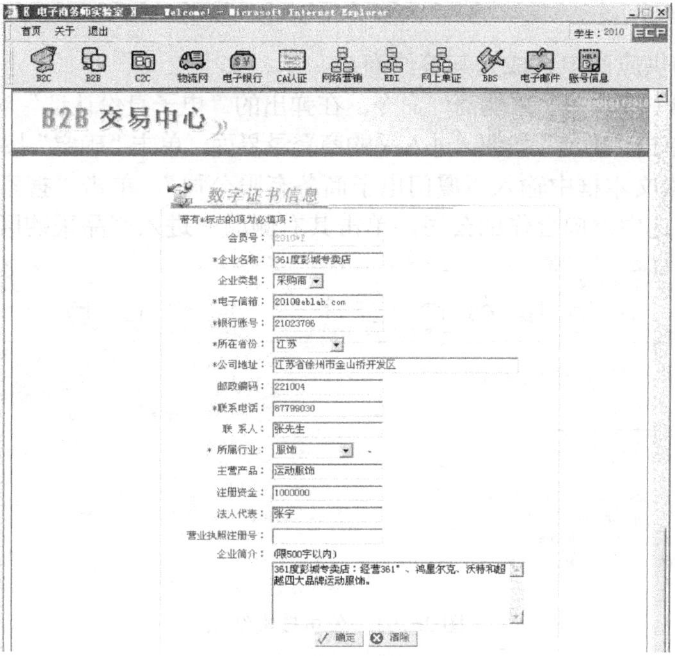

图 2-101 采购商注册信息

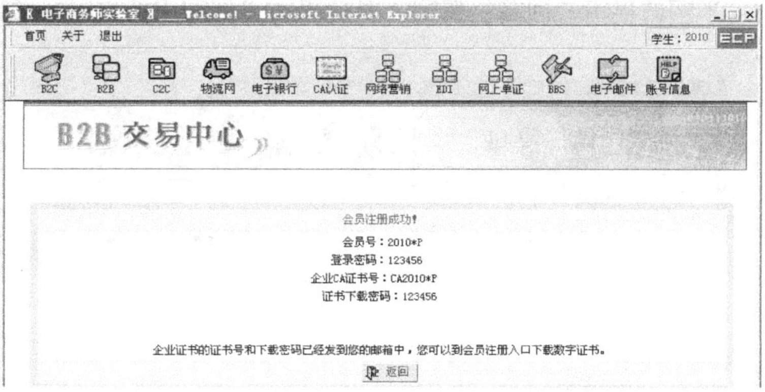

图 2-102 会员注册成功

2）采购商 CA 证书下载。执行“CA 认证”→“CA 证书下载”命令，在下载验证页面复制、粘贴图 2-102 中的企业 CA 证书号和证书下载密码，单击“确定”按钮，系统进入数字证书下载界面，执行“下载数字证书”→“文件下载”→“保存”命令，将证书保存在计算机中。

3．注册供应商、物流商银行账号和会员账号

供应商、物流商银行账号和会员账号的注册、操作步骤与采购商的注册类似，此处不再赘述。

实训要点提示

1）B2B 实训中共需下载 6 个 CA 证书，保存 CA 证书时，为了防止后面的 CA 证书覆盖前面的 CA 证书，可用 1、2、3、4、5、6 命名。

2）物流商会员注册应登录物流网。

4．建立商务关系

（1）采购商向供应商申请成为其签约商户

1）执行“B2B”模块→“采购商”命令，在弹出的“电子身份认证”对话框中，选中相应的 CA 证书，然后单击“确定”按钮，进入采购商登录界面，单击“确定”按钮完成采购商登录。

2）在公司搜索文本框中输入“厦门电子商务有限公司”，单击“搜索”按钮，搜索结果如图 2-103 所示。选中意向合作的公司，单击其右侧的“进入产品采购区”。

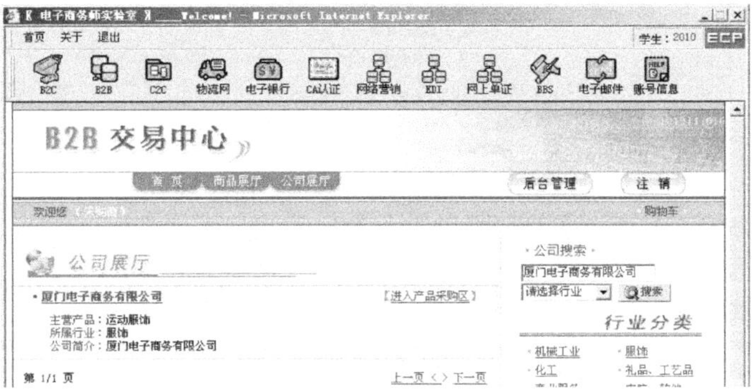

图 2-103　公司搜索结果

3）在公司详细信息界面，单击“申请成为签约商户”按钮，系统进入签订协议页面，如图 2-104 所示。采购商单击“同意”按钮，系统提示“你的申请材料已经提交成功，请等待供应商审批”。

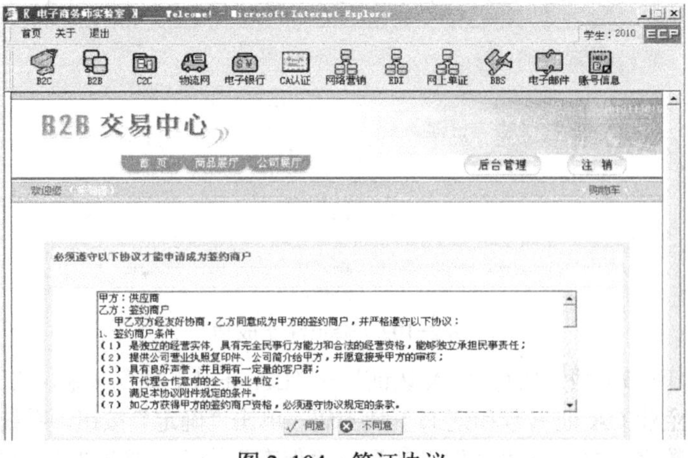

图 2-104　签订协议

4）供应商登录B2B后台→客户管理，选择需要签约的采购商，单击“客户明细”按钮，供应商为采购商选择信誉等级和信誉额度后，单击“同意签约”按钮完成签约过程。

（2）供应商向物流商申请物流服务

1）选择“物流网”模块，在货场搜索文本框中输入“徐州香山物流有限公司”，单击“搜索”按钮，在搜索结果界面选择相应的物流商，单击查看物流商详细信息，如图2-105所示。

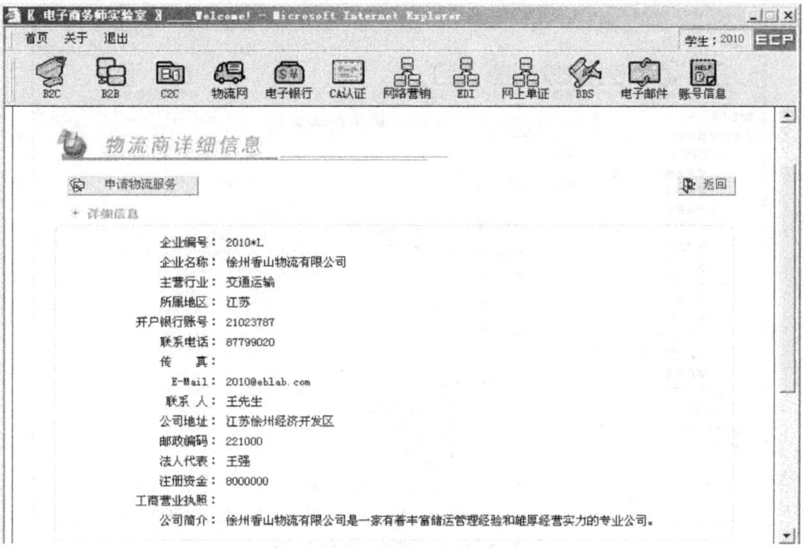

图2-105　物流商详细信息

2）单击“申请物流服务”按钮，在弹出的“电子身份认证”对话框中，选中相应的CA证书，然后单击“确定”按钮；在许可协议界面，单击“同意”按钮后，系统提示“物流服务申请成功，请等待物流商审批！”。

3）物流商登录后台，在“客户管理”中选择该供应商→客户明细→审批，完成签约。

（3）物流商进行仓库和车辆管理

1）物流商登录后台→仓库管理→新增仓库，如图2-106所示。在新增仓库信息界面，填写仓库信息，单击“确定”按钮，完成仓库添加。另外，还能“删除仓库”和查看“仓库明细”。

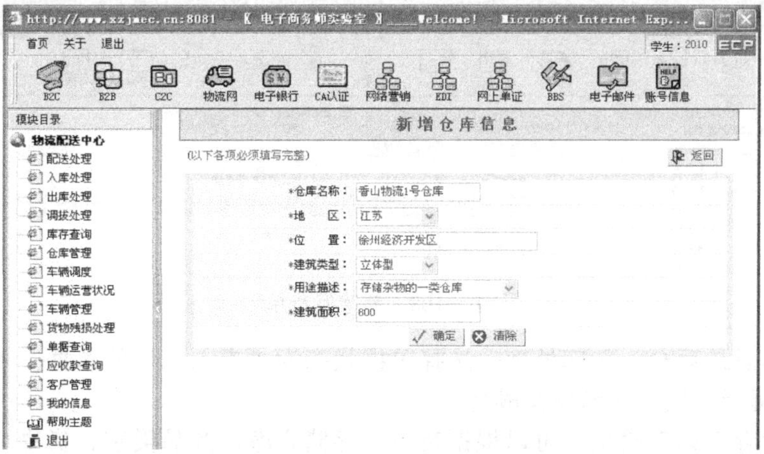

图2-106　新增仓库信息

2）物流商登录后台→车辆管理→新增车辆；在添加车辆信息界面，填写车辆信息，单击“确定”按钮，完成车辆添加。另外，还能“报废车辆”和查看“车辆信息”。

（4）供应商产品信息管理

1）供应商登录后台→产品目录→新增产品，如图 2-107 所示。在添加商品信息界面，填写商品信息，并上传商品图片，然后单击“保存”按钮，完成商品的添加。

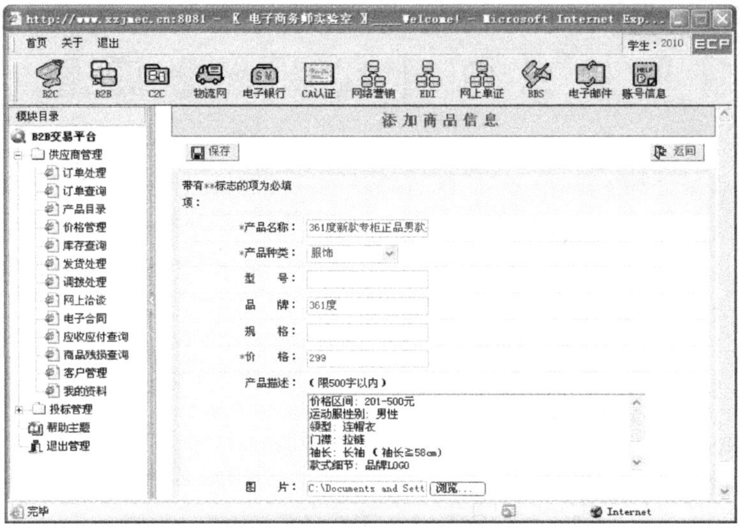

图 2-107 添加商品信息

2）供应商新增产品后，采购商就可以在 B2B 前台查询和选购了。另外，还能“撤销产品”和查看“产品资料”。

（5）供应商向物流商发货、增加库存

1）供应商登录后台→发货处理→新建发货单→选择发货商品，在选择发货商品界面中，选择需要发货的商品，单击“确认选择”按钮。

2）系统确认后返回“新建发货单”界面，选择收货方和收货仓库，并填写发货数量，如图 2-108 所示。然后单击“确认发货”按钮完成发货。另外，还可以查看发货单明细。

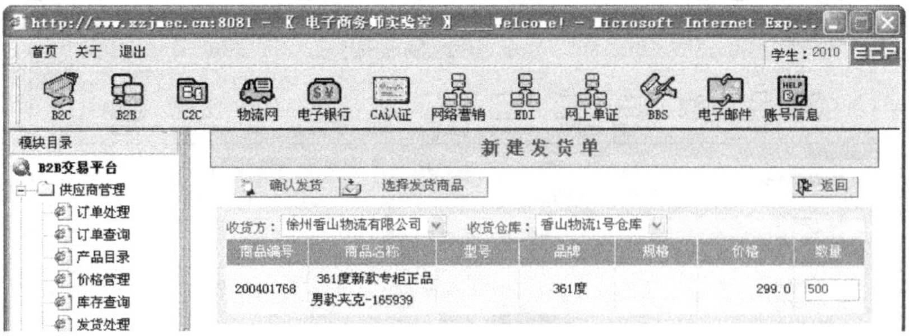

图 2-108 新建发货单

3）物流商登录后台→入库处理→选择单据状态为“未入库”的单据→入库单明细→确认入库→系统提示：执行入库操作成功。

4）在“库存查询”模块，可以根据货主、存储仓库、商品类别、货物编号、货物名称等查询现有商品在各个仓库的库存信息。

5. B2B 交易流程

采购商在前台购买商品，订单就会出现在相应的供应商的订单处理中，供应商处理订单后，交给采购商确认，经过二次确认的订单就可以生成销售单。同时，销售单生成后，供应商选择物流商把货物送到采购商；采购商可以在适当的情况下结清货款。

（1）采购商选购商品

1）采购商登录后搜索自己的供应商，进入产品采购区，选购商品，单击“购买”按钮，然后查看购物车；在购物车界面，修改“购买数量”后单击“重新计价”按钮，这时可以看到合计金额得到了更新，如图 2-109 所示。

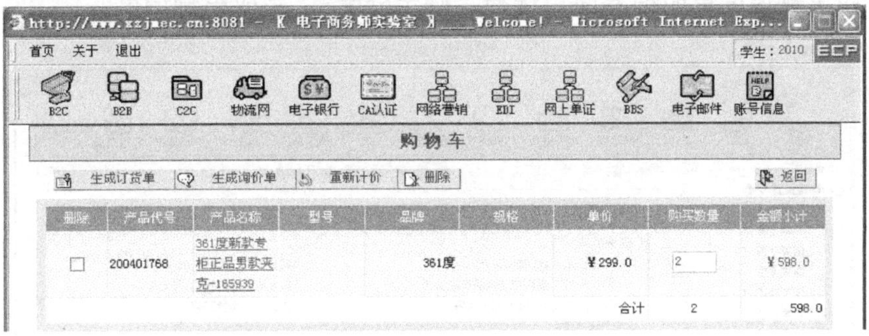

图 2-109　修改购买数量

2）单击“生成订货单”按钮，在订货单界面选择“订单支付方式”和“最迟交货日期”，然后单击“确定”按钮，系统提示订货单已经生成。

实训要点提示

此处“订单支付方式”选择“电子支付”，以下的操作流程是基于“电子支付”方式的流程。选择“银行转账”的操作流程与“电子支付”的略有不同，读者可以自行尝试。

（2）订单的二次确认

1）供应商登录后台→订单处理→选择订单状态为“待受理”的订购单→订单明细，在订单明细界面，单击“订单受理”按钮，此时订单状态变为“待二次确认”，如图 2-110 所示。

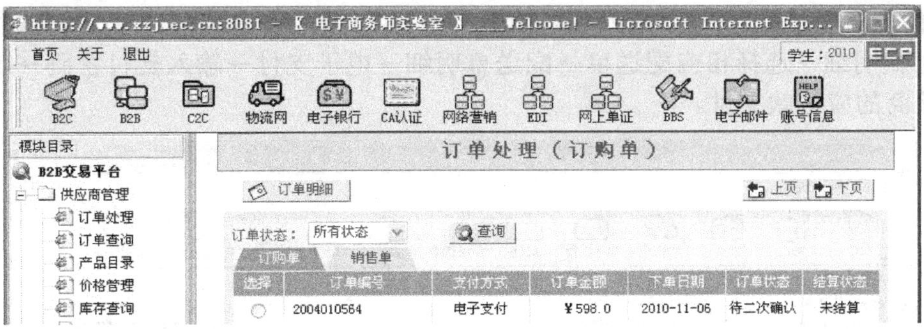

图 2-110　订单处理

2）采购商登录后台→订单处理→选择订单状态为“待二次确认”的订单→订单明细→订单确认，此时该订单状态变为“销售处理”，并由订购单变为销售单。

（3）生成配送单

1）供应商登录后台→订单处理→销售单→选择相应订单→订单明细→生成配送单。

2）在配送单界面，选择物流商和仓库，并完善其他配送信息，然后单击“确定”按钮，等待物流商受理。

（4）物流商进行商品配送

1）物流商登录后台→配送处理→选择相应订单→配送单明细→生成出库单。

2）出库处理→选择相应订单→出库单明细→确认出库，完成出库操作。

3）车辆调度→选择相应订单→调度单明细，如图2-111所示。车辆分配→选择合适车辆→分配，在车辆调度单明细界面，选择“确定分配”，完成车辆调度。

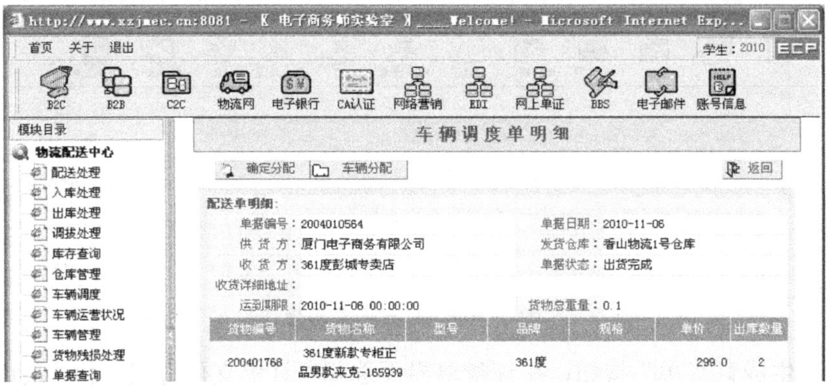

图2-111 车辆调度单明细

4）配送处理→选择相应订单→配送单明细→送货完成，此时该配送单的单据状态变为“送货完成”，这样就完成了商品配送。

（5）资金结算

1）采购商登录后台→订单处理→选择订单状态为“送货完成”的订单→订单明细→收货确认，完成收货操作。

2）采购商登录后台→应付款查询→选择相应的应付款项→应付款明细→选择相应订单→订单明细→订单结算，在弹出的“电子身份认证”对话框中，选中相应的CA证书，然后单击“确定”按钮；在电子支付界面，输入支付密码，完成应付款的支付。

3）供应商登录后台→应收应付款查询→应付款一览，如图2-112所示。选择相应订单→应付款明细→选择相应配送单→配送单明细→电子支付→输入支付密码→确定，完成对物流商的应付款支付。

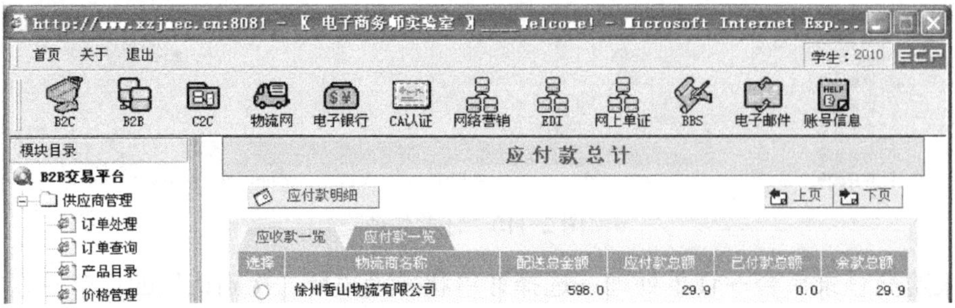

图2-112 应付款一览

4）物流商登录后台→应收款查询，可以查询应收款的到账情况。

相关知识

B2B 是指企业对企业之间的营销关系，它将企业内部网，通过 B2B 网站与客户紧密结合起来，通过网络的快速反应，为客户提供更好的服务，从而促进企业的业务发展。

实现 B2B 三要素。

1）买卖：B2B 网站平台为消费者提供质优价廉的商品，吸引消费者购买的同时促使更多商家入住。

2）合作：与物流公司建立合作关系，为消费者的购买行为提供最终保障，这是 B2B 网站平台硬性条件之一。

3）服务：物流主要是为消费者提供购买服务，从而实现再一次的交易。

拓展训练

L 公司是一家空调生产商，企业名称为 L***，其产品为***空调。W 公司是一家物流公司，企业注册为 W***，该物流公司拥有 2 个仓库和 2 辆卡车。L 公司为了顺利开展业务，特向 W 公司申请物流服务。W 公司经过审核，批准了 L 公司的申请。于是 L 公司让 W 公司往仓库里发了 200 台空调，及时补充了库存。请在电子商务实验室中模拟完成该实训。注册信息中，***为学号，其他信息自定义。

实战训练

请在阿里巴巴网站注册会员，掌握“我的阿里”相关功能。

任务4 电子合同

任务情景

学校电子商务实训室要建一个电子商务实验教学管理网站，经过前期调研、考察，选中北京邮电大学作为合作伙伴，双方通过洽谈、磋商，达成合作意向，需要签订一份网站建设的合同。

请在电子商务实验室中完成电子商务教学管理网站建设的电子合同的签订、履行业务流程。

任务分析

每位学生分别扮演采购商、供应商、物流商三种角色，并按照实际业务要求，完成电子合同签订及履行的业务流程。

任务实施

1. 采购商网上询价

1）采购商登录，按需求搜索所需商品，经过比较和筛选，进入有意向的采购商的产品采购区进行商品选购，单击“购买”按钮，然后查看购物车；在购物车界面，修改“购买数量”后单击“重新计价”按钮，这时可以看到合计金额得到了更新，如图 2-113 所示。

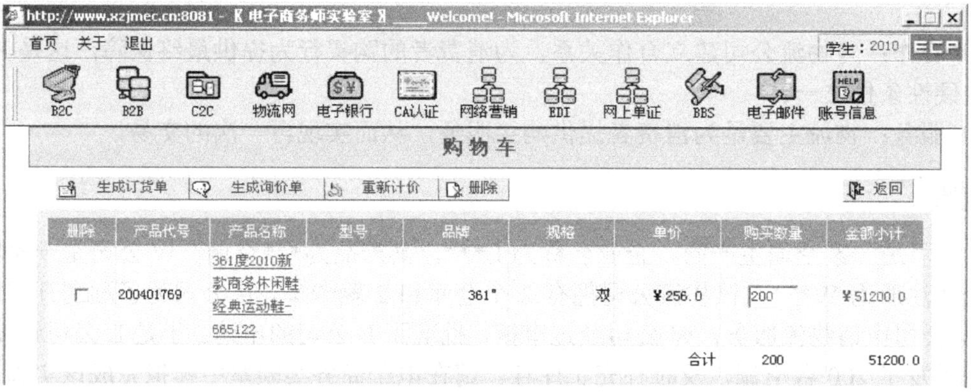

图 2-113 购物车

2）单击“生成询价单”按钮，在询价单界面填写“询价说明”后，再次单击“生成询价单”按钮，完成询价操作。

2. 供应商网上报价

1）供应商登录后台→网上洽谈→选择状态为“询价”的询价单→询价单明细。

2）在询价单界面，供应商进行报价并填写报价说明→提交报价，系统提示报价提交成功。

3. 电子合同的洽谈

1）采购商登录后台→网上洽谈→选择状态为“报价”的询价单→询价单明细→生成洽谈单。

2）网上洽谈→洽谈单→选择状态为“双方不同意”的洽谈单→洽谈单明细，在电子合同洽谈室采购商针对合同内容进行约定和洽谈，如图 2-114 所示。完成后单击左上方的“提交”按钮。

3）供应商登录后台→网上洽谈→洽谈单→选择状态为“双方不同意”的洽谈单→洽谈单明细，就合同内容进行约定和洽谈，无异议后单击“同意”按钮。此时，洽谈单的状态变为“乙方同意”。

4）采购商登录后台→网上洽谈→洽谈单→选择相应洽谈单→洽谈单明细→同意。此时，网上洽谈已经完成。

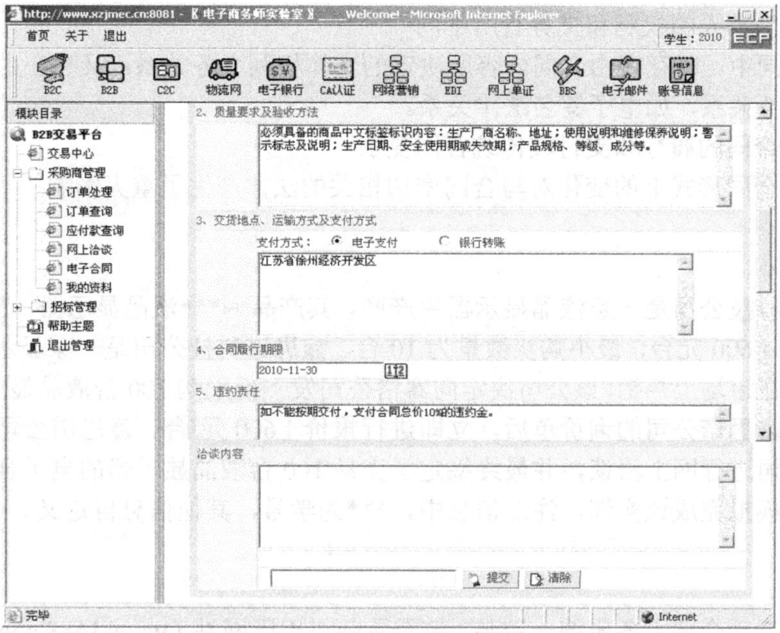

图 2-114　电子合同洽谈室

4．电子合同的签订与履行

1）采购商登录后台→电子合同→选择相应合同→合同明细→签订合同。

2）供应商登录后台→电子合同→选择相应合同→合同明细→签订合同。双方签订后，合同生效，这时可以在订单处理→销售单中，找到刚签订的、交易类型为“电子合同”的订单。

3）合同的履行部分与任务 3 的“B2B 交易流程”操作一致，不再赘述。

相关知识

1．电子合同的概念

电子合同是通过计算机网络系统订立的、以数据电文的方式生成、存储或传递的合同。

数据电文指以电子、光学、磁或者类似手段生成、发送、接收或储存的信息。

2．电子合同与传统合同的区别

（1）合同订立的环境不同

传统合同发生在现实世界里，交易双方可以面对面地协商。电子合同发生在虚拟空间，交易双方一般互不见面，在电子交易中，双方的身份认定依靠密码的辨认或认证机构的认证。

（2）合同订立的各环节发生了变化

要约与承诺的发出和收到的时间较传统合同复杂，合同成立和生效的构成条件也有所不同。

（3）合同的形式发生变化

电子合同所承载的信息是数据电文，不存在原件与复印件的区分，无法用传统的方式进行签名和盖章。电子合同需要使用电子签名技术。

（4）合同当事人的权利和义务有所不同

在电子合同中，既存在由合同内容所决定的实体权利义务关系，又存在由特殊合同形式产生的权利义务关系，如电子签名法律关系。

（5）电子合同的履行和支付较传统合同复杂

（6）电子合同形式上的变化对与合同密切相关的法律产生了重大影响

拓展训练

骞格数码科技公司是一家液晶显示器生产商，其产品为***液晶显示器，售价为 2 000 元/台，信誉价为 1 600 元台，最小购买数量为 10 台。鑫思诺科技公司是一家显示器经销商，由于此款显示器在市场上热销，该公司决定向骞格公司发一份采购 100 台液晶显示器的询价单，骞格公司见到鑫思诺公司的询价单后，立即进行报价 1 600 元/台。鑫思诺公司接到报价后，随即与骞格公司进行网上洽谈，并最终签定了交易 100 台液晶显示器的电子合同。请在电子商务实验室中模拟完成该实训。注册信息中，***为学号，其他信息自定义。

实战训练

学校举办运动会要求各班统一着装，请登录阿里巴巴网站（www.1688.com）发布一条求购 361° 运动服 50 件的信息，然后选择某一供应商进行在线洽谈、磋商，请拟定一份采购 50 件运动服的合同。

任务 5　招投标管理

任务情景

我校物流与电子商务实训基地是省级财政拨款重点建设项目，根据招投标管理规定，实训基地建设设备采购必须采取招标采购的方式，学校向徐州市政府采购中心申请发布招标公告，北京伍强公司看到招标公告后，制作投标书，徐州市政府采购中心组织专家进行评标、定标，确定北京伍强公司为中标单位，双方通过洽谈、磋商，就实训基地建设达成一致意见，鉴定了实训基地建设的合同。请在电子商务实验室中完成招投标业务流程。

任务分析

每位学生分别扮演采购商、供应商、物流商三种角色，并按照实际业务要求，完成招投标业务流程。

1）采购商新建招标项目→发布招标公告；供应商查看招标公告→制作投标书。

2）采购商截标、评标定标→发布中标公告，采购商供应商签订合同。

任务实施

1. 采购商新建招标项目

1）采购商登录后台→招标项目→新建招标项目→在招标书界面填写招标信息，如图 2-115 所示。

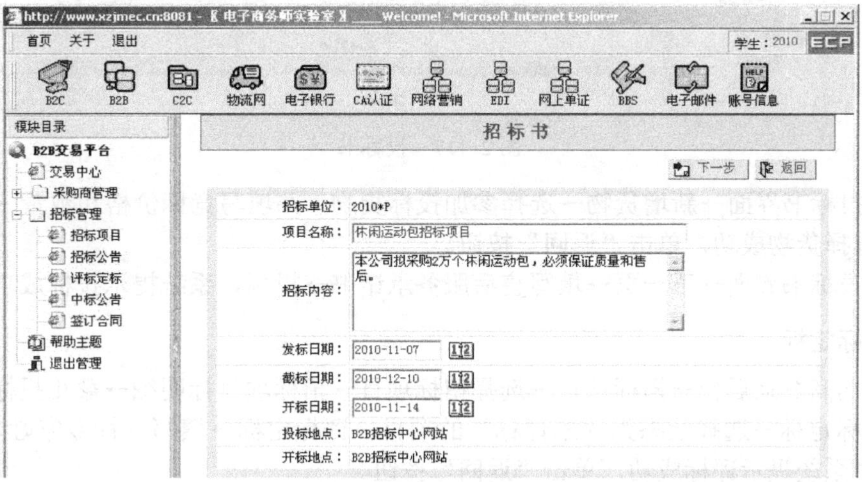

图 2-115　招标书

2）招标信息填写完毕→下一步→填写招标须知→下一步→新增货物→添加货物信息→保存，系统提示保存成功，单击“返回”按钮。

3）在招标采购货物表界面→选中新增的货物→下一步→填写招标合同内容→下一步→设置招标公告内容，如图 2-116 所示。设置完毕，单击“发布公告”按钮，此时采购商成功发布了招标公告。

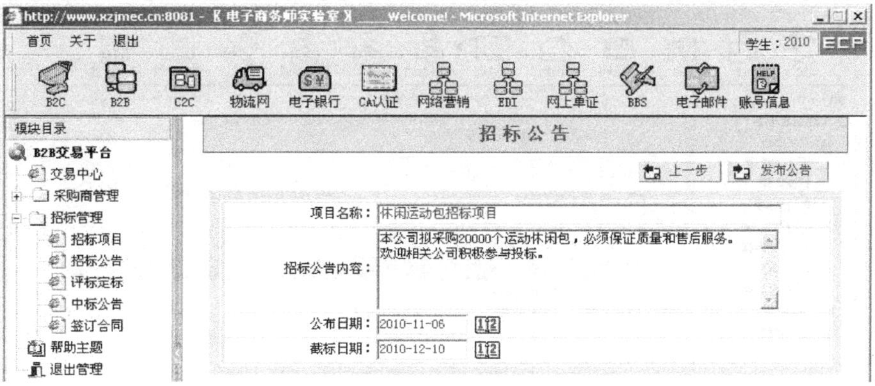

图 2-116　招标公告

2. 供应商投标

1）供应商登录后台→招标公告→选择右侧招标公告→公告明细→下载投标书。

2）投标项目→选择右侧投标项目→投标项目明细→查看招标书→下一页→查看招标须知→下一页→查看招标采购货物表→制作标书→下一页，如图 2-117 所示。

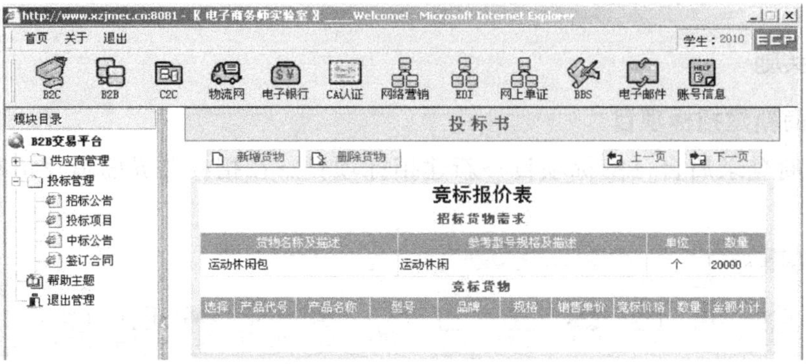

图 2-117　投标书

3）在投标书界面→新增货物→选择参加投标货物，并填写竞标价格和数量→确认选择，系统提示选择货物成功，单击“返回”按钮。

4）在投标书界面→下一页→填写售后服务承诺书→投标，系统提示投标成功。

3．评标定标

1）采购商登录后台→招标项目→选择招标项目→招标项目标明细→截止投标。

2）评标定标→选择状态为“未评标”的项目→评标定标→填写评标专家姓名并打分→评标，这时系统提示评标成功，单击“返回”按钮。

3）在中标公告界面，单击“发布中标公告”按钮，这样就完成了中标公告的发布。

4）供应商登录后台，就可以在“中标公告”中查询到自己是否中标。

4．电子合同的签订与履行

1）采购商登录后台→签订合同→选择未签订合同→合同明细，如图 2-118 所示。确认无误后，单击“签订合同”按钮，完成电子合同的签订。

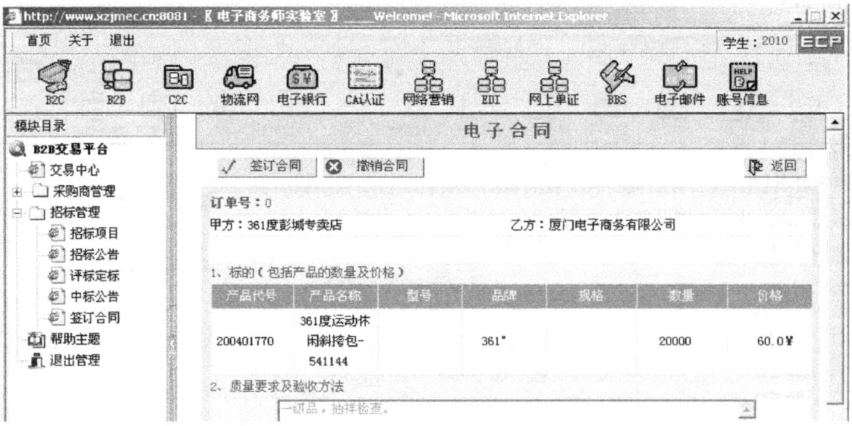

图 2-118　电子合同的签订

2）供应商登录后台→签订合同→选择未签订合同→合同明细，确认无误后，单击“签订合同”按钮，完成电子合同的签订。

3）这时可以在：订单处理→销售单中，找到刚签订的、交易类型为“电子合同”的订单。合同的履行部分与之前的“B2B 交易流程”操作一致，不再赘述。

相关知识

招标采购流程：发标、开标、决标、签订合约。

1．发标

发标之前必须对采购物品的内容依其名称、规格、数量及条件等详加审查，若认为没有缺失或疑问，再开始制发标单，刊登公告并开始准备发售标单。

2．开标

开标之前必须先做好事前准备工作，如准备开标场地、出售标单，然后再将厂商所投的标启封，审查厂商资格。

3．决标

开标之后，必须对报价单所列各项规格、条款详加审查是否合乎规定，再举行决标会议公布决标单并发出通知。

4．签订合约

决标通知一经发出，此项买卖即告成功，再依招标规定办理合约的签订工作，招标采购即完成。

拓展训练

1）某地方政府采购办想通过网上招标为该地一所新建中学采购一批多媒体设备（该地方政府注册名为GOV***），于是在网上新建招标项目，并发布招标公告。MED公司是一家多媒体设备供应商（企业注册名称为MED***），其产品为***多媒体设备。MED公司看到该政府的招标公告后，立即制作了项目投标书进行投标。到了招标截止日，该地方政府组织专家对供应商标书进行评定，最终宣布MED公司为中标单位并和该公司签订了采购50套多媒体设备的合同。请在电子商务实验室中模拟完成该实训。注册信息中，***为学号，其他信息自定义。

2）魅力前线会馆想通过网络采购一批健身器材，于是到网上发布了招标公告。阳光健康有限公司（其主营产品为***健身器材）看到该公司的招标公告后，根据该招标项目制作了投标书并进行投标。到了投标截止日，魅力前线会馆组织专家评标，宣布阳光健康有限公司为中标单位并与其签订了采购 50 台健身器材的电子合同。请在电子商务实验室中模拟完成该实训。注册信息中，***为学号，其他信息自定义。

实战训练

1）请登录中国政府采购网查看中央采购和地方采购的相关内容。

2）请登录本地政府采购网，查看招标公告、磋商结果公告、中标公告、电子订单公告、询价结果公告、谈判成交结果公告、询价结果公告等内容，进一步掌握招投标管理业务流程。

任务6 EDI电子商务

任务情景

徐州外贸公司是一家从事进口的业务公司，为了更好地开展国际贸易，徐州外贸公司将主营出口业务的惠普公司列为贸易伙伴。2015年8月，徐州外贸公司想进口一批惠普打印机，经与惠普公司洽谈，达成合作。徐州外贸公司便开始制单，制单完毕，将此单据生成EDI（Electronic Data Interchange，电子数据交换）平面文件，然后又译成EDI报文，最后将此报文发送。请在电子商务实验室完成EDI业务操作。

任务分析

EDI实训模块提供两个大模块：EDI教学园地和EDI应用模拟系统。EDI教学园地主要为学生提供EDI相关知识，EDI应用模拟系统主要提供EDI单证填写、生成和发送模拟流程，让学生了解和模拟电子数据交换过程。

任务实施

1. EDI交易准备

1）注册会员。进入“EDI”模块→EDI应用系统模拟→注册新用户，在EDI会员注册界面填写注册信息后，单击“保存”按钮，完成EDI会员的注册。单击“返回”按钮进入EDI系统登录界面，单击“提交”按钮完成登录。

2）添加贸易伙伴类型。在EDI应用系统后台→贸易伙伴管理→类型→新增类型→输入类型名称→保存。

3）添加贸易伙伴。贸易伙伴管理→贸易伙伴→新增贸易伙伴→输入贸易伙伴信息→保存。

4）新增商品。商品信息管理→新增商品→输入商品信息→保存。

实训要点提示

1）在添加贸易伙伴时，如果贸易伙伴类型为空，说明没有添加贸易伙伴类型。

2）在添加贸易伙伴时，贸易伙伴编号必须唯一，如果重复则无法添加。

2. EDI单证处理

1）单证录入。在EDI应用系统后台→单证录入→添加商品→选择制单所需商品→添加商品→填写订购单证→保存单证。

2）发送报文。单证录入→选择需要生成平面文件的单证→单证明细→生成平面文件→生成 EDI 报文→发送，当提示“传输完毕”时，就完成了报文的发送，如图 2-119 所示。

实训要点提示

1）本系统只是模拟了电子单证中最常用的订单的填写和发送过程。

2）如果在新增商品信息时填写不完整，则在单证录入保存时，提示无法完成订购。

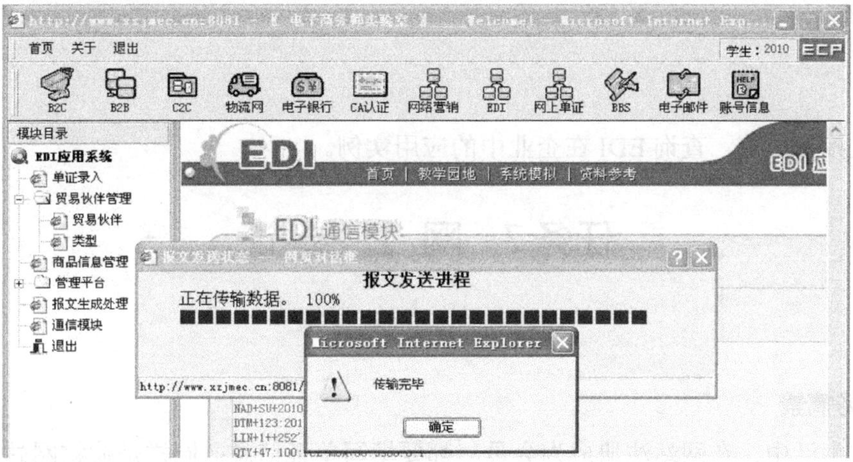

图 2-119 发送 EDI 报文

相关知识

1. EDI 的概念

国际标准化组织（ISO）：将商业或行政事务，按照一个公认的标准，形成结构化的事务处理或信息数据结构，从计算机应用系统到计算机应用系统的电子传输方法。又称无纸贸易。

联合国国际贸易法委员会 EDI 工作组：EDI 是用户的计算机系统之间的对结构化、标准化的信息进行自动传输和自动处理的过程。

2. EDI 的环境

EDI 软件：主要是将用户数据库系统中的信息，翻译成 EDI 的标准格式以供传输交换。

1）转换软件：转换软件可以帮助用户将原有计算机系统的文件，转换成翻译软件能够理解的平面文件（Flat file），或是将从翻译软件接收来的平面文件，转换成原计算机系统中的文件。

2）翻译软件：将平面文件翻译成 EDI 标准格式，或将接收到的 EDI 标准格式翻译成平面文件。

3）通信软件：将 EDI 标准格式的文件外层加上通信信封（Envelope），再送到 EDI 系统交换中心的邮箱（Mailbox），或由 EDI 系统交换中心将接收到的文件取回。

拓展训练

海底世界是一家出口公司，主要出口各种高档优质的潜水工具。深海世界是一家进口公司，为了让自己的业务更加强大，深海世界将海底世界列为贸易伙伴，编号为 HDSJ***，类型为：出口***，双方交易的商品编号为 Q***，商品名为潜水镜***。深海世界想进口一批高档潜水镜，便开始制单，制单完毕，将此单据制成平文，然后又译成 EDI 报文，最后将此报文发送。请在电子商务实验室中模拟完成该实训。注册信息中，***为学号，其他信息自定义。

实战训练

请登录搜索引擎，查询 EDI 在企业中的应用实例。

任务7 网 上 单 证

任务情景

在日常生活中，在网站注册成为会员，都要填写单证信息；同样是购物网站，用户填写注册信息和订单信息不一致，有的单证流程设计很方便客户。请登录相关购物网站，比较单证设计特色。

任务分析

1）单证操作流程：在单证模块前台完成身份注册类型、信息交流和信息发布类型等操作。

2）单证设计管理：①单证模板管理；②单证流程管理；③发布信息管理。

任务实施

1. 会员注册与登录

1）网上单证→注册→填写网上单证用户信息，然后单击“注册”按钮，完成网上单证用户的注册。

2）网上单证→登录→进入网上单证后台管理。

2. 单证模板管理

1）在网上单证后台管理界面，单击“新增”按钮进入定义单证模板基本信息界面，选择单证类型为“身份注册”，并输入模板标题和内容简介，然后单击“下一步”按钮，进入定义单证模板项目界面，如图 2-120 所示。输入项目标题和提示内容，也可以增加其他项目或进行预览，填写完毕后，单击“完成”按钮。

实训要点提示

在选择“增加项目”时，可以选择该项是否为“必填项目”、是否“多行显示”。

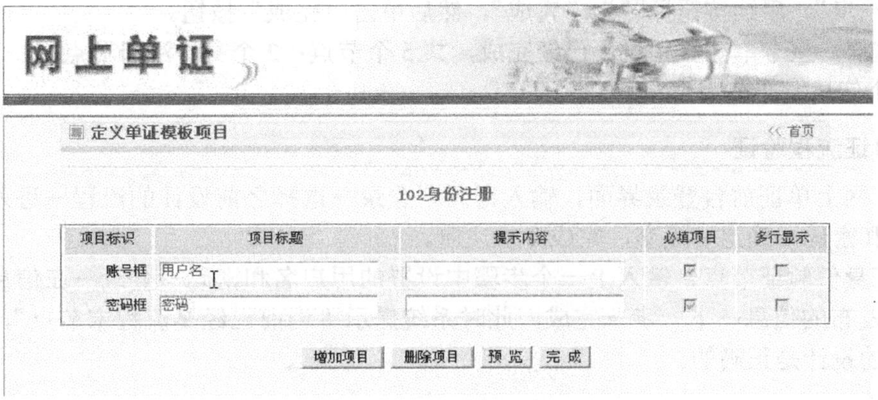

图 2-120　定义单证模板基本信息

2）按照上述步骤，再新增两个类型的单证模板，分别选择单证类型为“身份注册”和“信息发布”。完成后，在单证模板管理界面可以看到刚添加的三个模板。

3．单证流程管理

1）在网上单证后台管理界面→单证流程管理→新增→输入流程标题和流程简介→确定，进入单证流程节点信息界面→添加节点→选择身份注册模板→下一步，如图 2-121 所示。设置信息状态为“填写信息”、后续按钮标题为“确定”，然后单击“完成”按钮。

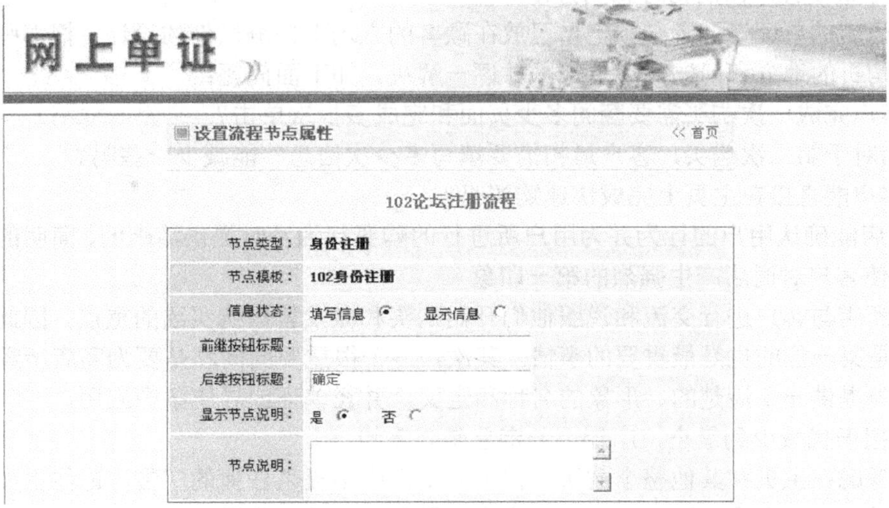

图 2-121　定义单证流程基本信息

2）添加节点→选择身份注册模板→下一步→设置信息状态为“显示信息”、前继按钮标题为“上一步”、后续按钮标题为“提交”，然后单击“完成”按钮。

3）添加节点→选择身份验证模板→下一步→关联模板选择身份注册模板、后续按钮标题为“登录”，然后单击“完成”按钮。

4）添加节点→选择信息发布模板→下一步→所有信息保持默认，然后单击“完成”按钮。

5）添加节点→选择信息发布模板→下一步→设置信息状态为“显示信息”、前继按钮标题为“上一步”、后续按钮标题为“完成”，然后单击“完成”按钮。

6）这样，整个单证流程设计已经完成，共5个节点：2个身份注册节点，1个身份验证节点，2个信息发布节点。

4．单证流程验证

1）在网上单证前台登录界面，输入密码→登录→选择之前设计的流程→进入流程→输入用户名和密码→确定→提交，完成身份注册。

2）在身份验证节点，输入上一个步骤中设置的用户名和密码→登录→在信息发布节点输入需要发布的信息→下一步→完成，此时系统提示“当前已经是流程末节点”，这就证明单证流程的设计是正确的。

相关知识

网上单证设计的技巧

网上商店的单证是商家和用户之间交易的凭证，一个设计完美的单证体系既要做到让用户能体会到在本商店网上购物的方便性，也要让网上商店的管理者能够在进行对订单数据处理时保持准确性。

（1）尽量使客户在购物时感到方便

网上商店的单证设计者必须把自己放在顾客的立场上来测试你的设计，把那些可能阻碍用户成功购买的地方和问题列举出来，并逐一解决。如下面问题：

1）客户完成一次购买需要翻阅多少页面和完成多少次单击？

2）相对于第二次购买，客户最初需要填写多少次信息？能减少一些吗？

3）客户能直接在主页上完成快速购买吗？

4）商店能确认用户的行为并为用户所进行的购买行为及时提供清晰的、简明的反馈吗？

（2）使客户对商店产生强烈的第一印象

这是商店与客户进行交流和说服他们开始购买和激发客户购买欲的重点，因此，突出商店的商标是第一位的也是最重要的事情。其次，一个很重要的问题是要为商店所经营的商品种类或门类提供一个清楚的、形象的名称和定义，并在单证或导航条中应用。

（3）把干扰减少到最小，广告不一定总是必需的

可以考虑在主页和其他整个购买过程中的单证中不提供任何的广告，记住主页和单证的目的是鼓励和方便客户的购物操作，在购物过程中单击另一公司的广告将会阻碍和失去客户的购物。当然也并非绝对不能登广告。

（4）个性化和问候语

努力在单证的设计时寻找与客户建立和谐关系的方式。可以在顾客作为一个购物者或成员注册后，在相关的单证中利用客户的信息为他们提供一些个人化的服务。如“欢迎你，张

先生”。

（5）简洁明了

网上单证完全不需要长篇大论说明如何使用单证进行购买，客户希望依靠最少的说明，甚至在相关的单证中不需要说明就能完成快速购买。

（6）提供可视化的线索和与购物车链接

对于有几个不同部分的商店，可通过改变导航条或背景色，通过使用文本或图形提供不同的标题来创立一种不同位置的感觉。

（7）在长列表中使用交替背景色

使单证中的长项目列表的可读性更好、更形象的方法是在每行或每项之间交替使用明亮的背景色。

（8）给客户一个暂时存放的地方

为客户在购物时设计提供一个购物篮或一个暂存货架，帮助顾客在正式购买前存放可考虑购买的商品，同时要有一个链接在客户继续购买时可以添加商品到自己的购物车中。

拓展训练

1）请在电子商务实验室中设计一个简单的单证流程以采集客户信息，该流程标题为“***会员注册”，选择“身份注册”类型的模板，模板标题为“***注册信息”，该模板中包含“会员登录名”“密码”“真实姓名”和“联系地址”四项信息。其中“真实姓名”为必填项，“地址信息”一项多行显示。该流程中，第一个节点的功能为“填写信息”，第二个节点的功能为“显示信息”。设计完毕，测试该流程。请在电子商务实验室中模拟完成该实训。注册信息中，***为学号，其他信息自定义。

2）请在电子商务实验室中注册一个网上单证用户，并设计一个供用户填写和显示购物信息的简单流程，流程标题为“***订单流程”，选择“身份注册”类型的模板，模板标题为“***订购信息”，该模板中包含“用户名”“密码”“送货地址”和“特殊要求”四项信息。其中“送货地址”为必填项，“特殊要求”一项多行显示。第一个节点填写的信息显示在第二个节点中。设计完毕，测试该流程。请在电子商务实验室中模拟完成该实训。注册信息中，***为学号，其他信息自定义。

实战训练

请对比分析卓越亚马逊、当当网订单设计。

项目 3 网络营销

学习目标

能力目标

能通过电子商务师实验室软件模拟，熟练掌握域名主机的申请、搜索引擎推广、调查问卷、邮件列表、新闻组、网络广告、BBS 等各种网络营销方式和方法的使用，并能够在实际业务中进行综合运用。

知识目标

掌握网络营销的含义和特点；掌握网络营销策略、4P（Product，Price，Place，Promotion；产品，价格，渠道，促销）策略和 4C（Consumer，Cost，Convenience，Communication；消费者，成本，便利，沟通）策略的含义；掌握网络营销的基本方法；了解网络广告的含义、要素和形式；熟悉网络广告的特点。

素质目标

培养学生网络营销方式和方法的使用技能，以及从事电子商务工作必须具备的团队合作意识和创新精神。

任务1 网络营销概述

任务情景

年轻人一直是可口可乐在市场定位和推广中很重要的一个部分。可口可乐会不断发现他们所喜欢的生活方式和习惯，例如，体育、音乐、旅游、时尚，还有网络生活等。

继之前的“昵称瓶”大获成功拉动销量 20%后，可口可乐营销策划继续发力，推出“歌词瓶”。从周杰伦到五月天，歌词瓶上的歌词大多出自人们耳熟能详的歌曲。此外，消费者扫描瓶上的二维码，便可观看小段音乐动画，并在社交平台上分享。让年轻人们通过瓶上的歌词或音乐来表达自己的心情。

经过“昵称瓶”后，可口可乐对“歌词瓶”的推广更显轻车熟路。先是在类似于潘石屹等人的微博上进行定制化产品投放，利用其名人效应让更多消费者熟知。而后，在自身的微博上发布与歌词相关的内容，与产品配合。于是，这款产品未上市多久，我们便看到不少朋友在自身的社交平台上也晒起了有意思的歌词瓶。

任务分析

此次活动完美地诠释了可口可乐一贯坚持的品牌路线，即用创新的手段加强同年轻消费者的沟通，并带给他们最热门的潮流和文化。无论是线上还是线下，双方都进行了紧密的配合，取得了令人满意的效果。这也展现了一种新的合作模式，即均赢关系下的娱乐营销模式。在此模式下，企业与媒体以及消费者三方形成了利益分享的局面。媒体扩大了知名度，增加了浏览量和用户群；消费者获得了双重消费体验以及较高的附加值回报。本次合作，在让可口可乐感受到互联网营销巨大魅力的同时，也成为备受业界和媒体关注的网络营销年度创新成功案例。

任务实施

通过2014年京东“6·18”十一周年庆营销案例，感受网络营销的内容和效果。

1. 案例背景

电商行业在重要的节庆日进行大规模的促销，早已成为了日益激烈的电商大战之中不可缺少的一部分。特别是“双十一”作为最具代表性的狂欢日早已在消费者心目中留下了根深蒂固的印象。而京东与其店庆日 618 两者的关联性在消费者心中的印象并不十分深刻。

不过“6·18”同样会被同行视为颇为重要的一个时间点，在京东店庆期间众多电商企业会抓住这一时机进行促销活动，与京东形成竞争关系，分散客流。

2014年京东成功上市，本次618店庆被赋予了更重要的意义，但时间上却与世界杯发生了碰撞，不免分散了人们的一部分注意力。

2. 营销目标

1）大范围的推广活动信息，为店庆活动营造声势浩大的热烈氛围。

2）让更广泛的受众对“京东618”形成更深刻的印象，知晓京东店庆活动。

3）在京东企业发展的关键时间点，需要迸发更为深远的社会影响力。

3. 目标受众

全人群覆盖。

4. 执行时间

2014.5～2014.6。

5. 创意表达

（1）创意推导

1）人们对于电商大战已经有了审美疲劳，常规的宣传已经不能有效提起人们的兴趣。

2）需要有突破常规的创意理念和推广方式，强化人们对于本次营销活动的印象。

3）6 月的世界杯聚焦了广大人群的高关注度。

（2）创意核心

基于搜狐视频大数据平台，广泛且精准地传播京东 11 支广告；且借势世界杯，在 6 月 18 日当天以明星足球赛的事件营销将活动推向高潮。

6. 传播策略

前期：娱乐强运作，为活动赢得高关注。在整体的传播策略上，前期拍摄了多支短视频作为引爆点，邀请娱乐明星和大咖球员为活动站台，动用搜狐全矩阵资源倾力推送，吊足观众胃口，引发强烈关注。

中期：活动信息广覆盖，与消费者深沟通。以搜狐视频大数据平台为基础，先通过全 UV（Unique Visitor，网站独立访客）覆盖的方式让广告信息触达更多人群，凡来到搜狐视频的用户，看到的第一支贴片均为京东的广告，且每天看到的版本不尽相同，让其保持对活动的新鲜感和神秘感；再凭借搜狐独有的 FocuX 慧眼技术，为每个用户打上标签，基于人群特征进行标签分析，精准锁定对京东广告感兴趣的目标用户进行追投，有效提升 CTR（Click Through Rate，广告点击率）。

收官：专业级比赛在线直播，展现京东的行业影响力。而明星球赛作为收官之夜更具看点，借势世界杯的大环境，搜狐视频采取专业体育加娱乐运作的传播理念，派出具有电视台水准的节目导播团队，12 机位多角度拍摄，直播效果堪比中超联赛。另外开展转盘抽奖和门票派发等互动活动，更广泛地扩大活动的社会影响力。

7. 执行过程

1）以大范围加深沟通的方式推广 TVC（Television commercial，电视广告影片）——以搜狐视频大数据平台为基础，先通过全 UV 覆盖的方式让广告信息触达更多人群，凡来到搜狐视频的用户，看到的第一支贴片均为京东的广告，且每天看到的版本不尽相同，让其保持对活动的新鲜感和神秘感；再凭借搜狐独有的 FocuX 慧眼技术，为每个用户打上标签，基于人群特征进行标签分析，精准锁定对京东广告感兴趣的目标用户进行追投，有效提升 CTR。

2）打造娱乐化的专业体育赛事——前期拍摄了多支短视频作为引爆点，邀请娱乐明星和大咖球员为活动站台，动用搜狐全矩阵资源倾力推送，吊足观众胃口，引发强烈关注。而明星球赛作为收官之夜更具看点，借势世界杯的大环境，搜狐视频采取专业体育加娱乐运作的传播理念，派出具有电视台水准的节目导播团队，12 机位多角度拍摄，直播效果堪比中超联赛。另外开展转盘抽奖和门票派发等互动活动，更广泛地扩大活动的社会影响力。

8. 效果总结

本次营销活动以让更多的人看到更多版本的京东广告为目标，成功做到了多支 TVC 的最大化覆盖；并从相当高的广告转化率可以看出，通过搜狐视频精准追投技术，大大提升了受众对广告的关注度和兴趣，从而对“京东 618”品牌形成了更加深刻的印象——京东 618 品牌推广项目在PC及移动端累计覆盖UV快速稳定增长，最终32天投放获得广告总曝光6.3亿次，UV覆盖达到2.45亿独立用户，相当于搜狐视频4.55亿网民中的54%。PC端最受欢迎的广告转化率高达1.31%，移动端最受欢迎的广告转化率高达9.63%。

而明星足球赛则是在世界杯的大背景下，将比赛从线下活动引向线上传播，将一场专业比赛和娱乐盛宴献给广大网友，充分展现了京东的活力和行业影响力——京东618明星足球赛获得广告总曝光3.58亿次，总覆盖UV 2 500万，直播在线人数278万，专题页面曝光820万次，互动人次2 037万。

相关知识

1. 网络营销的含义

网络营销（Internet Marketing）是以国际互联网为基础，利用数字化的信息和网络媒体的交互性来辅助营销目标实现的一种新型的市场营销方式。

网络营销是一种新型的直销营销模式。但网络营销不单是网上销售，它是企业现有营销体系的有力补充，其实质是利用互联网对产品的售前、售中、售后各环节进行即时、双向的信息沟通和跟踪服务，贯穿于企业经营的全过程。因此，凡是借助于互联网进行，利用现代信息工具，通过更好地满足客户需求（包括精神的和物质的）来实现企业市场营销目标的营销活动，都可称为网络营销。

2. 网络营销的特点

与传统的推广方式相比，网络营销具有得天独厚的特点和优势，是实施现代营销策略的重要组成部分。网络营销的主要特点有：

1）跨时空：借助网络能够超越时间约束和空间限制，企业拥有了更多时间和更大的空间进行营销，可全年365天、每天24小时随时随地提供全球性营销服务。这是传统媒体和营销无法实现的。

2）富媒体：通过互联网可以传递各种多种媒体信息。例如，文字、声音、图像、视频等，这能够充分发挥营销人员的创造性和能动性。

3）交互性：借助网络展示商品信息、图像、视频等资料，并提供商品信息的查询和搜索功能，实现了供需互动与双向沟通。也可以进行产品测试与消费者满意度调查等。现代化的网络产品定制与设计、商品信息发布以及提供各项技术服务等的最佳工具。

4）个性化：网络上的促销是有针对性的、消费者主导的、非强迫性的、循序渐进式的，而且实现了一对一的营销，还是一种低成本与人性化的促销，很容易和消费者建立长期良好的关系。

5）成长性：截至2015年12月，我国网民规模达6.88亿人，手机网民规模达6.20亿人。这些网络用户多为年轻、中产阶级、高教育水准，购买力强且具有很强的市场影响力，所以是一个极具开发潜力的市场。

6）整合性：网络营销集商品信息至收款、售后服务等流程为一个有机整体，所以也是一种全程的营销渠道。以统一的传播资讯向消费者传达信息，避免不同传播渠道中不一致性产生的消极影响。

7）超前性：网络兼备了渠道、促销、电子交易、互动顾客服务以及市场信息分析与提供等多种功能，是一种功能强大的营销工具。其所具备的一对一营销功能，正是符合定制营销与直复营销的趋势。

8）高效性：计算机能够储存大量的信息供消费者查询，可传送的信息数量与精确度大大超过了其他媒体，能及时顺应市场需求并更新产品或调整价格，所以可以及时有较地了解并满足顾客的需求。

9）经济性：借助网络进行信息传递和交换，取代传统的实物交换，既可以减少印刷与同步邮递成本、无需店面和租金、降低水电与人力资源成本，还能够减少因多次迂回交换带来的损耗。

10）技术性：网络营销是建立在以高技术作为支撑的互联网络的基础上的，企业开展网络营销必须有一定的技术投入和技术支持，要改变传统的组织形态，提升信息管理部分的功能，引进懂营销与计算机技术的复合型人才，在未来能具备市场竞争优势。

拓展训练

请比较传统营销和网络营销的区别。

实战训练

请利用搜索引擎，查找苹果手机“饥饿营销”案例。

任务2　网络营销策略与方法

任务情景

每个人一生中都发生过一些百思不得其解的事，其中有一件是，究竟那只丢掉的袜子跑哪里去了？

袜子论只卖，1年卖到30万只，并且开了600多家专卖店！你信吗？

任务分析

为了解决这个问题（更准确来说，应该是为了好玩），几个美国年轻人专门出售不成对的袜子，款式、颜色随意搭配，只要不是一对就可以。为了保证每只袜子都是“独立”的，袜子均为奇数包装出售（“奇数捆绑销售”），三只或七只一套。公司取名LittleMissMatched（卡通小女孩），意思是“搭配小姑娘”。该公司在人们心目中形成了一种生活方式：打破条框，不循规蹈矩，每位女士都能自定义时尚法则。这就是网络营销的神奇之处。

任务实施

1. 网络营销会员注册

1）登录国家职业资格电子商务师实验室→进入网络营销模块→注册，在会员注册界面填写注册信息，如图3-1所示。填写完毕，单击“确定”按钮，系统提示会员注册信息发送到电子邮箱中。

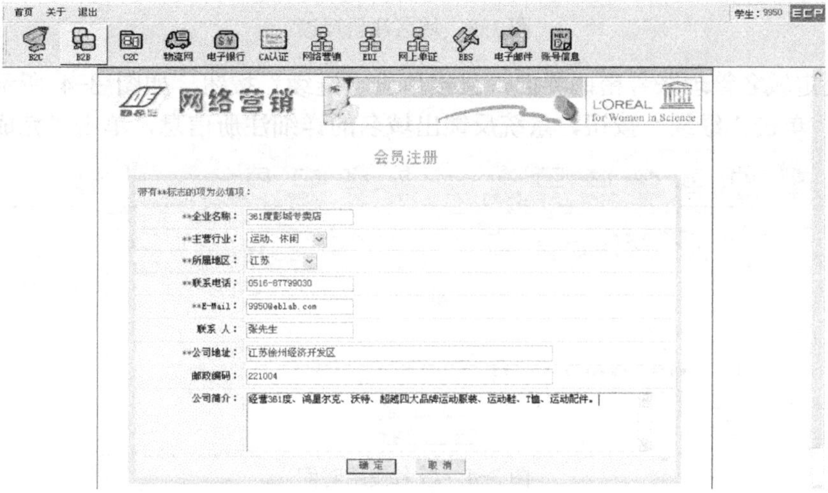

图3-1 网络营销会员注册

2）进入电子邮箱模块并完成登录，打开收件箱中相应的新邮件，可以查看到网络营销会员的用户名和密码。

2. 域名主机注册与设置

用户在前台申请域名主机，网络营销商在后台管理域名主机。

（1）申请域名

1）在网络营销模块单击“域名主机”按钮，如图3-2所示。填写网站域名并选择域名后缀，然后单击“注册”按钮。

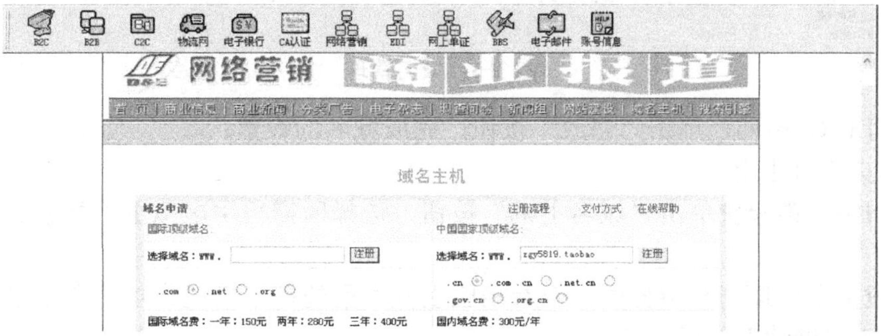

图3-2 域名主机

2）系统自动审核该域名是否有重复，若没有重复，系统提示所查询的域名可用，如图3-3所示，单击“继续”按钮。

图 3-3　域名注册反馈

3）在设定域名管理账号密码界面，直接单击“继续”按钮，如图 3-4 所示。选择域名使用时间后，单击“继续”按钮。系统反馈出域名的详细注册信息，单击“完成”按钮。

图 3-4　域名使用时间

（2）域名管理

1）登录网络营销模块后台→域名管理→选择相应域名→域名信息，如图 3-5 所示。

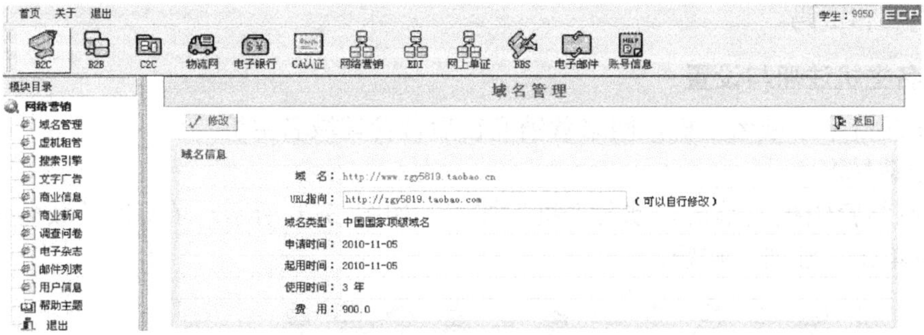

图 3-5　域名管理

2）填写 URL 指向，单击“修改”按钮，完成域名的设置。

（3）虚拟主机租用

1）在网络营销模块单击“域名主机”按钮，选择所需租用虚拟主机类型后，单击“订购”按钮。

2）在虚拟主机详情介绍界面，查看相应主机类型的基本情况、功能和数据库功能等信息，然后单击“继续”按钮。

3）在设定虚拟主机管理账号密码界面，直接单击“继续”按钮，如图 3-6 所示。选择虚拟主机使用时间后，单击“继续”按钮。系统反馈出虚拟主机的详细注册信息，单击“完成”按钮。

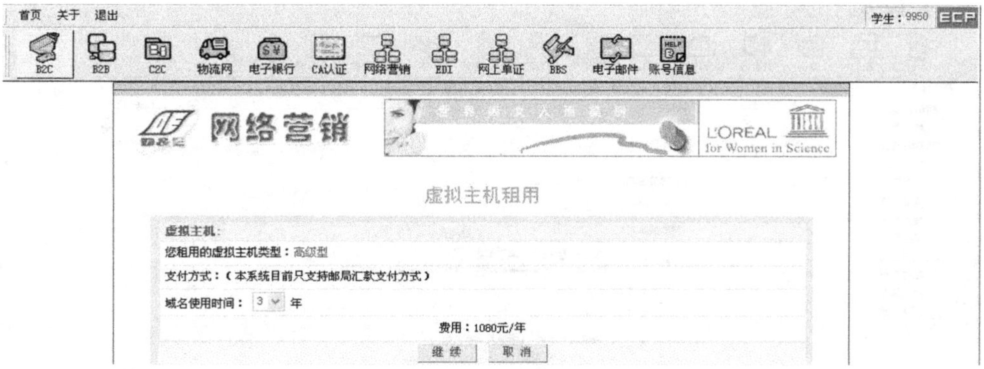

图3-6　虚拟主机使用时间

4）登录网络营销模块后台→虚机租管→选择相应虚拟主机→虚机信息，可以查看虚拟主机租用信息。

3. 搜索引擎推广

（1）订购搜索引擎推广服务

1）在网络营销模块单击“搜索引擎”按钮，选择所需的搜索引擎类型后，单击“购买”按钮。

2）在搜索引擎服务协议界面，查看协议内容无异议，然后单击“继续”按钮。

3）在填写网站资料界面，按照页面上的提示填写网站信息，如图3-7所示。填写完毕后单击“继续”按钮。确认网站信息无误，单击“完成”按钮。

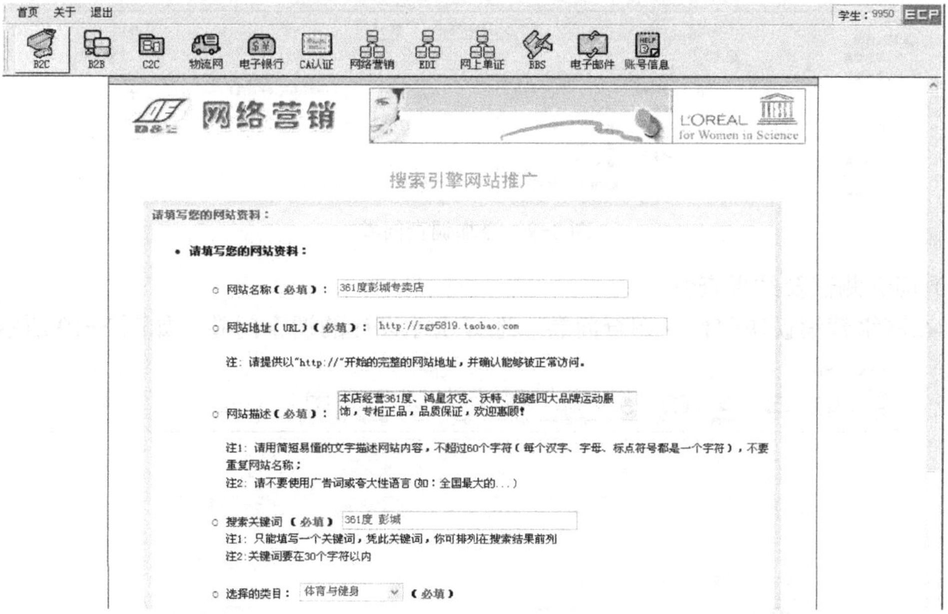

图3-7　填写网站资料

（2）搜索引擎登录信息管理

1）登录网络营销模块后台→搜索引擎→选择相应搜索引擎服务→搜索登录信息。

2）在搜索登录信息界面，维护搜索登录信息，如图3-8所示。完成后单击“修改”按钮。

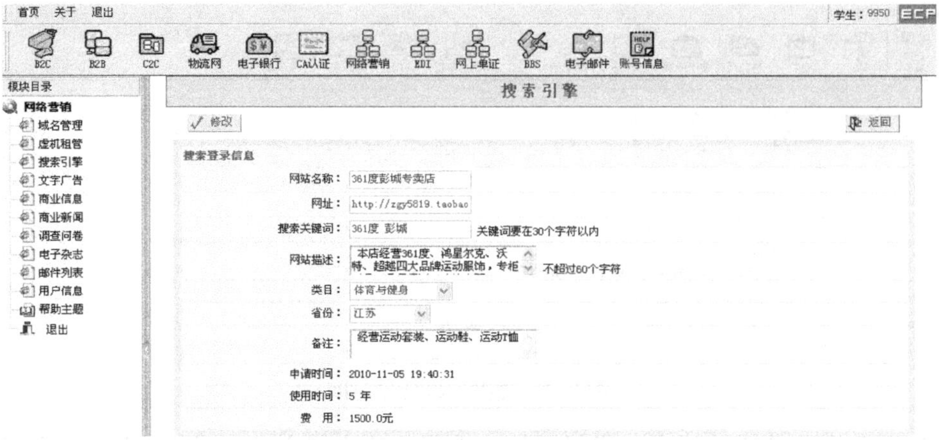

图 3-8　搜索登录信息维护

4．调查问卷

（1）创建调查问卷

1）登录网络营销模块后台→调查问卷→新增，如图 3-9 所示。在“添加调查问卷”按钮界面，填写“问卷标题”“问卷类型”和“问卷选项”。

2）一般需要多个问卷选项，可以在“新增选项”处填写新的选项，单击“新增”按钮。设置完成后，单击“确定”按钮。

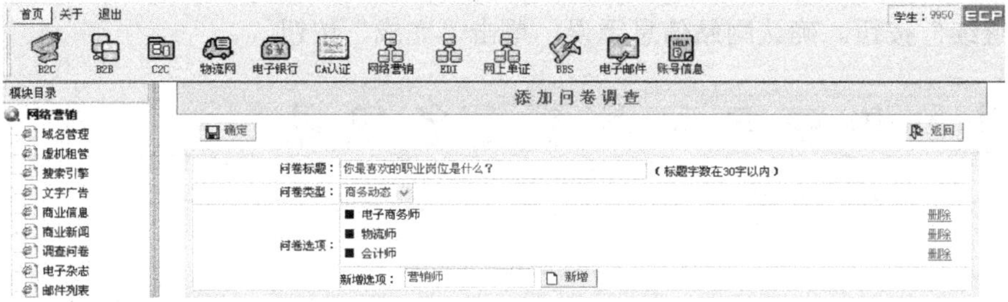

图 3-9　添加调查问卷

（2）问卷测试及结果查看

1）在网络营销模块前台→调查问卷，选择刚才设计的调查问卷，如图 3-10 所示。

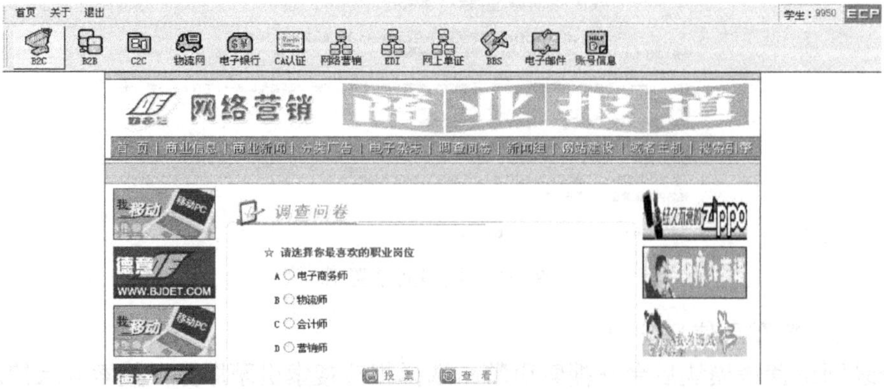

图 3-10　查看调查问卷

2）选择某个选项后，单击“投票”按钮，测试问卷是否正常。也可以单击“查看”按钮，查看调查结果，如图 3-11 所示。

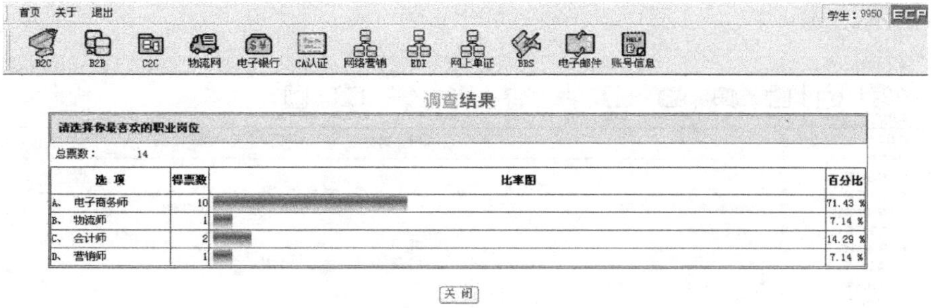

图 3-11　调查问卷结果

5. 邮件列表

邮件列表可以实现邮件的批量发送，可以同时向多人发送预备好的信息。

（1）邮件列表获得方式

1）在网络营销前台完成电子杂志订阅手续后，即可在后台收集订阅地址。登录网络营销模块后台→电子杂志，如图 3-12 所示。在相关类型右侧单击“收集”按钮，系统将自动把前台订阅的 E-mail 地址收集到邮件列表中。

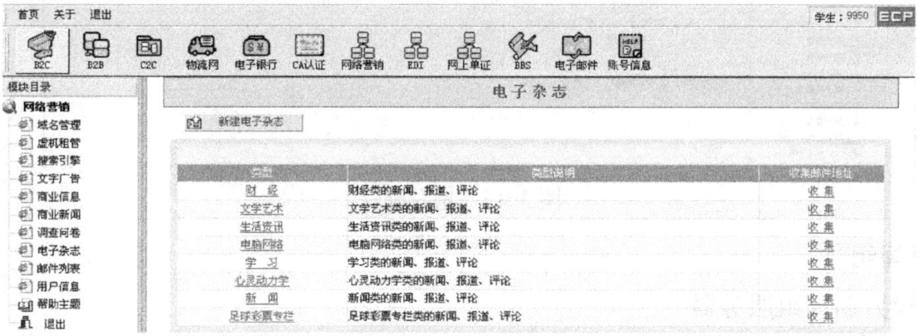

图 3-12　电子杂志

2）通过增加电子邮件地址的方式。登录网络营销模块后台→邮件列表，如图 3-13 所示。邮件列表本身有增加电子邮件的功能，可以通过手工方式增加、删除、修改邮件地址的方式增加电子邮件。

图 3-13　邮件列表

（2）邮件发送

1）登录网络营销模块后台→邮件列表→发邮件，单击收件人右侧的“地址簿”按钮，如图 3-14 所示。

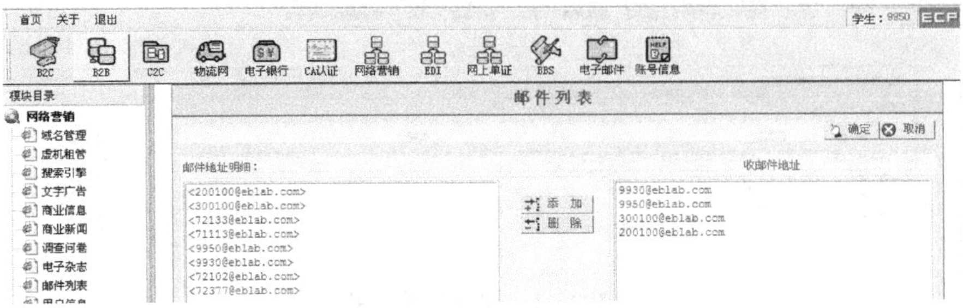

图 3-14　地址簿

2）选中左侧的邮件地址，单击“添加”按钮，添加完毕后单击“确定”按钮，如图 3-15 所示。撰写好邮件后，单击“发送”按钮，实现电子邮件群发功能。

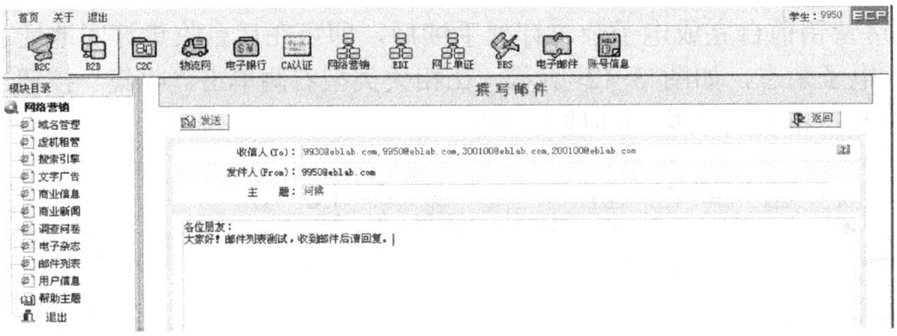

图 3-15　撰写邮件

6. 新闻组

（1）设置新闻组服务器

1）在网络营销模块前台→新闻组→新闻组后台管理，输入用户名和密码（皆为 admin），单击“确定”按钮。

2）在新闻组管理后台→新闻服务器→添加服务器，如图 3-16 所示。填写服务器名称，“SPA 登录”默认选择“是”，单击“确认”按钮后，系统提示“操作成功”。这时，就可以在服务器列表中看到刚才添加的新闻组服务器了，相当于拥有了自己的新闻组服务器。

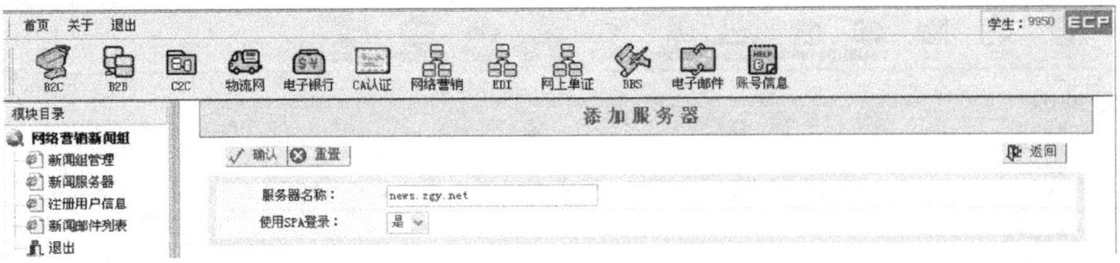

图 3-16　添加新闻组服务器

3）新闻组管理→添加组，在添加新闻组界面，输入新闻组名称，所属服务器选择上一步建立的新闻组服务器，然后单击“确认”按钮，这样就完成了新闻组的添加，接下来就可以到前台申请新闻组邮件了。

（2）注册账号

1）在网络营销模块前台→新闻组→注册账号。

2）填写新闻组账号相关信息，其中的“新闻组服务器”选择上一步在后台建立的新闻组服务器，如图 3-17 所示。然后单击“确定”按钮，系统提示操作成功，同时提示“要使用该账号发送新闻邮件，必须先设置账号”。

图 3-17　添加新闻组服务器

（3）设置账号

1）在网络营销模块前台→新闻组→设置账号→输入姓名→下一步→输入电子邮件地址→下一步→选择 Internet 新闻服务器，如图 3-18 所示。这里选择之前在新闻组后台建立的新闻服务器→下一步。

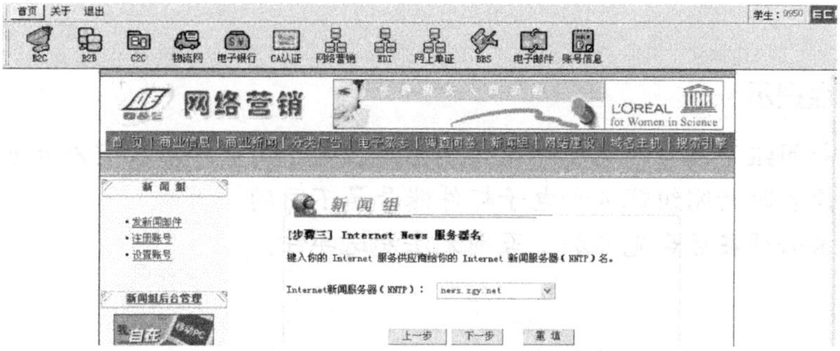

图 3-18　选择 Internet 新闻服务器

2）在新闻组服务器登录界面，输入账户名和密码并选择“使用安全密码验证登录（SPA)”，单击“下一步”按钮，如图 3-19 所示。单击“完成”按钮，完成账号的设置。

图 3-19　保存设置的账号信息

（4）新闻组信息浏览与发布

1）在网络营销模块前台→新闻组，如图 3-20 所示。用上一步注册的账号登录新闻组系统，这里的新闻服务器仍然是选择之前在新闻组后台建立的新闻服务器。

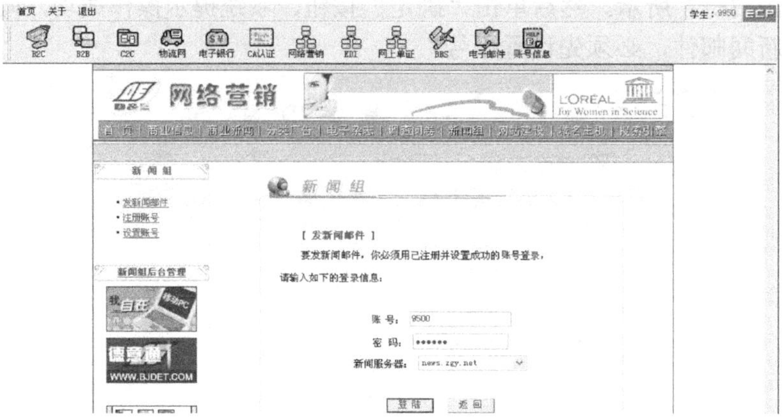

图 3-20　登录新闻组系统

2）登录后，单击左侧的“新闻邮件列表”即可浏览新闻组讨论内容。

3）单击左侧的“发送新闻邮件”，在右侧选择新闻组、填写收件人、主题和内容等，然后单击“发送”按钮，即可完成新闻组信息的发布。

4）发送新闻邮件后，即可在收件人的电子邮箱中看到刚才发送的新闻邮件了。

实训要点提示

1）在注册新闻组时填写的电子邮箱必须已经在电子商务师实验室内开通。

2）新闻组设置时新闻组账号和电子邮件账号是不同的。

3）新闻组名必须在后台先添加，否则无法发送邮件。

相关知识

1. 网络营销策略

（1）网络营销策略

营销策略是企业以顾客需要为出发点，根据经验获得顾客需求量以及购买力的信息、商业界的期望值，有计划地组织各项经营活动，通过相互协调一致的各种策略，为顾客提供满意的商品和服务而实现企业目标的过程。而网络营销策略是企业根据自身所在市场中所处地位不同而采取的一些网络营销组合。

（2）4P 营销策略

20 世纪 60 年代是市场营销学的兴旺发达时期。1960 年美国市场营销专家麦卡锡教授在人们营销实践的基础上，提出了著名的 4P 营销策略组合理论，即产品（Product）、定价（Price）、渠道（Place）、促销（Promotion）。“4Ps”是营销策略组合通俗经典的简称，奠定了营销策略组合在市场营销理论中的重要地位，它为企业实现营销目标提供了最优手段，即最佳综合性营销活动，也称整体市场营销。

1）产品策略（Product Strategy），主要是指企业以向目标市场提供各种适合消费者需求的有形和无形产品的方式来实现其营销目标。其中包括对同产品有关的品种、规格、式样、质量、包装、特色、商标、品牌以及各种措施等可控因素的组合和运用。产品策略一般包括产品选择策略、销售服务策略和信息服务策略。

2）定价策略（Pricing Strategy），主要是指企业按照市场规律制定价格和变动价格等方式来实现其营销目标。由于信息的开放性，消费者很容易掌握同行业各个竞争者的价格，价格是否合理将直接影响产品或服务的销路，它是竞争的主要手段，关系到企业营销目标的实现。

影响定价的主要因素有成本因素、供求关系和竞争因素等。在企业市场营销实践中，除了上面3个主要因素外，营销的其他组合因素，如产品、分销渠道、促销手段、消费者心理因素、企业本身的规模、财务状况和国家政策等，都会对企业的营销价格产生不同程度的影响。另外，由于竞争者的冲击，网络营销的价格策略应适时调整，根据营销目的不同，可分阶段制定价格，如在自身品牌推广阶段可以以低价吸引消费者，在考虑成本的基础上，通过减少利润来占有市场；品牌优势发挥出来并形成一定销售规模时，可以通过规模生产降低成本来提高企业利润。

3）渠道策略（Placing Strategy），主要是指企业以科学合理地选择分销渠道和组织商品实体流通的方式来实现其营销目标。其中包括与分销有关的渠道覆盖面，商品流转环节、中间商、网点设置以及储存运输等可控因素的组合和运用。渠道策略主要涉及分销渠道及其结构、分销渠道策略的选择与管理、批发商与零售商及实体分配等内容。

4）促销策略（Promotioning Strategy），主要是指企业利用各种信息传播手段刺激消费者的购买欲望，促进产品销售的方式来实现其营销目标。企业将合适的产品，在适当地点、以适当的价格出售的信息传递到目标市场，一般是通过两种方式：一是人员推销，即推销员和顾客面对面地进行推销；另一种是非人员推销，即通过大众传播媒介在同一时间向大量消费者传递信息，主要包括广告、公共关系和营销推广等多种方式。一个好的促销策略，往往能起到多方面作用，如提供信息情况，及时引导采购；激发购买欲望，扩大产品需求；突出产品特点，建立产品形象；维持市场份额，巩固市场地位等。

（3）4C营销策略

4C营销理论是由美国营销专家劳特朋教授在1990年提出的。与传统营销的4P相对应的4C理论以消费者需求为导向，重新设定了市场营销组合的四个基本要素：即消费者（Consumer）、成本（Cost）、便利（Convenience）和沟通（Communication）。它强调企业首先应该把追求顾客满意度放在第一位，其次是努力降低顾客的购买成本，然后要充分注意到顾客购买过程中的便利性，而不是从企业的角度来决定销售渠道策略，最后还应以消费者为中心实施有效的营销沟通。

1）满足消费者的需求（Consumer's need）。企业应站在顾客的立场上，将“以顾客为中心”作为一条红线，贯穿于市场营销活动的整个过程。帮助顾客组织挑选商品货源；按照顾客的需要及购买行为的要求，组织商品销售；研究顾客的购买行为，更好地满足顾客的需要；更注重对顾客提供优质的服务。同时，企业提供的不仅是产品和服务，更重要的是由此产生的客户价值。

2）消费者所愿意支付的成本（Cost）。首先了解消费者满足需要与欲求愿意付出多少钱（成本），而不是先给产品定价。这里的成本不单是企业的生产成本，还包括顾客的购买成本等。顾客在购买某一商品时，其中的顾客购买成本不仅包括其货币支出，还要耗费一定的时间、精力和体力，以及承担一定的购买风险，这些构成了顾客总成本。

由于顾客在购买商品时，总希望把有关成本降到最低限度，以使自己得到最大限度的满足。所以，企业必须考虑顾客为满足需求而愿意支付的“顾客总成本”。努力降低顾客购买的总成本，如降低商品进价成本和市场营销费用从而降低商品价格，以减少顾客的货币成本；努力提高工作效率，尽可能减少顾客的时间支出，节约顾客的购买时间；通过多种渠道向顾客提供详尽的信息，为顾客提供良好的售后服务，减少顾客精神和体力的耗费。

3）消费者的便利性（Convenience）。即为顾客提供最大的购物和使用便利。4C 营销理论强调企业在制订分销策略时，要更多地考虑顾客的方便，而不是企业自己方便。要通过好的售前、售中和售后服务来让顾客在购物的同时，也享受到了便利。便利是客户价值不可或缺的一部分。

4）与消费者沟通（Communication）。以消费者为中心实施营销沟通是十分重要的，通过互动、沟通等方式，建立基于共同利益的新型企业/顾客关系。这不再是企业单向的促销和劝导顾客，而是把顾客和企业双方的利益无形地整合在一起。

2．网络营销基本方法

（1）搜索引擎营销

搜索引擎营销（Search Engine Marketing，简称 SEM）是指企业或个人根据目标用户使用搜索引擎的可能方式，将营销信息尽可能传递给目标用户。用户搜索时使用的关键词可以反映用户对该关键词所代表的产品或物体的关注，关键词所反映的用户关注使搜索引擎得以被应用于网络营销。

搜索引擎营销主要有三种基本形式：搜索引擎登录和排名、搜索引擎优化（SEO）、关键词广告。其中搜索引擎优化是通过对网站结构、高质量的网站主题内容、丰富而有价值的相关性外部链接进行优化，从而使得网站对用户和搜索引擎更加友好，以获得在搜索引擎上的优势排名为网站引入流量。另外，一些更高级的搜索引擎服务形式是在这些基本形式的基础上发展演变而成的，对这些基本形式的理解和研究是应用搜索引擎营销方法的基础。

（2）电子邮件营销

电子邮件营销（E-mail Direct Marketing，简称 EDM）是指在用户事先许可的前提下，通过电子邮件的方式向目标用户传递价值信息的一种网络营销手段。E-mail 营销有三个基本因素：用户许可、电子邮件传递信息、信息对用户有价值。三个因素缺少一个，都不能称之为有效的 E-mail 营销。电子邮件营销是利用电子邮件与受众客户进行商业交流的一种直销方式。同时也广泛应用于网络营销领域。电子邮件营销往往需要利用邮件列表。

电子邮件营销是网络营销方法中最古老的一种，可以说电子邮件营销比绝大部分网站推广和网络营销方法都要早。

（3）博客营销

博客营销是通过博客网站或博客论坛接触博客作者和浏览者，利用博客作者个人的知识、兴趣和生活体验等传播商品信息的营销活动。博客营销相对于广告是一种间接的营销，企业通过博客与消费者沟通、发布企业新闻、收集反馈和意见、实现企业公关等，这些虽然没有直接宣传产品，但是让用户接近、倾听、交流的过程本身就是最好的营销手段。博客营销往往会形成众人的谈论，达到很好的二次传播效果。

开展博客营销的基础问题是对某个领域知识的掌握、学习和有效利用，并通过对知识的传播吸引关注同样话题的人群，从而达到营销信息传递的目的。博客营销的特点：博客文章的内容题材和表现形式灵活多样；博客营销具有较大的自主性；博客文章易于被持续发现和长期阅读。

（4）IM 营销

IM 营销又叫即时通信营销（Instant Messaging），是企业通过即时工具 IM 推广产品和品牌，以实现目标客户挖掘和转化的网络营销方式。其营销的优势主要体现在互动性强、营销效率高和传播范围大。

常用的主要有以下两种情况：一是网络在线交流，中小企业建立了网店或者企业网站时一般会有即时通信在线，这样潜在的客户如果对产品或者服务感兴趣自然会主动和在线的商家联系；另一种是广告，中小企业可以通过 IM 营销通信工具，发布一些产品信息、促销信息，或者可以通过图片发布一些网友喜闻乐见的表情，同时加上企业要宣传的标志。

（5）第三方电子商务平台营销

第三方电子商务平台是指提供电子商务服务的网络平台，其为买卖双方提供信息和交易等服务。目前全球比较知名的第三方电子商务平台包括阿里巴巴、亚马逊、环球资源等。其特性及功能包括：保持中立立场以得到信任、集成买方需求信息和卖方供应信息、撮合买卖双方、支持交易以便利市场操作。

（6）网络整合营销

网络整合营销是在一段时间内，营销机构以消费者为核心重组企业和市场行为。综合协调使用以互联网渠道为主的各种传播方式，以统一的目标和形象，传播连续、一致的企业或产品信息，实现与消费者的双向沟通，迅速树立品牌形象，建立产品与消费者的长期密切关系，更有效地达到品牌传播和产品行销的目的。

网络整合营销是基于信息网络（主要是互联网）之上，其主要有以下三个方面的含义：

① 传播资讯的统一性：即企业用一个声音说话，消费者无论从哪种媒体所获得的信息都是统一的、一致的。

② 互动性：即公司与消费者之间展开富有意义的交流，能够迅速、准确、个性化地获得信息和反馈信息。

③ 目标营销：即企业的一切营销活动都应围绕企业目标来进行，实现全程营销。

（7）数据库营销

数据库营销（Database Marketing）是企业通过收集和积累会员（用户或消费者）信息，经过分析筛选后有针对性地使用电子邮件、短信、电话、信件等方式进行客户深度挖掘与关系维护的营销方式。数据库营销的核心是数据挖掘。

数据库营销具有以下几方面的优势：准确找到目标群体、降低投入成本、增强用户忠诚度、隐蔽营销更安全、提高营销效率等。

拓展训练

看着郭敬明凭借《小时代》电影版再次赚得盆满钵满，韩寒终于坐不住了，决定在作家、赛车手、“全民岳父”的身份外多加一个：导演。不同于《小时代》的是，电影《后会无期》

并没有原著的粉丝基础，而是全新创作的另一种素材。在电影的前期微博宣传上，并没有依赖电影的相关细节，而是靠演员或导演的片场照片，加以“韩式幽默”的调侃配文在微博上传播。许多网友更是“脑洞大开”，几乎每条微博下都出现许多“神评论”。而相关微博营销大号将这些“神评论”汇总，再以微博形式传出，使得高质量的UGC得到了有效的二次传播。因而《后会无期》的前期宣传既保持了影片的神秘性又在话题性上做足噱头。

影片上映后，剧中各主角的经典语句被制成九宫格图片传播，并且迅速引发了各种形式的自由创作，如图3-21所示。最经典的当属“××就会放肆，而×就是克制”。这些简单易改编的句式瞬间燃起了网民们创作的热情，即使是尚未去电影院观看的消费者也不会对台词感到陌生。此外，《后会无期》为剧中倍受欢迎的小阿拉斯加犬马达加斯加建立了个人微博，主要用于互动“卖萌”与发表电影的幕后故事，让电影在观众心中有了更完整的形象。

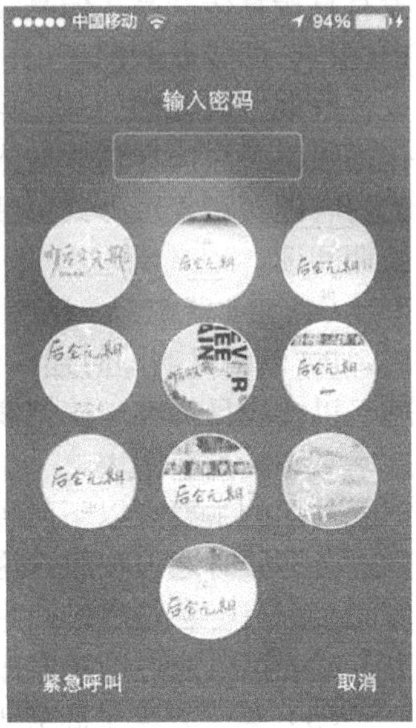

图3-21　九宫格图片

分组讨论：电影《后会无期》在各个宣传阶段分别采用了哪些网络营销策略？

实战训练

请利用所学的网络营销策略与方法，成功推销一件商品。

任务3　网络广告

任务情景

炒得沸沸扬扬的微信朋友圈广告揭开了面纱，如图3-22所示。原以为插播的广告不受到大家欢迎，但微信这三条广告却完全颠覆了这点，这是网络广告创意的魅力。

图3-22　微信朋友圈广告

任务分析

微信朋友圈广告首秀是基于针对朋友圈大数据的挖掘和分析，通过分析用户的朋友圈语言特性、图片内容等，然后结合自然语义理解、图像识别等人工智能技术进行定向网络广告推送。

网络广告的类型很多，根据形式不同可分为横幅广告（旗帜广告）、图标广告、文字广告、电子邮件广告、新闻组广告、电子杂志广告和公告栏广告等。下面一起进行网络广告的发布与管理。

任务实施

1．文字广告

① 登录网络营销模块后台→文字广告→新增，如图 3-23 所示。选择广告类型，填写广告标题、内容和网站链接，然后单击“确定”按钮完成文字广告的发布。

② 在网络营销模块前台→分类广告，可以查看刚才发布的广告内容。

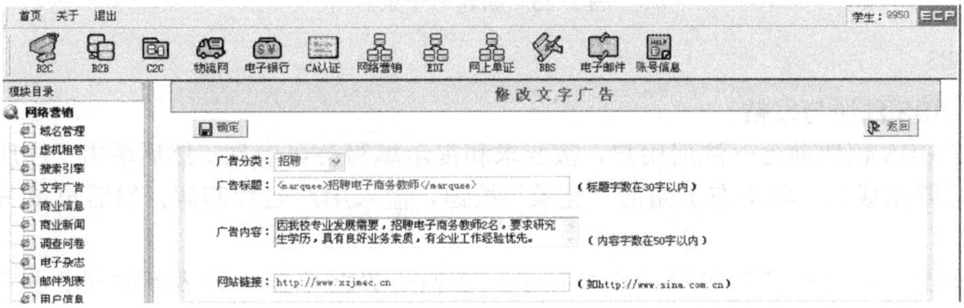

图 3-23　新增文字广告

2．商业信息

① 登录网络营销模块后台→商业信息→新增，如图 3-24 所示。选择类型、填写商业信息标题和内容后，单击“确定”按钮。

② 在网络营销模块前台→商业信息，可以查看刚才发布的商业信息。

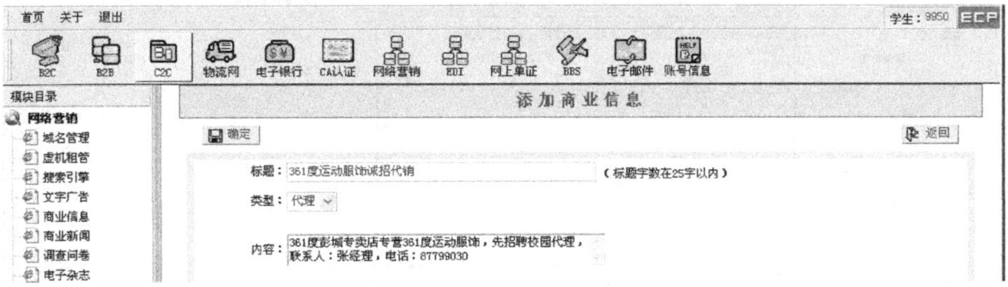

图 3-24　添加商业信息

3．商业新闻

① 登录网络营销模块后台→商业新闻→新增，选择类型、填写商业新闻标题和内容后，

单击“确定”按钮。

② 在网络营销模块前台→商业新闻，可以查看刚才发布的商业新闻。

4．电子杂志

① 在网络营销模块前台→电子杂志，选择需要订阅的电子杂志类型，填写正确的 E-mail 和密码，单击“订阅”，系统提示“订阅成功”。

② 登录网络营销模块后台→电子杂志→新建电子杂志，如图 3-25 所示。选择电子杂志类型、填写主题和内容后，单击“发送”按钮，系统提示“发送成功”。这样电子杂志邮件就发送到订阅者的信箱了。同时，还可以收集电子邮件地址。

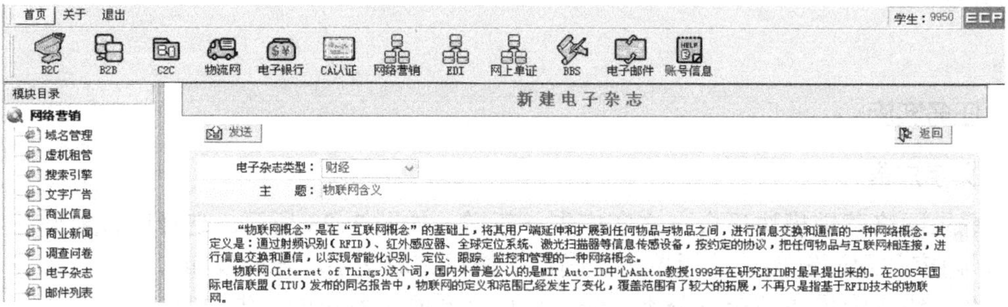

图 3-25　新建电子杂志

5．BBS

（1）BBS 注册与发帖

① 在 BBS 模块前台→注册用户，按要求和提示填写会员信息，然后单击“注册”按钮。

② 注册完成后，单击右上角的“登录”按钮，输入用户名和密码，然后再单击“登录”按钮。

③ 浏览自己感兴趣的论坛版块和帖子，在帖子界面单击“发表新帖子”按钮，如图 3-26 所示。填写文章标题、撰写文章内容、选择文章图标后，单击“发表新帖子”按钮，完成论坛发帖。

图 3-26　发表新帖子

（2）论坛管理

① 在BBS模块前台，单击右上角的“登录”按钮，输入管理员用户名和密码（皆为admin），然后单击“登录”按钮。

② 以管理员身份登录后→管理控制面板→论坛管理→添加新分类，输入分类名和分类描述后，单击“添加新分类”完成论坛分类的添加。

③ 管理控制面板→论坛管理→添加新分论坛，如图3-27所示。选择分类名并输入论坛名字和论坛描述后，单击“添加分论坛”按钮完成分论坛的添加。

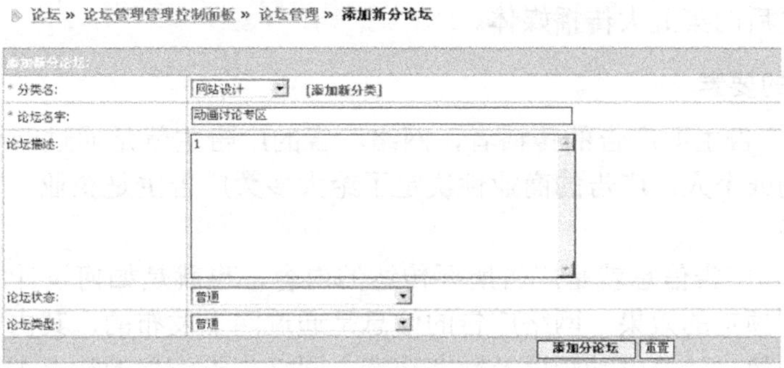

图3-27　添加新分论坛

相关知识

我国互联网和移动互联网广告服务行业市场规模不断扩大，近年来互联网广告以其精确度高和互动性强以及成本相对较低等特性正受到我国越来越多企业的重视。

根据艾瑞咨询发布的2014年度中国网络广告核心数据显示：国内网络广告市场规模达到1 540亿元，同比增长40.0%，与去年保持相当的增长速度。在持续几年保持高速发展之后，未来两年市场规模仍保持较高水平，但增速将略缓，至2015年整体规模有望超过两千亿元。同时，2014年移动广告市场规模达到296.9亿元，同比增长翻一番，增长率达122.1%，发展迅速。移动广告的整体市场增速远远高于网络广告市场增速。智能终端设备的普及、移动网民的增长、移动广告技术的发展和服务的提升是移动广告市场发展的动力所在。2012～2018年中国网络广告市场规模及预测如图3-28所示。

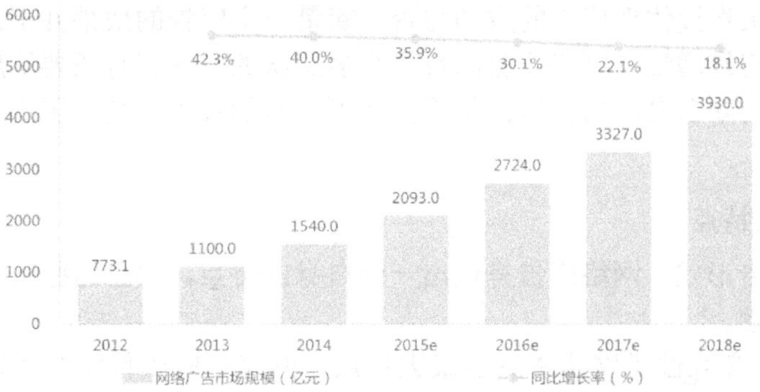

图3-28　2012～2018年中国网络广告市场规模及预测

1．网络广告的含义

网络广告是指广告主以付费的方式在网络上进行的信息传播活动，具体说就是以网络为载体，实用文字、图像、动画、声音等多媒体信息表示，由广告主自行或委托他人设计、制作并在网上发布，旨在推广产品以及服务的有偿信息传播活动。

与传统的四大传播媒体（报纸、杂志、电视、广播）广告及近来备受垂青的户外广告相比，网络广告具有得天独厚的优势，是成功实施现代营销媒体战略的重要组成部分。互联网是一个全新的广告媒体，速度快效果理想，以致广告界甚至认为互联网将超越路牌，成为传统四大传播媒体之后的第五大传播媒体。

2．网络广告的要素

1）广告主。广告主即广告的传播者，网络广告的广告主就是通过网络发布自己的广告内容的企业、机构或个人。广告的商业性决定了绝大多数广告主是企业，它们通过广告推销自己的产品和服务。

2）广告信息。广告信息就是广告所要传达的内容，也就是如何设计制作有效的广告信息，以尽可能达到预定的效果。网络广告的信息是通过网上发布的，其内容形式有计算机文字、计算机图形图像、计算机动画以及数字声音。网络广告信息的特点主要就是更新快、容量大和可附带易于检索的超级链接功能。

广告信息是广告要素的主体，对于受众，他们直接接触的就是广告信息。科学地制定广告信息要建立在广告调研的基础上，广告信息的具体内容则根据广告策划的方针制定。网络广告的内容要根据具体的广告目的，通过网上调查、分析，确定广告策略而制订，做到有吸引力、有说服力、有针对性。当然，广告信息也必须是真实的、健康向上的、合法的，网络广告也不例外。

3）广告媒介。广告媒介是指传递广告信息的载体，网络广告的媒介就是互联网。具体来说，网络上的网页就是网络广告的载体。在我国，网络广告就像互联网一样还处在初期发展阶段，网络广告媒介的确定和管理还比较混乱，但有关部门正在制定相关政策，这种无序现象很快会得到改善。

4）广告受众。广告受众即广告所针对的目标对象，也可以解释为广告信息的受众。商业广告的对象就是目标消费者，网络广告的受众就是广大网民。因此，企业做网络广告就必须去研究目标市场（区域）的网民构成特征、消费行为等，做到有的放矢。

5）广告效果。广告效果指一次特定时期内的广告所取得的结果，以及与预先目标的距离。广告的最终效果直接体现广告的成功与否。衡量一个广告的效果并不是仅看广告的到达率或广告前后的销售量增幅，因为广告的目标是多层次的——有时还要看广告是否增加了企业和产品（品牌）的知名度、信任度；是否更新了顾客的观念，增进了沟通和理解；是否产生远期的效果等。

3．网络广告的特点

相对于传统广告形式，网络广告呈现出一些自身的特点，熟悉这些特点是把握网络广告营销策略实质的基础。

1）交互性强。交互性是网络本身的最大特点，网络不同于传统媒体信息的单向传播，而是信息的双向互动传播。用户可以获取他们认为有用的信息，厂商也可以随时得到消费者的反馈信息。从营销传播的角度观察，网络上的互动式广告有两个基本特质：一是适应个人需求而发布信息，二是广告受众自由选择信息。它不同于在传统媒介上出现的广告，互动式广告允许不同的受众选择不同的广告信息，以此满足个人对信息的需求。

2）传播范围广泛。网络广告的传递不受时空的限制，它通过国际互联网把广告信息全天不间断地传播到世界各地，在人类生活的地球上空虚拟一个全新的网上交流互动平台。只要具备浏览互联网的条件，任何人在任何时间、任何地点都可以随时随地阅读网络广告信息。这是传统媒介所无法比拟的。

3）针对性强。网络广告的受众是最年轻、最具活力、受教育程度最高、购买力最强的群体，网络广告可以是广告主直接面对目标消费群体中最具有可能产生购买行为的潜在消费者。

4）可测评性。传统媒介发布广告，很难精确统计广告信息目标受众的数量，而在互联网上，可以通过权威公正的访问统计系统，精确统计出每条广告信息的接触量，更可以了解目标受众接触广告信息的时间和地区分布，从而为广告主科学地评估广告效果奠定坚实的基础。

5）广告发布灵活，成本低。网络广告是一种实时、灵活、低成本的广告形式。广告在传统媒介上刊播后很难更改，而且将支付非常大的费用。在互联网上，广告刊播后，可以方便地根据市场的变化、营销策略的调整及时变更广告内容，使广告活动及时有效地服务于营销策略。

6）表现形式多，实效性强。网络广告的载体基本上是多媒体、超文本格式文件，受众对感兴趣的商品可以了解更为详细的资料，使消费者能够亲身体验商品与服务，这种以图文声像的形式传递多感官信息，使目标受众如亲临其境般的感受商品与服务，并通过互联网进行订购、下单和结算，极大地增强了网络广告的实效性。

4．网络广告的形式

网络广告采用先进的多媒体技术，拥有灵活多样的广告投放形式。目前，网络广告的主要形式有以下几种：

1）横幅广告。横幅广告（Banner Ad）是网络广告最早采用的形式，也是目前最常见的形式。横幅广告又称旗帜广告、网幅广告，它是横跨于网页上的矩形公告牌，当用户单击这些横幅的时候，通常可以链接到广告主的网页，如图 3-29 所示。

从表现形式上，横幅广告可以分成三种类型：静态横幅、动画横幅、互动式横幅。横幅广告一般是使用 GIF 格式的图像文件，可以使用静态图形，也可以用 SWF 动画图像。除普通 GIF 格式外，新兴的 Rich Media Banner（丰富媒体 Banner）能赋予横幅更强的表现力和交互内容，但一般需要用户使用的浏览器有插件支持。

图 3-29 网络广告示例

2）文本链接广告。文本链接（Text Link）广告是以文字链接的广告，如图 3-29 所示。即在热门站点的 Web 页上放置可以直接访问的其他站点的链接，通过热门站点的访问，吸引一部分流量单击链接的站点。文本链接广告是一种对浏览者干扰最少，但却最有效果的网络广告形式。整个网络广告界都在寻找新的广告形式，而有时候最简单的广告形式效果却是最好的。

该类广告的优点是对用户阅读网站造成的影响较小，能到达软性宣传的目的，但是此广告是通过文字来传达信息的，在做的时候就会有一定的挑战性，越是短小的广告越难做，因为从一句话里传达的信息是有限的，如何发挥这句话的作用就必须有好的创意。文本链接广告的费用一般也比较低，对于广告投入少又想得到很好的效果的广告主可以尝试。

3）电子邮件广告。电子邮件广告（E-mail Advertising）是指通过互联网将广告发到用户电子邮箱的网络广告形式，针对性强、传播面广、信息量大，其形式类似于直邮广告，如图 3-30 所示。

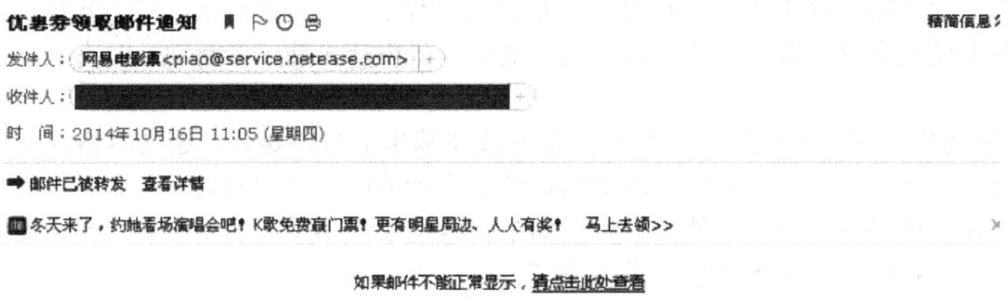

图 3-30　电子邮件广告

电子邮件广告可以直接发送，但有时也通过搭载发送的形式：比如通过用户订阅的电子刊物、新闻邮件和免费软件以及软件升级等其他资料一起附带发送。也有网站使用注册会员制，收集忠实读者（网上浏览者）群，将客户广告连同网站提供的每日更新的信息一起，准确送到该网站注册会员的电子信箱中。这种形式的邮件广告容易被接受，具有直接的宣传效应。譬如当向网易网站申请一个免费信箱成功时，在信箱里，除了一封确认信外，还有一封就是网易自己的电子邮件广告。

随着电子邮件使用得越来越普及，电子邮件广告现在已成为使用最广的网络广告形式，许多厂商采用这种直接而方便的广告形式。但值得注意的是，那些未经同意发送的垃圾广告邮件很容易引起用户的反感。广告主要在真正了解客户需求的基础上适时适量地发送邮件广告，否则只会浪费广告费。

电子邮件广告具有针对性强、费用低廉的特点，且广告内容不受限制。其针对性强的特点，可以让企业针对具体某一用户或某一特定用户群发送特定的广告，是其他网上广告方式所不及的。电子邮件是网民最经常使用的互联网工具。30%左右的网民每天上网浏览信息，但却有超过 70%的网民每天使用电子邮件。对企业管理人员尤其如此。

电子邮件广告一般采用文本格式或 html 格式。通常采用的是文本格式，就是把一段广告性的文字放置在新闻邮件或经许可的 E-mail 中间，也可以设置一个 URL，链接到广告主公司主页或提供产品或服务的特定页面。html 格式的电子邮件广告可以插入图片，和网页上的横幅广告没有什么区别，但是因为许多电子邮件的系统是不兼容的，html 格式的电子邮件广告并不是每个人都能完整看到的，因此把邮件广告做得越简单越好，文本格式的电子邮件广告兼容性最好。

4）按钮广告。按钮广告（Button Advertising）即图标广告，这是网络广告最早的和常见的形式。通常是一个链接着公司的主页或站点的公司标志，并注明“Click me”字样，希望网络浏览者主动浏览，如图 3-29 所示。

按钮广告是从 Banner 演变而来的一种形式，是表现为图标的广告，通常广告主用它来宣传其商标或品牌等特定标志。按钮广告是一种与标题广告类似，但是面积比较小，而且有不同的大小与版面位置可以选择，最早是网景公司用来提供使用者下载软件用，后来这样的规格就成为一种标准。按钮广告能提供简单明确的资讯，而且其面积大小与版面位置的安排都较具有弹性，可以放在相关的产品内容旁边，是广告主建立知名度的一种相当经济的选择。

5）赞助式广告。赞助式广告（Sponsorships）是网络广告形式的一种。赞助有三种形式：内容赞助、节目赞助、节日赞助。广告主可对自己感兴趣的网站内容或节目进行赞助，或在特别时期（如奥运会、世界杯）赞助网站的推广活动。奥妙赞助湖南卫视的某真人秀节目，如图 3-31 所示。

图 3-31 赞助式广告

赞助式广告的形式多种多样，在传统的网络广告之外，给予广告主更多的选择。赞助式广告一般放置时间较长且无需和其他广告轮流滚动，故有利于扩大页面知名度。广告主若有明确的品牌宣传目标，赞助式广告将是一种低廉而颇有成效的选择。

赞助式广告确切的说是一种广告投放传播的方式，而不仅仅是一种网络广告的形式。它可能是通栏式广告、弹出式广告等形式中的一种，也可能是包含很多广告形式的打包计划，甚至是以冠名等方式出现的一种广告形式。赞助的形式一般有两种：

① 企业出资赞助某项活动，接受赞助的单位为赞助者提供宣传机会，包括一定的时间和空间，如以出资企业的名称或其产品名称为所举办的活动冠名，或通过一定的媒介形式向公众宣布赞助者的企业名称。

② 企业把印制有企业名称的产品提供给受助单位，使其在活动中使用或作为奖品，以扩大企业的影响。

6）与内容相结合的广告。也可以说是赞助式广告的一种，从表面上看他们更像网页上的内容而并非广告。在传统的印刷媒体上，这类广告都会有明显的标志指出这是广告，而在网页上通常没有清楚的界限。这种广告以网页内容的形式出现，所以它们的点击率往往会比普通的广告高，如图 3-32 中所示的网易保险、网易车贷的广告。

图 3-32 与内容相结合的广告

广告主在做这种广告时需要非常小心，如果让浏览者有受骗的感觉，就会对品牌造成负面的影响。与内容结合式的广告最引人争议之处在于商业利益与媒体内容混淆不清。国外常见的浏览整合的广告方式，将广告主的网站链接或者图像整合在网站首页的功能表中，虽然可以降低受众对广告的抗拒，却可能引发他们对网站产生排斥与不信任。值得注意的是，广告主可能为了广告的诉求而提供偏颇的信息，受众通常也难以分辨其中的真假，这时对网络媒介的资讯内容也可能造成冲突。

7）插播式广告。插播式广告（Interstitial）是在一个网站的两个网页出现的空间中插入的网页广告，就像电视节目中出现在两集影片中间的广告一样。人们在看网络视频的时候，一般要先看一段广告，换下一集的时候也会有广告插播进来，如图 3-33 所示。广告有不同的出现方式，有的出现在浏览器主窗口，有的新开一个小窗口，有的可以创建多个广告，也有一些是尺寸比较小的、可以快速下载内容的广告。无论采用哪种显示形式，插播式广告的效果往往比一般的 Banner 广告效果要好。

图 3-33 插播式广告

与 Banner 广告一样，插播式广告同样会产生一定的副作用，除了延长了页面下载时间之外，用户还不得不关闭这些新开的窗口，如果每打开一个网页都要出现一个广告窗口，那么显然会招致用户的极度反感。因此也出现了一些针对消除各类弹出广告的软件。鉴于一些用户对各类插播式广告的抵触情绪，在选择广告显示方式和时机时应该给予特别的注意。

8）分类广告。网络分类广告是充分利用计算机网络的优势，对大规模的生活实用信息，按主题进行科学分类，并提供快速检索的一种广告形式，如图 3-34 所示。网络分类广告是一种全新的网络广告服务形式，主要满足企事业单位和个人商户在互联网上发布各类产品和服务广告的需求，并为广大网民提供实用、丰富、真实的消费和商务信息资源。与传统媒体分类广告相比，网络分类广告容量大，表现形式多样化、立体化，可查询、收藏信息。在形式上，分类广告一般是指版面位置相对固定、规格较小的非工商广告，多数情况下“扎堆”出现，并按行业划分开，以便于浏览者查找。

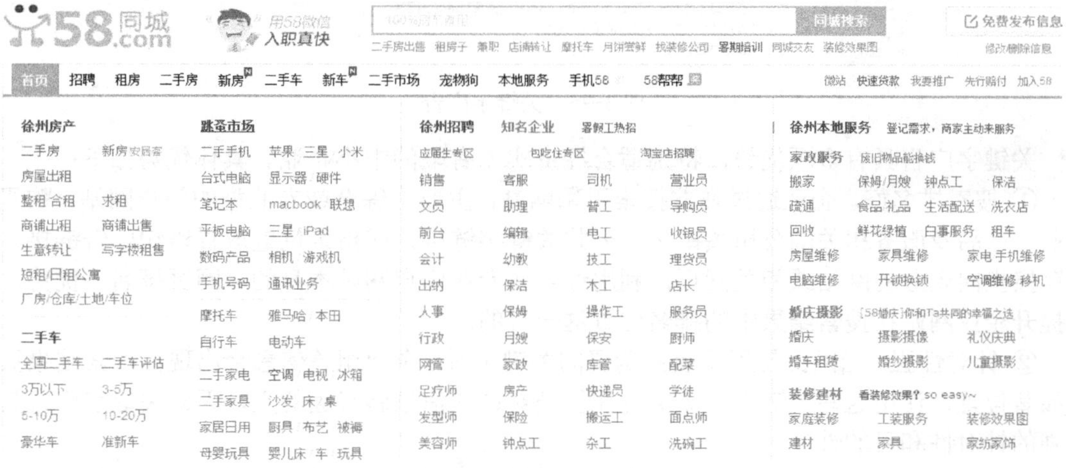

图 3-34　分类广告

分类广告是一种按需广告。这是分类广告同其他形式广告的根本区别。传统的广告是强迫型广告，采取一种干扰的方式，并不一定处在浏览者期待或者寻找的范围内。

分类广告独立成版，信息容量大，分类明晰和检索方便，分类广告浏览者会带着需求主动寻求自己需要的分类广告类项。浏览者在消费分类广告信息时，按照“类别标题→项目标题→小项标题→单条大分类广告的标题”层次搜索信息，标题能告诉有明确消费目标的浏览者在哪里可以得到他们需要的产品或服务。并且浏览者只关注和本身内在需求一致的信息，并把符合需求的信息放大或尖锐化。这种使用是一种有目标导向的行为，需要的满足与大分类广告的选择联系在了一起，而主动权在分类广告浏览者手中。

分类广告具有如下特点：信息的广泛性、功能的服务性、价格的经济性、经营的稳定性、市场的引导性以及阅读的主动性等。

9）关键字广告。关键字广告（Keyword）是一种文字链接型网络广告，如图 3-35 所示。每则广告都会提供一些关键字，当使用搜索引擎搜索到这些关键字的时候，相应的广告就会显示在某些相关网站的页面上，这样的优点是快捷、灵活，迅速给客户以大量的相关信息。

图 3-35 关键字广告

关键字广告具有多项优势，特别适合经济实力有限的中小企业。具体优势如下：

① 搜索排名好。企业通过在非搜索引擎网站，主要是综合或专业型的门户网站，购买与企业、产品及服务相关的公司关键字、公共关键字链接，或指定位置放置语句广告链接，这些链接指向企业的网站或相关网页，利用综合或专业门户网站本身的“网页排名”优势，实现提升企业网站在搜索结果中的排名位置这一目的。

② 针对性强。当网民使用了企业购买的关键字时，企业相关信息会出现在搜索结果页面的显著位置，使用这些关键字的浏览者往往是对这些信息感兴趣的人，因此关键字广告具有很强的针对性和目的性。

③ 效果明确。以“网页排名”作为其基本搜索规则的新一代搜索引擎，号称其搜索结果只以纯技术规则作为排名依据，没有“人为”干扰因素的影响，搜索结果的排名是网民选择的结果。这比机构来评定广告效果更有说服力。公司相关信息能够排在搜索结果的前列，意味着有更高的点击率，而这本身又是一种吸引力，吸引更多网民作出趋同选择，从而有助于提升企业在网络社会中的形象。

④ 成本较低。如公司或公众关键字，只有在网页中出现，才链接到企业网站或网页，或者竞价广告是按点击次数计费，并且企业可以根据实际情况自由定价，因此，关键字广告的成本较低，并容易控制。

10）主页型广告。主页型广告是通过整个网页广告的设计传达广告内容，如图 3-36 所示。企业的网页广告一般做在自己的主页上，在其他网站媒体上通过购买带链接的广告形式可让客户点击到达。主页型广告可以详细地介绍企业的相关信息，如发展规划、主要产品与技术、产品定单、售后服务、战略联盟、年度经营报告、主要经营业绩、联系办法等，从而让用户全面地了解企业及企业的产品和服务。

一般大型企业都建有自己的网站，自行独立运作；也有的企业向网络服务公司租用设备，建设托管网站，代理运作；即使是最小的企业，也可以通过直接租用其他网站的资源，开辟自己的主页。

图 3-36 主页型广告

11）富媒体广告。富媒体广告一般是指使用浏览器插件或其他脚本语言、Java 语言等编写的具有复杂视觉效果和交互功能的网络广告。这些效果的使用是否有效，一方面取决于站点的服务器端设置，另一方面取决于浏览者的浏览器是否能查看。一般来说，富媒体能表现更多、更精彩的广告内容。图 3-37 为喜力啤酒富媒体广告。

图 3-37 富媒体广告

在互联网发展的初期，因为带宽的原因，网站的内容以文本和少量的低质量的 GIF、JPG 图片为主。随着技术的进步以及消费市场的成熟，出现了具备声音、图像、文字等多媒体组合的媒介形式，人们普遍把这些媒介形式的组合叫作富媒体（Rich Media），以此技术设计的广告叫作富媒体广告。富媒体广告常见的形式有视频类广告、扩展类广告、浮层类广告等。

拓展训练

1）请到电子商务师实验室中设计一份调查问卷，拟调查的问题为“您觉得您对目前的工作？***”该问题选项有：A 能爱岗敬业，态度很端正；B 基本能爱岗敬业，态度比较端正；C 讨厌目前工作，准备跳槽。设计完毕，选择 A 项投了一票并查看投票结果。然后发布一条类别为“IT 行业”、标题和内容均为“北京***公司急聘动画设计师”的文字广告，并将网站链接设置为 www.market***.com（注册信息中，***为学号，其他信息自定义）。

2）请登录电子商务师实验室 BBS 管理后台，添加一个论坛分类：***娱乐在线，在该分类下开设一个分论坛，名为“***影视”。以 player***注册一个 BBS 用户，在“***影视”讨论区内发表一则标题和内容均为“请问什么地方能下载电视剧《放羊的星星》***？”的帖子，发表成功后，再任意回复一条其他人的帖子（注册信息中，***为学号，其他信息自定义）。

实战训练

1）打开搜狐网，找出各种网络广告，对该种网络广告进行优缺点分析。

2）请尝试在网上寻找以下网络广告：

① 视频植入广告。

② 软文广告。

③ 游戏植入广告。

④ 电子杂志广告。

项目 4

物流配送

学习目标

能力目标

能够利用物流相关理论知识正确分析和解决物流业务中存在的基本问题；
能够对网店交易中的物流配送方式进行恰当地选择；
利用所学习的配送知识解决实际物流工作中出现的问题。

知识目标

掌握物流的含义、功能、发展、分类；
掌握物流与电子商务的关系；
掌握电子商务物流配送的含义、分类；
掌握网店交易物流配送的选择等相关知识；
了解第三方物流等相关知识。

素质目标

培养学生职业岗位意识、吃苦耐劳意识、职业安全服务意识。

任务1 认识物流

任务情景

从超市的货架上随手取下一瓶洗发水，你能想到这瓶洗发水要经过多少路途才能到达你的手里吗？

生产洗发水的工厂需要如何组织原材料进厂、生产线上的物料移动，又如何将它发送到销售商手里？

从它走下流水线那一刻起，到你拿到手中为止，中间究竟被多少辆卡车运转到多少个配送中心？经历多少道批发商以及多少人的手才被送上货架？

任务分析

快捷的现代化物流给人们的生活带来了极大的便利性。通过浏览知名物流网站和相关知识的学习，让学生首先对物流具备一个感性的初步认识，明确物流的含义、功能、现状和发展趋势、物流与电子商务的关系。通过分组讨论，总结出物流的特点和优势。

任务实施

浏览物流网站

1）中国邮政速递物流（http://www.ems.com.cn），如图 4-1 所示。

图 4-1　中国邮政速递物流

中国邮政速递物流股份有限公司（简称中国邮政速递物流）是经国务院批准，中国邮政集团于 2010 年 6 月联合各省邮政公司共同发起设立的国有股份制公司，是中国经营历史最悠久、规模最大、网络覆盖范围最广、业务品种最丰富的快递物流综合服务提供商。

中国邮政速递物流在国内 31 个省（自治区、直辖市）设立全资子公司，并拥有邮政货运航空公司、中邮物流有限责任公司等子公司。截至 2010 年年底，公司注册资本 80 亿元人民币，资产规模超过 210 亿元，员工近 10 万人，业务范围遍及全国 31 个省（自治区、直辖市）的所有市县乡（镇），通达包括港、澳、台在内的全球 200 多个国家和地区，营业网点超过 4.5 万个。

中国邮政速递物流主要经营国内速递、国际速递、合同物流等业务，国内、国际速递服务涵盖卓越、标准和经济不同时限水平和代收货款等增值服务，合同物流涵盖仓储、运输等供应链全过程。拥有享誉全球的“EMS”特快专递品牌和国内知名的“CNPL”物流品牌。

中国邮政速递物流坚持“珍惜每一刻，用心每一步”的服务理念，为社会各界客户提供方便快捷、安全可靠的门到门速递物流服务，致力于成为持续引领中国市场、综合服务能力最强、最具全球竞争力和国际化发展空间的大型现代快递物流企业。

2）顺丰速运（www.sf-express.com），如图 4-2 所示。

图 4-2　顺丰速运

1993 年，顺丰速运诞生于广东顺德。自成立以来，顺丰始终专注于服务质量的提升，不断满足市场的需求，在祖国大陆、香港、澳门、台湾建立了庞大的信息采集、市场开发、物流配送、快件收派等业务机构及服务网络。

与此同时，顺丰积极拓展国际件服务，目前已开通美国、日本、韩国、新加坡、马来西亚、泰国、越南、澳大利亚、蒙古等国家的快递服务。自有庞大的服务网络具有服务标准统一、服务质量稳定、安全性能高等显著优点，能最大程度地保障客户利益。

价值观是企业的灵魂和精神所在，是构建企业竞争优势、稳健发展的支柱，它支撑企业赢得客户和未来。顺丰力求塑造“知行合一”的价值观，让价值观的内涵通过员工的一言一行体现出来，形成一股精神的力量，熔铸在企业的凝聚力、竞争力、生命力之中，如图 4-3 所示。

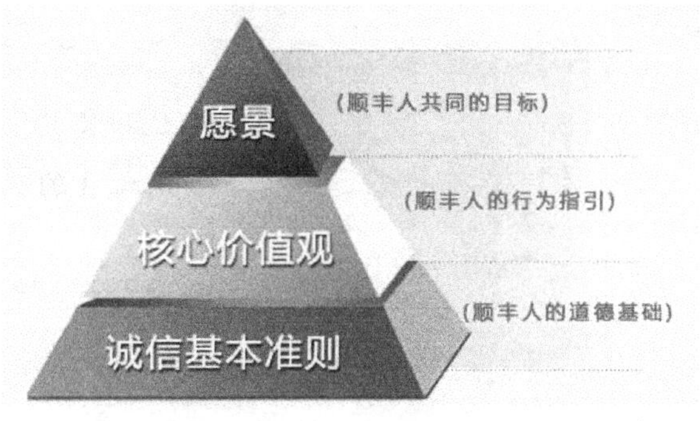

图 4-3　顺丰速递文化理念

截至 2015 年 7 月，顺丰已拥有近 34 万名员工，1.6 万台运输车辆，19 架自有全货机及 12 260 多个营业网点。二十多年来，顺丰持续加强基础建设，积极研发和引进具有高科技含量的信息技术与设备，不断提升作业自动化水平，不断优化网络建设，实现了对快件产品流转全过程、全环节的信息监控、跟踪、查询及资源调度工作，确保了服务质量的稳步提升。

3）UPS 中国（www.ups.com/cn），如图 4-4 所示。

图 4-4　UPS 中国

UPS（United Parcel Service，美国联合包裹）最初作为一家信使公司于 1907 年在美国成立，现已成长为一家年营业额达到数百亿美元的全球性的公司，致力于以支持全球商业发展为目标。如今的 UPS（或者称为联合包裹服务公司）是一家全球性的公司，其商标是世界上最知名、最值得景仰的商标之一。作为世界上最大的快递承运商与包裹递送公司，同时也是专业的运输、物流、资本与电子商务服务的领导性的提供者。每天都在世界上 200 多个国家和地区管理着物流、资金流与信息流。通过结合货物流、信息流和资金流，UPS 不断开发供应链管理、物流和电子商务的新领域，如今 UPS 已发展到拥有 300 亿美元资产的大公司。

4）申通快递（www.sto.cn），如图 4-5 所示。

图 4-5　申通快递

申通快递品牌初创于 1993 年，公司致力于民族品牌的建设和发展，不断完善终端网络、中转运输网络和信息网络三网一体的立体运行体系，立足于传统快递业务，全面进入电子商务物流领域，以专业的服务和严格的质量管理来推动中国物流和快递行业的发展，成为对国民经济和人们生活最具影响力的民营快递企业之一。

申通营销模式主要体现在“三个统一”。品牌形象统一：全网络采用统一的申通商标等形象；服务规范统一：加盟网点采用统一的客户服务规范，保证客户服务的快件快速、安全、准确、周到；信息管理统一：各网点采用计算机系统，所有的管理信息在此系统中完成数据扫描、上传和查询。总部作为系统的管理与维护者，对信息进行统一管理。

经过二十多年的发展，申通快递在全国范围内形成了完善、流畅的自营快递网络。目前，公司共有独立网点及分公司 1 370 余家，服务网点及门店 10 000 余家，从业人员超过 20 万人，每年新增就业岗位近 1 万个。2014 年，申通业务量完成 24 亿件，同比增长 50%，件量在规模性快递企业中继续保持第一。2014 年全国包裹完成总量为 140 亿件，申通贡献 17%，全国每 6 个包裹中就有 1 个包裹是申通快递寄送的，2014 年“双十一”申通单日最高件量为 3 050 万件。

公司耗资近亿元开发“申通 E3 快递软件系统平台”，包括快递业务系统、数据采集系统、无线 GPRS 数据采集传输系统、称重计费系统、航空业务管理系统、车辆运营管理系统、客服投诉受理系统、客服呼叫中心系统、电子商务（淘宝业务）接单系统等。历年来，公司的服务质量逐步提升，公司的品牌和形象统一建设也在稳步推进，成为国内快递网络最完整、规模最大的民营快递体系之一。

随着中国快递市场的发展，申通快递在提供传统快递服务的同时，也在积极开拓新兴业务，为国内大型 C2C、B2C 企业提供物流配送、第三方物流和仓储、代收货款、贵重物品通道等服务，在国内建立了庞大的信息采集、市场开发、物流配送、快件收派等业务机构，同时，也在积极拓展国际件服务，申通快递已经成为国内快递网络最完整、规模最大的民营快递企业。

5）京东快递（www.jd-ex.com），如图 4-6 所示。

图 4-6 京东快递

京东快递是京东商城（www.jd.com）自营快递，于 2012 年获得快递牌照。京东快递的优势体现在以下几个方面：从事 9 年电子商务行业，有丰富的物流配送经验；专业的安全监控体系和货物摆放规则；高效的 5h 逆向上门取件服务；对商家开放快递系统平台，方便商家订单监控和账目核对；2000 坐席的客户呼叫中心随时为商家提供咨询服务。

自建物流体系能够让京东为用户提供正品保证，并且合理匹配用户的收货时间——考虑到不少用户的工作时间，京东可以做到每天三个时间段送货上门，这是第三方物流难以实现的。

京东拥有中国电商行业最大的仓储设施。截至 2015 年 3 月 31 日，京东在全国拥有 7 大物流中心，在全国 43 座城市运营 143 个大型仓库，拥有 3 539 个配送站和自提点，覆盖全国 1 961 个区县。京东专业的配送队伍能够为消费者提供一系列专业服务，如“211 限时达”“次日达”“夜间配”“三小时极速达”“GIS 包裹实时追踪”“售后 100 分”“快速退换货”以及“家电上门安装”等服务，保障用户享受到卓越、全面的物流配送和完整的“端对端”购物体验。

京东快递的物流配送服务主要分为四种模式：一是 FBP（Fulfillment By POP，由京东全权负责采购和销售）；二是 LBP（Logistics By POP，商品无需入库，用户下单后，由第三方卖家发货到京东分拣中心，京东开发票）；三是 SOPL（Sales On POP Logistics，商品无须入库，用户下单后，第三方卖家发货到京东分拣中心，但由商家开发票）；四是 SOP（Sales On POP，商家直接向消费者发货并开发票）。其中，POP（Pctowap Open Platform）订单是指商家利用京东平台以及仓储和配送服务销售自身商品情况的订单。

2014 年 3 月 17 日，京东在北京召开 O2O 战略发布会，宣布与快客、好邻居、良友等多家知名连锁便利店品牌的上万家便利店达成合作，正式进军 O2O 领域，今后用户在网上下单后，将由距离家最近的便利店负责进行配送，在最短的时间内把客户采购的商品送到他们手中。京东相关负责人介绍，对于 O2O 商品，京东的物流服务将全面升级，确保在下单之后 1h 内送达，最快 15min 之内可以将商品送到消费者手中，而在 24h 内，消费者可以任意选择商品送达的时间等，这样的物流速度在国内电商行业中堪称“最快物流”。

6）中国物通网（www.chinawutong.com），如图 4-7 所示。

图 4-7　中国物通网

中国物通网是北京物通时空网络科技开发有限公司旗下的物流行业门户网站，是中国目前最大最专业的物流行业网站。网站以现代企业多元化物品流通需求为中心，以各类物流运输企业的网络信息化普及为出发点，系统整合了物流公司、运输车辆、国际海运空运、快递、搬家、配货信息部与广大发货企业，全面解决了现代企业物品流通的所有物流需求。网站采用了发布“接发货网点”生成“物流线路”的最先进设计理念，把物流企业的“接发货网点”搬上网络，实现了物流网点线路的网络化、信息化。本着服务于整个物流行业的宗旨，网站首创互联网、手机网、下载软件、配货手机、配货平板电脑、GPS/BD双模车装机、GPS/BD双模车联网平台，实现七网同步传播的多平台立体式云信息数据交互系统。网站让发货企业找物流企业或运输车辆更方便、更快捷，让物流企业找车辆找货源更轻松、更省钱，形成了物流行业的“信息流”，让物流供需双方轻松找到对方，解决了中国“物流信息不对称”的历史瓶颈问题。

中国物通网同时围绕着“物流”这个主体，建立了物流招商加盟频道、物流招标频道和物流产品设备频道，物流招商加盟频道为广大物流、快递、搬家企业提供了一个能快速扩张企业各地网点的平台，让更多想加盟物流实体的个体或公司能迅速找到合适的物流企业。物流招标频道为广大生产企业提供了一个物流运输招标的平台，降低企业的运输成本，提高企业运输的效率，同时也让更多物流企业和生产企业建立起长期的合作关系。物流产品设备频道，为物流设备的生产企业提供了产品展示、产品供应的平台，让物流企业可以直接查找搜索所需求的各种物流设备。三个频道的建立，真正建立起了一个健康完整的物流生态链。

中国物通网自上线以来不仅得到了国内广大用户的认可与信赖，同时还被众多物流专家誉为“中国最大最专业物流行业网站”和“中国物流信息航母”，是中国物流行业信息化的倡导者与领航者。

相关知识

1. 物流起源

物流活动自古有之，先来看几个小案例：

1）中国西汉时期，张骞出使西域，开辟了从长安经甘肃、新疆，到中亚、西亚，并连接地中海各国的陆上通道，这就是举世闻名的古“丝绸之路”。

2）一骑红尘妃子笑，无人知是荔枝来。

3）世界上最早最长的物流和军事通道——京杭大运河。

物流概念的提出可以追溯到20世纪初。1901年，格罗威尔在美国政府的《工业委员会关于农场产品配送的报告》中，第一次论述了对农产品配送成本产生影响的各种因素，人们开始认识物流。1918年，英国联合利华公司的利费哈姆勋爵成立了“即时送货股份有限公司”。公司的宗旨是在全国范围内把商品及时送到批发商、零售商以及用户的手中。1921年，美国经济学家阿奇·萧在《市场流通中的若干问题》一书中提出“物流是与创造需求不同的一个问题”，销售过程的物流是指时间和空间的转移，并提到“物资经过时间或空间的转移会产生附加价值”。此时的物流是指销售过程中的物流，是为了配合销售而进行的相关运输与仓储活动。

1935 年，美国销售协会对当时还称为实体配送的物流进行了定义：“实体配送是指包含于销售之中的物质资料和服务在从生产地点到消费地点流动的过程中所伴随的种种经济活动。”这个概念是有关物流的最早定义。

第二次世界大战后，西方经济的发展进入大量生产与销售时期，后勤管理的理念和方法开始被引入工业部门和商业部门，被人们称为“工业后勤”和“商业后勤”，实体配送的概念也逐渐被物流取代。

在 20 世纪 50 年代到 70 年代，由于人们研究的对象主要是与商品销售有关的物流活动，即实物流通过程中的商品实体运动，因此，对于物流通常采用的是“Physical Distribution”（简称 PD）一词，直译为“物资分配”“实物分布过程”。1963 年，美国物流管理协会对物流的定义是：为计划、执行和控制原材料、在制品库存及制成品从起源地到消费地的有效率的流动而进行的两种或多种活动的集成。这些活动包括客户服务、需求预测、交通、库存控制、物料搬运、订货处理、零件及服务支持、工厂及仓库选址、采购、包装、退货处理、废弃物回收、运输、仓储管理。

1985 年，美国物流管理协会对物流定义进行了修订，将原定义中的“原材料、在制品库存及制成品”修改为“货物、服务以及相关信息”，这大大拓展了物流的内涵与外延，此种定义下的物流既包括生产物流，也包括服务物流。美国物流管理协会修订的物流定义为“以满足客户需求为目的，对货物、服务以及相关信息从供应地到消费地的高效率、低成本流动和储存而进行的计划、实施和控制过程。”

1998 年，美国物流管理协会对物流的最新定义是：物流是供应链（指生产及流通过程中将产品或服务提供给最终用户所形成的网链结构）流程的一部分，是为满足客户需求而对货物、服务及相关信息从原产地到消费地的高效率、高效益的正向和反向流动及储存进行的计划、实施与控制过程。

2．物流的定义

我国国家标准《物流术语》（GB/T 18354—2006）对物流（Logistics）的定义是：物品从供应地向接收地的实体流动过程。在物流过程中，根据实际需要，将运输、储存、装卸、搬运、包装、流通加工、配送、信息处理等基本功能实施有机结合。

3．物流的发展

（1）传统物流

传统物流的作用领域以商品的销售作为主要对象，具体完成将生产的商品送交消费者的过程中所发生的各种活动。传统物流追求的目标是以尽可能低的物流成本，给顾客以尽可能好的物流服务。传统物流的功能是克服商品从生产到消费的地域和时空阻隔的一种物理性的经济活动，具体地就是指“在把生产的商品送交消费者的过程中的各项活动”，或者是“把所需的商品在指定场所、指定时间、以指定的价格送交顾客”。物流不仅是商品简单的“物”的流动，而且是商品流通这一经济活动的全过程。

（2）综合物流

综合物流的作用领域包括企业运营中的原材料采购、商品生产、商品销售、传统物流和多余材料的回收及生产废弃物的处理等各个过程。也就是对从采购原材料开始到最后将产品送交顾客这一物流的全过程进行综合的一体化管理。综合物流的功能是在搞好企业内部物流整体最佳状态的同时，搞好企业外部从供应商到最终顾客各个渠道的整个“物的流动”。

综合物流的目的则是满足顾客的期望，不仅要统一管理公司内部的“物”的流动，而且要和公司外部的供应商、批发商和零售商相互协调，追求“物”的流动的综合效果和一体化，达到提高效益，增加销售和赢利的企业最终目标。

（3）现代物流

社会生产和科学技术的发展使物流进入了“现代物流”的发展阶段，其标志是物流活动领域中各环节的技术水平得到了不断的提高。现代物流的高技术表现将各个环节的物流技术进行综合、复合化而形成最优系统技术；以运输设备高速化、大型化、专用化为中心的集装箱系统机械的开发；保管和装卸结合为一体的高层自动货架系统的开发；以计算机和通信网络为中心的情报处理和物流信息技术；与运输、保管、配送中心的物流技术在软技术方面的结合；运输与保管技术相结合的生鲜食品保鲜输送技术，以及商品条形码、电子数据交换 EDI、射频技术、全球卫星定位系统 GPS 等。这些高新技术在物流中的发展和应用，使物流的作用领域更加广泛，物流的功能和作用更强。当然，发展物流业和加强企业的物流管理，必然将给社会和企业带来更大的社会效益和经济效益，从而物流的重要性也就不言而喻了。

（4）第三方物流

所谓第三方物流，是指生产经营企业为集中精力搞好主业，把原来属于自己处理的物流活动，以合同方式委托给专业物流服务企业，同时通过信息系统与物流服务企业保持密切联系，以达到对物流全程的管理和控制的一种物流运作与管理方式。因此，第三方物流又叫合同制物流。提供第三方物流服务的企业，其前身一般是运输业、仓储业等从事物流活动及相关的行业。从事第三方物流的企业在委托方物流需求的推动下，从简单的存储、运输等单项活动转为提供全面的物流服务，其中包括物流活动的组织、协调和管理、设计建议最优物流方案、物流全程的信息搜集、管理等。

物流是经济社会这个大系统中一个重要的子系统，它与经济社会发展的关系极为密切。物流成为一个独立的经济过程，是经济社会发展的必然结果。反过来，物流自身的不断发展也取决于经济社会发展的程度。在社会主义市场经济条件下，经济社会发展离不开物流，市场经济越发达，物流的作用，无论从微观经济的运行上还是从宏观经济的运行上，都显得越重要。

4. 物流的基本功能和分类

（1）基本功能

物流的基本职能包括运输、保管、装卸、包装、流通加工以及与其联系的物流信息处理。

① 物流是生产过程的基本保障；

② 物流是实现从生产到消费的重要环节；

③ 物流提高了经济效益，增加了销售和赢利；

④ 物流提高了企业的综合能力。

（2）物流分类

物流的分类方法很多，从空间来分，可以分为国际物流、区域物流、国内物流和地区物流；从性质来分，可以分为社会物流、行业物流和企业物流；从物流在社会再生产中的作用来分，可以分为宏观物流和微观物流；从物流过程来分，可以分为供应物流、生产物流、销售物流、回收物流和废弃物物流。

按物流过程分类主要是对企业物流进行分类，企业物流是以购进生产所需的原材料、设备为起点，经过劳动加工，形成新的产品，然后供应给社会需要部门的全过程，如图 4-8 所示。

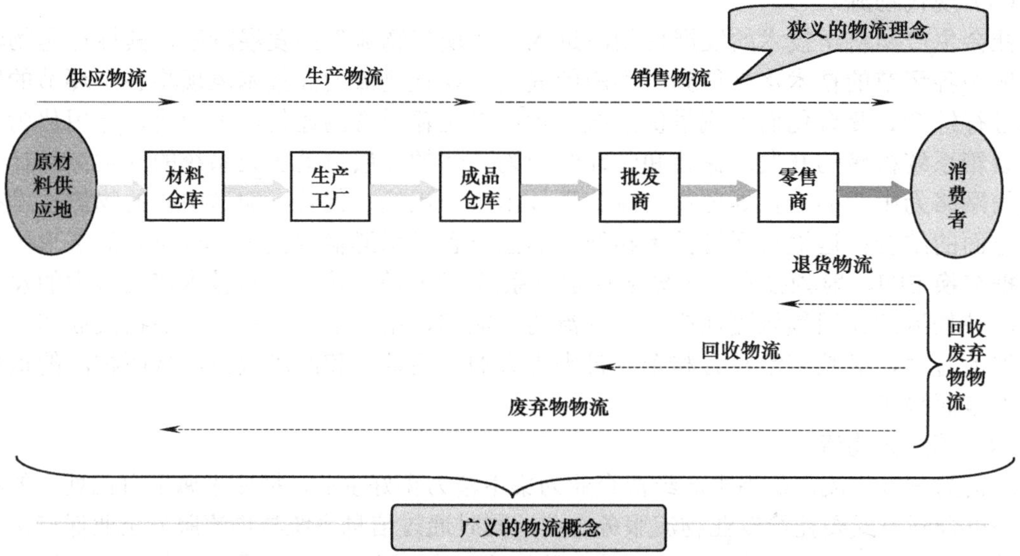

图 4-8　按物流过程分类

① 供应物流。生产企业、流通企业或消费者购入原材料、零部件或商品的物流过程称为供应物流，也就是物资生产者、持有者至使用者之间的物流。

工厂的供应物流是指生产活动所需要的原材料、备品备件等物资的采购、供应活动所产生的物流。

流通领域的供应物流是指交易活动中从买方角度出发在交易中所发生的物流。对于一个企业而言，企业的流动资金十分重要，但大部分是被购入的物资和原材料及半成品等所占用的，因此供应物流的合理化管理对于企业的成本有重要影响。

② 销售物流。生产企业或流通企业售出产品或商品的物流过程称为销售物流，也是指物资的生产者或持有者与用户或消费者之间的物流。

③ 生产物流。生产物流包括从工厂的原材料购进入库起，直到工厂成品库的成品发送出去为止的物流活动的全过程。生产物流和工厂企业的生产流程同步，企业在生产过程中，原材料、半成品等按照工艺流程在各个加工点之间不停顿地移动、流转形成了生产物流，如果生产物流中断，生产过程也将随之停顿。

生产物流的重要性体现在如果生产物流均衡稳定，可以保证在制品的顺畅流转，缩短生产周期；如果生产物流的管理和控制合理，也可以使在制品的库存得到压缩，使设备负荷均衡化。因此，生产物流的合理化对工厂的生产秩序和生产成本有很大影响。

④ 回收物流。指不合格物品的返修、退货及周转使用的包装容器从需方返回到供方所形成的物品实体的流动。

商品在生产及流通活动中有许多要回收并加以利用的物资，例如，作为包装容器的纸箱和塑料筐等，对物资的回收和再加工过程形成了回收物流。但回收物资品种繁多，变化较大，且流通的渠道也不规则，因此，对回收物流的管理和控制的难度较大。

⑤ 废弃物物流。指将经济活动中失去原有使用价值的物品，根据实际需要进行收集、分类、加工、包装、搬运及储存等，并分送到专门处理厂时形成的物品实体流动。比如，商品的生产和流通系统中所产生的无用的废弃物，如开采矿山时产生的土石、炼钢生产中的钢渣、工业废水以及其他各种无机垃圾等。

5．电子商务与物流

电子商务的流程体现了物流的重要性：

（1）物流是生产过程的保障

无论是传统的贸易环境还是在电子商务的环境下，生产都是商品流通的开始，而商品生产的顺利进行需要各类物流活动支持，整个生产过程实际上就是一系列的物流活动。

（2）商流的结果由物流完成

商流活动的最终结果是将商品所有权由供方转移到需方，但是实际上在交易合同签订后，商品实体并没有立即转移。在传统交易环境下，商流的结果必须由相应的物流活动来执行完成，也就是卖方按买方的需求将商品实体以适当的方式和途径转移。而在电子商务的环境下，网络消费者虽然通过上网订购完成了商品所有权的交割过程，但必须通过物流的过程将商品和服务真正转移到消费者手中，电子商务的交易活动才得以顺利完成。因此，物流在电子商务交易的商流中起到了后续者和服务者的作用，没有现代化物流，电子商务的商流活动将是一纸空文。

综上所述，电子商务作为网络时代的一种全新的交易模式，相对于传统交易方式是一场革命。但是，电子商务必须有现代化的物流技术的支持，才能体现出其所具有的无可比拟的先进性和优越性，在最大程度上使交易双方得到便利，获得效益。因此，只有大力发展作为电子商务重要组成部分的现代化物流，电子商务才能得到更好的发展。

拓展训练

浏览相关物流网站，知晓其业务范围和经营特点。

实战训练

参观本地物流公司或物流实训基地，了解物流公司业务流程，并撰写调查报告。

任务2 物流配送

任务情景

天气炎热，张宇在家里不想出门，于是便在美团外卖“饿了么”上定了一份午餐。37分钟后，外卖准时送达。看着大汗淋漓的配送员递上美味可口的饭菜，感动之余，张宇更是感概美团外卖配送速度之快。

任务分析

物流对电子商务发展的影响是毋庸置疑的。历年“双 11”暴露出的物流配送问题已经制约电子商务的发展。我们在感受电子商务高效便捷的同时，却不知物流配送需要经过以下几个环节：备货→储存→分拣配货→配装→送达服务→配送运输。

任务实施

通过下面的案例，先来感性认识一下配送，了解配送在企业经营中的重要作用。

案例

苏宁电器致力于为消费者提供多品种、高品质、合理价格的产品和良好的售前、售中与售后服务，强调“品牌、价格、服务一步到位”。苏宁电器目前经营的商品包括空调、冰箱洗衣机、彩电、音像、生活电器、通信、计算机、数码八个品类，近千个品牌，20 多万个规格型号。苏宁电器一直坚持“专业自营”的服务方针。以连锁店服务为基石，苏宁都配套建设了物流配送中心、售后服务中心和客户服务中心，为消费者提供方便快捷的零售配送服务、全面专业的电器安装维修保养服务和热情周到的咨询受理回访服务。苏宁电器竭诚为消费者提供全程专业化的阳光服务，苏宁将朝着“打造中国最优秀的连锁服务品牌”的目标而不懈努力。销售活动一个主要环节就是货品的流动。货品的流动不仅是单向的，也是多向的。既有上游企业对下游客户的流动（进货和补货），也有下游客户对上游企业的流动（退货和换货），乃至客户之间的横向流动（调货等）。如何有效地协调相关物流工作，已经成为许多生产企业考虑的重点所在。

对于家电零售这种利润被日趋摊薄的行业，没有现代的物流配送，就谈不上真正的连锁经营。物流配送的水平，在一定程度上决定着连锁经营的成功与否。

苏宁该如何运作物流配送？

配送是有千年历史的，送货形式在现代经济社会中发展、延伸和创新。特别需要指出的是，不能用传统的送货来理解现代的配送，虽然两者之间有历史渊源，但是两者之间不能等同。如果一定要将两者挂钩，那么，可以将配送理解为现代送货形式。

相关知识

1. 配送及相关知识

（1）配送的概念

按照国家质量监督检验检疫总局发布的中华人民共和国国家标准“物流术语”，其中关于配送的解释是这样的：在经济合理区域内，根据用户的要求，对物品进行拣选、加工、包装、分割、组配等作业，并按时送达指定地点的物流活动。一般来说，配送一定是根据用户的要求，在物流据点内进行分拣、配货等工作。它将商流和物流紧密结合起来，既包含了商流活动，也包含了物流活动中若干功能要素。

关于配送，应当掌握以下几个要点：

① 配送的产生和发展既是社会化分工进一步细化的结果，又是社会化大生产发展的要求。

② 配送是最终的资源配置，属于经济体制的一种形式，最接近顾客。

③ 配送的主要经济活动是现代送货，与传统意义上的简单送货不同。

④ 配送的实质是从物流终点至用户的一种特殊送货形式，它区别于一般送货，是一种"中转"形式。

⑤ 以用户要求为出发点配送是从用户利益出发、按用户要求进行的一种活动。

⑥ 在经济合理区域范围内，根据用户的要求，对物品进行拣选、加工、包装、分割、组配等作业，并按时送达指定地点的物流活动。

（2）配送和送货、运输的区别

和送货概念的区别在于，不是一般概念的送货，也不是生产企业推销产品时直接从事的销售性送货，而是从物流据点至用户的一种特殊送货形式。从送货功能看，其特殊性表现为：

① 从事送货的是专职流通企业，而不是生产企业；

② 配送是"中转"型送货，而一般送货尤其从工厂至用户的送货往往是直达型；

③ 一般送货是生产什么，有什么送什么，配送则是需要什么送什么。

和运输概念的区别在于，配送不是单纯的运输或输送，而是运输与其他活动共同构成的有机体。配送中所包含的那一部分运输活动在整个输送过程中是处于"二次输送""支线输送""末端输送"的位置，其起止点是物流据点至用户，这也是不同于一般运输的特点。运输和配送的比较见表4-1。

表4-1 运输和配送的比较

内 容	运 输	配 送
线路	从工厂仓库到物流中心	从物流中心到终端客户
运输距离	长距离干线运输	短距离支线运输
运输批量	批量大、少品种	小批量、品种多
运输工具	大型货车或铁路/水路运输	小型货车
评价标准	运输效率优先	服务质量优先
附属功能	装卸、捆包	装卸、保管、包装、分拣、流通加工、订单处理等

（3）配送的分类

1）按实施配送组织者的不同，配送可以分为以下几种：

① 配送中心配送。配送中心配送是由专职从事配送业务的配送中心所组织的配送。配送中心配送的规模较大，专业性强，和用户有固定配送关系，配送中心配送是配送的主要形式。

优点：规模比较大，专业性比较强，与用户之间存在固定的配送关系；配送能力强，配送距离较远，覆盖面较宽，配送的品种多，配送的数量大，可以承担工业生产用主要物资的配送以及向配送商店实行补充性配送等。

缺点：投资较高，灵活与机动性较差。由于拥有配套的大规模实施配送的设施，其投资大，并且一旦建成便很难改变，灵活机动性较差。

② 仓库配送。仓库配送是由仓库组织的配送。仓库配送既可以是将仓库改造成为配送中心，也可以是仓库在保持原有功能的基础上增加一部分配送功能。由于仓库的设施设备不是专门按配送中心的要求设计和建立的，所以仓库配送的规模比配送中心配送规模小，配送的专业化程度低。

优点：投资小、“上马”快，是开展中等规模的配送可以选择的形式。

缺点：配送的规模较小，专业化水平低。

③ 商店配送。商店配送的组织者是商业或物资的门市网点。这些网点主要承担商品零售业务，经营品种齐全。除了日常零售业务外，还可以根据用户的要求将商店经营的品种配齐，或代用户外订购一部分商店平时不经营的商品，和商店经营的品种一起配齐后送交用户。

优点：灵活机动，适用于小批量、零星商品的配送。

缺点：一般无法承担大批量的商品配送。

④ 生产企业配送。生产企业配送由进行多品种生产的企业直接对本企业生产的产品进行配送，而无须将产品发送到配送中心进行中转配送。生产企业配送由于避免了一个物流中转环节，节省了物流费用，因而具有一定的优势。但是在社会化大生产条件下的现代企业，往往是进行大批量低成本生产，品种单一，因而不能像配送中心那样依靠多种商品凑整运输取得规模经济的优势。

优点：由于具有直接、避免中转的特点，所以在节省成本方面具有一定的优势。

缺点：这种配送方式多适用于大批量、单一产品的配送，不适用于多种产品“划零为整”的配送方式，所以具有一定的局限性。

2）按配送时间及数量分类：

① 定时配送，即按事先约定的时间间隔进行配送。

优点：时间固定，易于安排工作计划，易于计划使用设备，也有利于安排接运人员和接运作业。

缺点：临时性较强，配货、配装工作紧张，难度较大，如果配送数量变化较大时也会出现配送运力的困难。

② 定量配送，即按规定的批量在一个指定的时间范围内进行的配送。

特点：备货工作相对简单，而时间规定不严格，为将不同用户所需的物品拼凑整车运输、充分提高运力利用率提供了机会，并对配送路线进行合理优化，达到节约运力降低成本的目的。

③ 定时、定量配送，是在规定的时间内对规定的商品品种和数量进行配送。

特点：它兼有以上两种方式的特点，对配送企业的要求比较严格，管理和作业的难度较大。需要配送企业有较强的计划性和准确度。

适用场合：生产和销售稳定，产品批量较大的生产制造企业和大型连锁商场的部分商品的配送及配送中心采用。

④ 定时、定量、定点配送，是按照确定的周期、确定的货物品种和数量，对确定的用户进行配送。

特点：这种配送形式一般事先由配送中心与用户签订配送协议，双方严格按协议执行。

适用场合：重点企业和重点项目的需要，配送中心一般与用户有长期稳定的合作。

⑤ 定时定路线配送，是通过对客户的分布状况进行分析，设计出合理的运输路线，根据运输路线安排到达站点的时刻表，按照时刻表，沿着规定的运行路线进行配送。

特点：对于配送中心来说，易于安排车辆和驾驶人员及接、运货工作。对于用户来讲，可以就一定路线和时间进行选择，又可以有计划地安排接货力量。

适应场合：消费者比较集中的地区。

⑥ 即时配送，是完全按照用户突然提出的时间和数量方面的配送要求，立即将商品送达指定地点的配送方式。

特点：可以灵活高效地满足用户的临时需求，但是对配送中心的要求比较高，特别对配送速度和配送时间要求比较严格。

适应场合：通常只有配送设施完备，具有较高的管理和服务水平，较高的组织和应变能力的专业化的配送中心才能大规模地开展即时配送业务。

⑦ 快递配送，是一种面向社会的快速的配送方式。

特点：与即时配送相比更为灵活机动。其服务对象为广大的企业和用户，覆盖范围比较广，服务时间随地域的变化而变化。

适用场合：配送的物品主要是小件物品。

随着互联网的普及，消费者的消费习惯会发生很大变化，商品的标准化与个性化也会有效地融合，人们可能会用更多的时间追求服务，而力求节约商品的购买时间，通过服务来获得满足而不是通过亲自购买商品获得满足。随着外部环境的逐步优化，配送体系日臻完善，加之自身的不断创新，中国的物流配送前景是非常广阔的。

2．网店交易物流配送的选择

随着淘宝网店的数量不断增加，规模的不断扩大，对物流产业的要求也越来越高，物流技术与物流管理水平也受到了更高要求的挑战。由于电子商务市场还不成熟，物流配送方面的问题层出不穷，如收发件延时、包裹被调包、邮件寄丢、邮寄过程导致商品破损、快递公司拒绝赔偿等物流纠纷。目前，因物流问题导致的用户不从事网上交易的比例正逐年递增。支付宝高层表示，物流已成为网上购物最大的投诉热点。因此，物流服务的选择无疑是网商的一门必修课。

网店交易可以把物流分为邮局平邮、快递和货运三种方式。

（1）邮局平邮

平邮是中国邮政提供的一种物流服务，平邮一般指普通的信件类物品邮寄，也就是平信，或者是普通的包裹。它没有严格的时间限制，一般需用 7～30 天，平邮不像快递送货上门，邮递员会事先将通知单发送至收件人的家庭信箱或门卫，用户需要凭通知单和收件人身份证去就近邮局领取包裹。邮局平邮的特点如下：

① 速度慢：平邮是最慢的，一般 7～30 天。

② 资费低：相对于其他运输方式（如 EMS、快递等），平邮有绝对的价格优势。采用此种发货方式可最大限度地降低成本，提升价格竞争力。

③ 易丢失：平邮不属于普通商业部门，故而采取诸多保障性措施维系运营，但是在运输过程中难免丢失货物，所以设有巨资补贴邮资项目。

（2）快递

快递是指承运方将托运方制定的物品在特定时间内，以最快的运输方式运送和配送到指定的目的地或目标客户手中。

快递的特点：方便、快捷、邮寄时间短，价格适中，广泛应用于人们的日常生活中。

快递邮寄物品的基本程序：卖家可以电话通知快递公司收件员上门收件，也可以网上下单，快递公司自行安排工作人员上门收件。以国内快递为例，邮寄一般只需要三天左右（但快递公司不同，两地距离的远近不同，时间也会有变化），货到买家所在地的快递公司网点之后，快递公司安排工作人员送件上门。

快递的类型包括：

① 邮局快递：邮局快递包裹与特快专递 EMS 不同，与普通包裹大致相同。首重 1kg，1kg 以上每 0.5kg 为一个计费单位，一般以 0.5kg 起的最低价就要 7 元左右。邮局快递的费用一般是邮局平邮的 2～2.5 倍，送货时间一般是 5～7 天。

② 邮局 EMS：邮局的一项特快专递服务，速度比普通快递稍快，门市价相比之下非常昂贵，但是只要有邮局的地方就能送达。EMS 达到时间为 3 天左右，到货方式为送货上门。

③ 快递公司：快递公司一般来讲都是民营的，这样的快递运送速度比 EMS、平邮都要快很多，没有网点的城市则没办法派送，而且因为民营性质特点，如果是贵重物品，不建议使用普通快递。

（3）货运

货运是由运输业者提供的普通货物运输，区别于通常为低价、发货迟误、收取装转运费或大宗货物最低运价的快运货物。货运方式的选择应考虑以下几个方面：

1）从买家的角度出发，卖家应该为买家所购买的货物做全方面的考虑，包括运费、安全度、运送速度、是否有关税等。

2）尽量在满足物品安全度和速度的情况下，为买家选择运费低廉的服务。

3）商品运输无需精美的外包装，重点是安全快速地将售出的商品送达买家手中。

4）中国邮政提供的航空小包和 EMS 快递服务，为大多数中国跨国交易卖家采用的运输方式。

5）即使拥有再多的经验，也无法估计所有买家的情况，所以把选择权交给买家更为合适，只需要在物品描述中表明所支持的运输方式，再确定一种默认的运输方式，如果买家有别的需要那么自会联系卖家。

6）有的买家可能适合多种运送方式，卖家可以写出常用的方式及折扣，为买家省去部分运费，也为自己赢得更多回头客。

拓展训练

试比较分析戴尔、京东、苏宁易购等电子商务企业的物流配送方式。

实战训练

有一家销售企业，主要对自己的销售点和大客户进行配送，配送方法为销售点和大客户有需求就立即组织装车送货，结果经常造成送货车辆空载率过高，同时往往出现所有车都派出去而其他用户需求满足不了的情况。所以销售经理一直要求增加送货车辆，由于资金原因一直没有购车。请问：

1）如果你是公司决策人，你会买车解决送货效率低的问题吗？为什么？

2）请用配送的含义分析该案例，并提出解决办法。

项目5 网上支付与电子商务安全

学习目标

能力目标

能掌握数字证书安装与使用；
会进行网上银行基本业务的操作；
会使用1、2种第三方支付工具。

知识目标

掌握CA证书、电子银行、第三方支付、电子商务安全、加密技术、SSL协议等基本理论。

素质目标

培养学生网络安全意识。

任务1　CA证书的申请

如果用户想得到一份属于自己的证书，他应先向CA（Certificate Authority，认证中心）提出申请。在CA判明申请者的身份后，便为他分配一个公钥，并且CA将该公钥与申请者的身份信息绑定在一起，并为之签字后，便形成证书发给申请者。如果一个用户想鉴别另一个证书的真伪，他就用CA的公钥对那个证书上的签字进行验证，一旦验证通过，该证书就被认为是有效的。

任务情景

张宇喜欢在网上购物，更喜欢利用支付宝进行较大额度的网上支付。而支付宝网站内发起的即时到账限额为500元，以确保用户的账户安全。这让一些任性的“剁手族”感到非常失落，如何解决这个现实问题？

任务分析

申请支付宝的数字证书，能使支付宝网站内发起的即时到账限额从500元上升到2 000元 。同时，用户安装了数字证书后，即使被黑客窃取了账户和密码，如果他没有数字证书，也无法动用账户；就算黑客监控了网络数据传输，也无法破译传输的内容。

任务实施

1. 模拟数字证书申请与安装

1）登录国家职业资格电子商务师实验室→单击CA认证模块→CA证书申请→在数字证书信息界面填写相关信息→确定，系统提示数字证书申请成功，如图5-1所示。

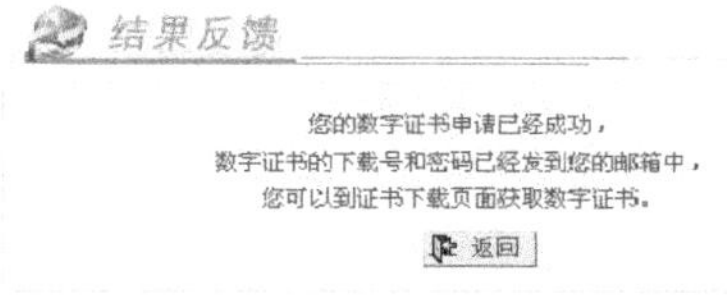

图5-1　数字证书申请结果反馈

实训要点提示

和之前实训中不一样的是，这里并没有直接把CA证书号和证书下载密码直接显示出来，而是发送到了CA证书申请时填写的邮箱里面。

2）单击电子邮箱模块并完成登录，打开收件箱中相应的新邮件，查看并记录CA证书号码和证书下载密码。

3）单击CA认证模块→CA证书下载，在下载验证页面输入上一步中记录的证书编号和下载密码，单击“确定”按钮，系统进入数字证书下载界面，单击“下载数字证书”按钮→文件下载→打开，如图5-2所示。单击“安装证书”按钮，按提示完成证书的安装。

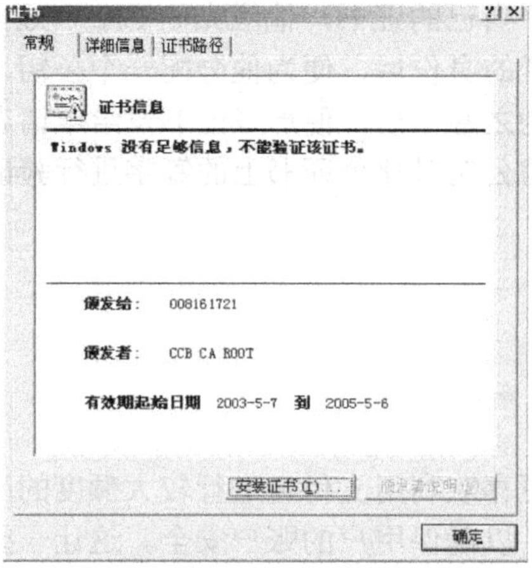

图5-2　数字证书安装

2．支付宝数字证书申请与安装

数字证书是使用支付宝账户资金的身份凭证之一，加密使用者的信息并确保账户资金安全。数字证书由权威公正的第三方机构 CA 中心签发。申请数字证书后，即使账号被盗，对方也无法使用账户里的资金。具体的功能有以下两点：

一是加强保障。将支付宝账号与使用的计算机或手机进行绑定，即使对方窃取了密码，在其他设备上也动不了资金，保障了资金安全。数字证书用户，如果在其他设备登录支付宝账户，在设备没有安装数字证书的情况下，只能查询账户，不能进行任何操作，数字证书相当于为账户配置了一把“钥匙”，大大增强账户使用的安全性。

二是提升限额。使用支付宝的数字证书，当在支付宝网站内发起“转账到支付宝账户”，即时到账交易限额是 20 000 元；而没安装证书的用户每天付款限额是 2 000 元。

1）登录支付宝→安全中心→安全管家→数字证书→申请→在数字证书详情介绍界面，单击下方的“申请实名认证”按钮。

2）如果支付宝账户已经绑定手机，则直接进入下一步；如果没有绑定手机，则弹出如图 5-3 所示的窗口，按要求输入手机号码和校验码，完成手机的绑定，然后单击“继续申请数字证书”按钮。

3）输入身份证号码、使用地点和验证码，确认无误后单击“提交”按钮，弹出如图 5-4 所示的窗口，单击“是”按钮，系统开始安装数字证书。

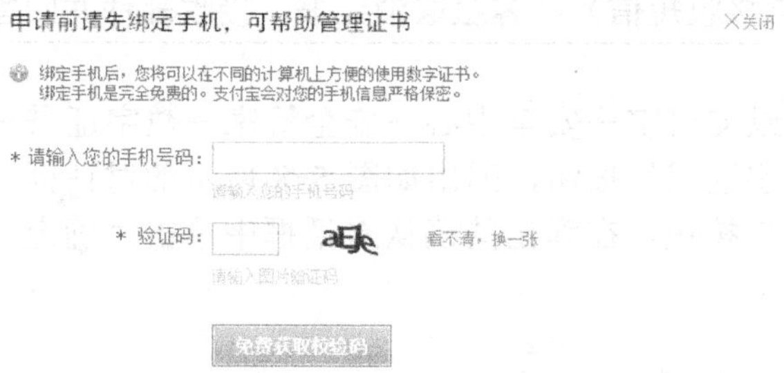

图 5-3 支付宝绑定手机

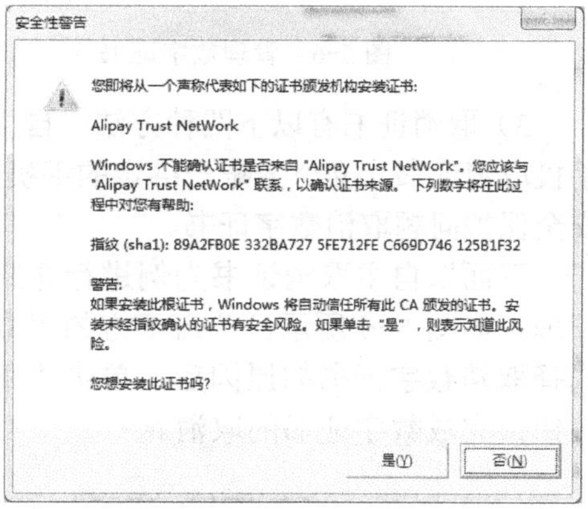

图 5-4 安装数字证书

4）稍等几秒钟，系统提示证书已经安装成功，如图 5-5 所示。

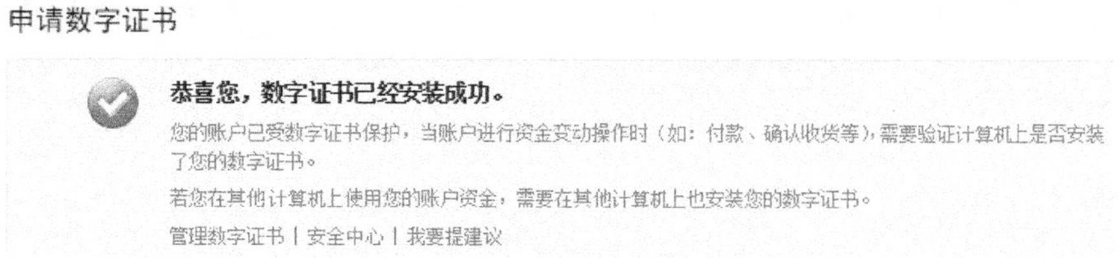

图 5-5 数字证书安装成功

实训要点提示

① 如果系统检测到计算机未安装过数字证书控件，则页面会提示先安装控件，安装后才

能继续申请数字证书。

② 申请数字证书后，只能在安装数字证书的计算机上支付。当您换计算机或重装系统时，只需用手机校验即可重新安装数字证书，所以确保您在支付宝绑定的手机可以正常使用。

3．支付宝数字证书的删除与取消

如果安装数字证书的计算机或手机不是用户的常用设备，则使用完毕后，记得要将证书从本地删除。这样一来，再用这台设备登录“我的支付宝”，账户操作权限将受限，这样可以防止他人用证书登录。如果不想使用数字证书，则可以申请取消。

1）登录支付宝→安全中心→安全管家→数字证书→管理，如图 5-6 所示。

2）在数字证书管理界面，可以看到所有已经安装的数字证书。在需要删除的数字证书右侧，单击“删除”按钮，弹出如图 5-7 所示的对话框，单击“是”按钮。稍等几秒，即可完成数字证书的删除。

图 5-6　管理数字证书

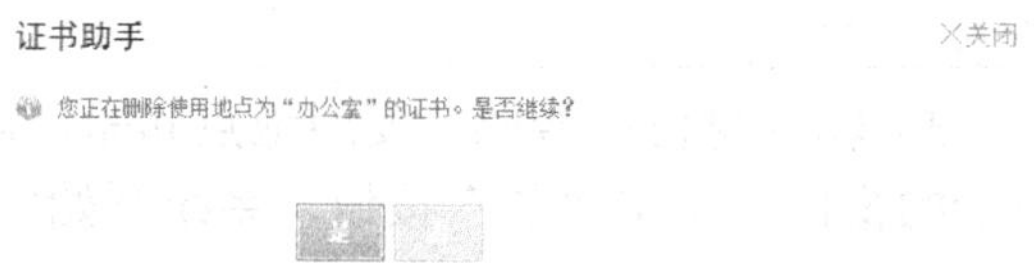

图 5-7　证书助手提示

3）取消证书有以下四种方法：自主取消证书（当前计算机已经安装证书就可以操作）；手机取消证书（支付宝账户绑定的手机能正常接收短信）；客服取消证书；接收邮件并回答安全保护问题取消数字证书。

下面以自主取消证书为例进行介绍：登录支付宝→安全中心→安全管家→数字证书→管理，如图 5-6 所示。单击下方的“取消数字证书”按钮，弹出如图 5-8 所示的对话框，选择取消数字证书的原因后，单击“下一步”按钮，在弹出的确认对话框中单击“确定”按钮，完成数字证书的取消。

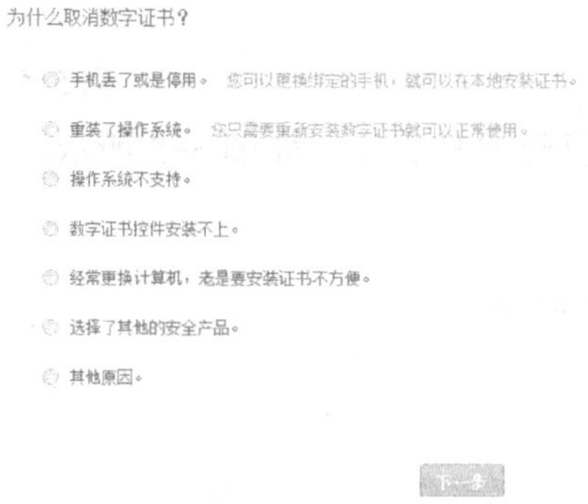

图 5-8　取消数字证书原因

实训要点提示

删除证书是危险的操作，请确定已做好备份，否则证书将彻底丢失，登录支付宝后有些关键功能将无权操作。

4. 支付宝数字证书的备份

需要备份数字证书的用户包括：非个人用户以及祖国大陆以外的用户。祖国大陆用户绑定手机申请证书后无备份证书入口，无需备份。

1）登录支付宝→安全中心→安全管家→数字证书→管理。

2）在数字证书管理界面，单击下方的“备份证书”按钮，在弹出的确认对话框中单击“确认备份”按钮，选择数字证书的保存路径，单击“保存”按钮。

3）完成备份后，会生成一个“×××.pfx”的备份文件，该×××会自动显示为支付宝账户的名字，要好好保管好备份的资料，并且请记住证书的备份目录。

相关知识

1. 支付宝常用安全工具

（1）基础工具：账户安全的基本保障

① 手机短信。绑定手机后可通过短信进行身份验证，保护操作安全。还可以进行手机登录和密码找回等操作。

② 密保问题。通过回答自己设置的问题来进行身份验证，保护操作安全，也可用于找回登录密码、找回支付密码、申请证书等。

③ 数字证书。数字证书是使用支付宝账户资金的身份凭证之一，加密信息并确保账户资金安全。只有在安装了数字证书的计算机上操作，才能通过身份验证，保护操作安全。

④ 安全控件。为了提升支付宝账户的安全性，防止账户密码被木马程序或病毒窃取，支付宝公司精心设计并推出安全控件，该安全控件实现了在 SSL 加密传输基础上对用户的关键信息进行再次的多重加密，能够有效防止木马程序截取键盘记录。支付宝控件目前仅支持简体中文版显示。

（2）移动安全工具：提供移动端设备的安全

阿里钱盾是阿里巴巴公司官方重磅推出的手机安全应用，保障网购过程中的账号、交易及资金安全。

2. CA

（1）CA 的概念

CA 称之为电子认证中心，是电子商务的一个核心环节，是一个负责发放和管理数字证书的权威机构，与具体交易行为无关，往往具有半官方的性质。认证中心通常采用多层次的分级结构，上级认证中心负责签发和管理下级认证中心的证书，最下一级的认证中心直接面向最终用户。

（2）主要功能

① 证书的颁发。中心接收、验证用户（包括下级认证中心和最终用户）的数字证书的申请，将申请的内容进行备案，并根据申请的内容确定是否受理该数字证书申请。如果中心接受该数字证书申请，则进一步确定给用户颁发何种类型的证书。新证书用认证中心的私钥签名以后，发送到目录服务器供用户下载和查询。为了保证消息的完整性，返回给用户的所有

应答信息都要使用认证中心的签名。

② 证书的更新。认证中心可以定期更新所有用户的证书，或者根据用户的请求来更新用户的证书。

③ 证书的查询。证书的查询可以分为两类：证书申请的查询，认证中心根据用户的查询请求返回当前用户证书申请的处理过程；用户证书的查询，这类查询由目录服务器来完成，目录服务器根据用户的请求返回适当的证书。

④ 证书的作废。当用户的私钥由于泄密等原因造成用户证书需要申请作废时，用户需要向认证中心提出证书作废的请求，认证中心根据用户的请求确定是否将该证书作废。另外一种证书作废的情况是证书已经过了有效期，认证中心自动将该证书作废。认证中心通过维护证书作废列表来完成上述功能。

⑤ 证书的归档。证书具有一定的有效期，证书过了有效期之后就将作废，但是不能将作废的证书简单地丢弃，因为有时可能需要验证以前的某个交易过程中产生的数字签名，这时就需要查询作废的证书。基于此类考虑，认证中心还应当具备管理作废证书和作废私钥的功能。总的说来，基于认证中心的安全方案应该很好地解决网上用户身份认证和信息安全传输问题。

3．数字证书

（1）数字证书的概念

数字证书（Digital ID）又称为数字凭证、数字标识，是一个经证书认证机构（CA）数字签名的电子文件（包含用户身份信息以及公开密钥信息）。数字证书提供了一种在 Internet 上验证通信实体身份的方式，可以证实一个用户的身份，以确定其在网络中各种行为的权限。最简单的证书包含一个公开密钥、名称以及证书授权中心的数字签名。数字证书还有一个重要的特征就是只在特定的时间段内有效。

（2）数字证书的类型

基于数字证书的应用角度分类，数字证书可以分为以下几种：

1）服务器证书，被安装于服务器设备上，用来证明服务器的身份和进行通信加密。服务器证书可以用来防止欺诈钓鱼站点。在服务器上安装服务器证书后，客户端浏览器可以与服务器证书建立 SSL 连接，在 SSL 连接上传输的任何数据都会被加密。同时，浏览器会自动验证服务器证书是否有效，验证所访问的站点是否是假冒站点，服务器证书保护的站点多被用来进行密码登录、订单处理、网上银行交易等。

2）电子邮件证书，可以用来证明电子邮件发件人的真实性。它并不证明数字证书上面 CN 一项所标识的证书所有者姓名的真实性，它只证明邮件地址的真实性。收到具有有效电子签名的电子邮件，除了能相信邮件确实由指定邮箱发出外，还可以确信该邮件从被发出后没有被篡改过。另外，使用接收的邮件证书，还可以向接收方发送加密邮件。该加密邮件可以在非安全网络传输，只有接收方的持有者才能打开该邮件。

3）个人证书，客户端证书主要被用来进行身份验证和电子签名。安全的客户端证书被存储于专用的 Usb Key 中。存储于 Usb Key 中的证书不能被导出或复制，且使用时需要输入保护密码。使用该证书需要物理上获得其存储介质 Usb Key，且需要知道保护密码，这也被称为双因子认证。这种认证手段是目前在互联网最安全的身份认证手段之一。Usb Key 的种类有多种，如指纹识别、第三键确认、语音报读，以及带显示屏的专用 Usb Key 和普通 Usb Key 等。

另外一种常见的数字证书分类，把数字证书分为以下 3 种类型：

1）个人凭证：属于个人所有，帮助个人用户在网上进行安全交易和安全的网络行为。个人的数字证书安装在客户端的浏览器中，通过安全电子邮件进行操作。

2）企业（服务器）凭证：企业如果拥有 Web 服务器，即可申请一个企业凭证，用具有凭证的服务器进行电子交易。而且有凭证的 Web 服务器会自动加密和客户端通信的所有信息。

3）软件（开发者）凭证：是为网络上下载的软件提供凭证，用来和软件的开放方进行信息交流，使用户在下载软件时可以获得所需的信息。

拓展训练

1）到中国数字认证网（www.ca365.com）完成免费证书的申请与安装等操作。

2）请以“缘玛***”为公司名称申请并下载一个 CA 证书，为了防止该 CA 证书被其他人安装使用，特将该 CA 证书用压缩软件压缩加密，压缩文件以 mm***命名，密码为***（请在电子商务实验室中模拟完成该实训。注册信息中，***为学号，其他信息自定义）。

实战训练

1）为自己的支付宝账户申请数字证书。

2）安装并使用阿里钱盾来保护交易和账号安全。

任务2　个人网上银行的使用

任务情景

存款、取款、转账、缴纳水费、电费、煤气费，是人们日常生活中与银行打交道必不可少的业务，长排队、排长队问题会让人在等待中感觉心烦。伴随着各大银行开通个人网上银行功能，轻松让你把银行“搬”回家。

任务分析

只要开通个人网上银行，不跑腿、不排队，轻松办理银行业务；足不出户，轻松理财，省时省力、省心还省钱。下面以中国农业银行为例介绍个人网上银行的使用方法。

中国农业银行个人网上银行开通的程序很简单。一般都是登录开户行网站，单击登录网上银行，然后单击开通网上银行服务，阅读协议，填写完相关资料，提交就完成了。当然开通网上银行以后，还要下载电子证书才能进行网上转账等功能。若不申请电子证书，则只能在网上查询账户和购物。

电子证书申请一般要带本人身份证原件和复印件到银行柜台办理。获得农行提供的一次性机密函件“参考号与授权码”之后，再登录网上银行下载安装证书。完成安装之后，便可以在网上轻松自如地享受网上银行的快捷和便利。

个人网上银行的功能为：1）账户信息查询；2）个人账户转账；3）代缴费；4）个人账户管理；5）投资服务等。

任务实施

个人网上银行是指银行通过互联网，为个人客户提供账户查询、转账汇款、投资理财、在线支付等金融服务的网上银行服务。

1．中国农业银行“K 宝”证书申请与下载

1）“K 宝”证书客户申请：携带有效身份证件和农行账户到网点注册，并领取“K 宝”和“参考号和授权码”。

2）安装“K 宝”驱动程序：将“K 宝”插入计算机 USB 口，会自动进行安装，如图 5-9 所示。单击“关闭”按钮，完成驱动程序的安装。

3）双击任务栏中的农业银行管理工具图标，弹出“金 e 顺 K 宝管理工具（飞天诚信）”对话框，如图 5-10 所示。单击“下载证书（D）”按钮，输入参考号和授权码，提交申请。

4）系统会通过客户提交的参考号和授权码来判断客户证书介质类型，根据客户使用的“K 宝”类型，系统会自动检测客户端软件是否为最新版本、客户端“K 宝”驱动程序是否安装正常、客户端 CSP 工具是否正常和“K 宝”连接。一切正常后，单击“下一步”按钮。

5）设置“K 宝”密码后，单击“下一步”按钮。

6）验证“K 宝”密码。在虚拟桌面上进行，同时可以使用软键盘和物理键盘进行操作。之后完成证书的下载。

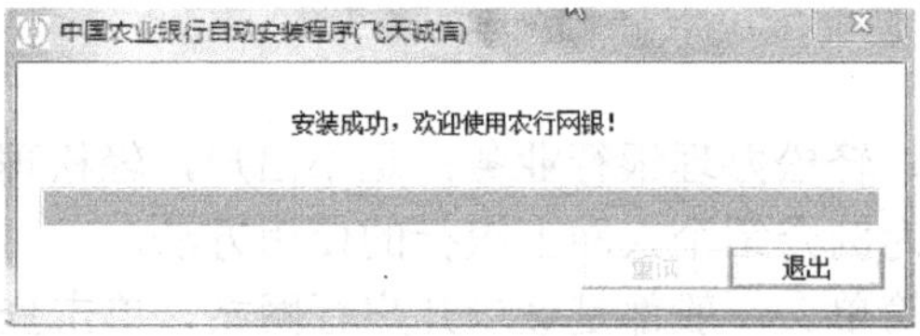

图 5-9　安装“K 宝”驱动程序

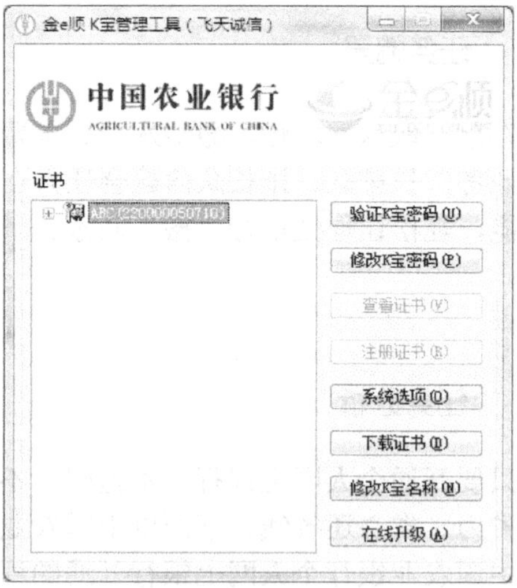

图 5-10　K 宝管理工具

2．使用个人网银

1）将“K 宝”驱动器插入计算机 USB 接口，桌面自动弹出选择数字证书对话框，选择数字证书后输入“K 宝”密码，单击“确定”按钮后，就进入了个人网上银行的后台。

2）在个人网上银行的后台，可以享受账户信息查询、转账交易、漫游汇款、贷记卡还款、网上缴费、理财服务、信息管理、网上外汇宝、电子工资单查询等服务。

实训要点提示

1）在个人网上银行的操作和使用方面，各大银行是大致相同的。每位同学开通的网上银行未必是同一家银行的，业务操作流程也不尽相同，所以此处省去操作步骤。

2）具体的业务操作流程可以在教师的指导下进行，也可以让学生自行探索操作。

相关知识

1. 网上银行的含义

网上银行包含两个层次的含义：一个是机构概念，指通过信息网络开办业务的银行；另一个是业务概念，指银行通过信息网络提供的金融服务，包括传统银行业务和因信息技术应用带来的新兴业务。在日常生活和工作中提及的网上银行，更多的是第二层次的概念，即网上银行服务的概念。

网上银行又称网络银行、在线银行，是指银行利用Internet技术，通过Internet向客户提供开户、查询、对账、行内转账、跨行转账、信贷、网上证券、投资理财等传统服务项目，使客户可以足不出户就能够安全便捷地管理活期和定期存款、支票、信用卡及个人投资等。可以说，网上银行是在Internet上的虚拟银行柜台。

网上银行又被称为"3A银行"，因为它不受时间、空间限制，能够在任何时间（Anytime）、任何地点（Anywhere），以任何方式（Anyway）为客户提供金融服务。

2. 网上银行的特点

网上银行是随着Internet的普及和电子商务的发展在近年逐步成熟起来的新一代电子银行，它依托于传统银行业务，并为其带来了根本性的变革，同时也拓展了传统的电子银行业务功能。与传统银行和传统电子银行相比，网上银行在运行机制和服务功能方面都具有不同的特点。

1）无分支机构。传统银行是通过开设分支机构来发展金融业务和开拓国际市场的，客户往往只限于固定的地域，而网上银行是利用Internet来开展银行业务的，因此可以将金融业务和市场延伸到全球每个角落。打破了传统银行业务地域范围局限的网络银行，不仅可以吸纳本地区和本国的客户，也可以直接吸纳国外客户，为其提供服务。

2）开放性与虚拟化。传统银行所提供的业务都是在银行的封闭系统中运作的，而网络银行的Web服务器代替了传统银行的建筑物，网址取代了地址，其分行是终端机和Internet这个虚拟化的电子空间。

3）智能化。传统银行主要借助于物质资本，通过众多员工的辛勤劳动为客户提供服务。而网络银行主要借助于智能资本，靠少数脑力劳动者的劳动提供比传统银行更多、更快、更好、更方便的业务，如提供多元且交互的信息，其功能和优势远远超过电话银行和传统的自助银行。

4）创新化。网络银行是创新化银行。以SFNB为例，它对基本支票账户不收取手续费，没有最低余额限制，这在美国银行界开了先河，而且客户每个月可免费使用20次电子付款服务，免费使用自动柜员机或借记卡。

5）运营成本低。与传统银行相比，网络银行的运营成本最低。据介绍，在美国开办一个传统的分行需要 150 万～200 万美元，每年的运营成本为 35 万～50 万美元，建立一个网络银行所需的成本为 100 万美元。

3. 网上银行安全

网上银行系统是银行业务服务的延伸，客户可以通过互联网方便地使用商业银行核心业务服务，完成各种非现金交易。但另一方面，互联网是一个开放的平台，银行交易服务器是网上的公开站点，网上银行系统也使银行内部网向互联网敞开了大门。因此，如何保证网上银行交易系统的安全，关系到银行内部整个金融网的安全，这是网上银行建设中最至关重要的问题，也是银行保证客户资金安全的最根本考虑。

为防止交易服务器受到攻击，银行主要采取以下三方面的技术措施：

1）设立防火墙。一般采用多重防火墙方案。其作用为：分隔互联网与交易服务器，防止互联网用户的非法入侵；用于交易服务器与银行内部网的分隔，有效保护银行内部网，同时防止内部网对交易服务器的入侵。

2）安全服务器。服务器使用可信的专用操作系统，凭借其独特的体系结构和安全检查，保证只有合法用户的交易请求能通过特定的代理程序送至应用服务器进行后续处理。

3）24h 监控。例如，采用 ISS 网络动态监控产品，进行系统漏洞扫描和实时入侵检测。在 2000 年 2 月 Yahoo 等大网站遭到黑客入侵破坏时，使用 ISS 安全产品的网站均幸免于难。

拓展训练

现在越来越多的人把钱存入余额宝，因为收益比银行要高很多，2014 年的年收益率曾达到 7%以上。最重要的是每天的收益都可以看得到进账，利息又加入本金，如此持续循环，达到财富增长的目的。余额宝除了利息高外，就是取钱方便，随时可以取出来。把任意数额的钱存入支付宝，尝试网上理财。

实战训练

1）为自己的银行卡开通个人网上银行。

2）登录个人网上银行进行基本的业务操作。

任务 3　第三方支付工具的使用

任务情景

2014 年 4 月初支付宝钱包宣布和第三方服务商“无忧停车”合作，在北京展开“智能停车”项目试点。所谓“智能停车”，是指车主在停车场出入口无需停留，可以提前通过支付宝钱包计费并缴费的新停车体验。

汽车在进入车库时，有高清摄像头自动识别车牌号并放行。等到取车时，车主只要关注支付宝钱包中的“无忧停车”公众服务号，并在该公众号中绑定自己的车牌号，系统就会自动发送包括停车场名字、停车时间和车费信息在内的缴费页面，车主可以直接在该公众号内缴纳停车费。当到达停车场出口时，摄像头同样识别车牌，并自动同步其在支付宝钱包中的缴费信息，为车辆放行，无需停留。

任务分析

进入车库时无需停车取卡、离开时无需人工计算停车时间和停车费，这是支付宝继与便利店、快的打车等合作后，继续借助其移动客户端拓展线下使用场景。

登录支付宝后，在应用中心里可以发现，支付宝的应用主要划分为六大类：转账收款、生活便民、公益教育、旅行票务、娱乐网购以及其他。下面一起进行探索尝试。

任务实施

国内的第三方支付产品主要有 PayPal、中汇支付、支付宝、拉卡拉、财付通、微信支付、融宝、盛付通、腾付通、通联支付、易宝支付、中汇宝、快钱、国付宝、百付宝、物流宝、网易宝、网银在线、环迅支付 IPS、汇付天下、汇聚支付、宝易互通、宝付、乐富等。

支付宝（alipay）最初作为淘宝网公司为了解决网络交易安全所设的一个功能，该功能首先使用的是“第三方担保交易模式”，由买家将货款打到支付宝账户，由支付宝向卖家通知发货，买家收到商品确认指令后支付宝将货款放于卖家，至此完成一笔网络交易。

1．转账收款

转账收款应用主要包括以下 8 个：①转账到银行卡：到账快，跨行转账更优惠；②转账到支付宝账户：即时到账，无手续费；③AA 收款：向多人收款，简单快捷；④我要收款：收回欠款，温馨提醒；⑤国际汇款：随时随地，汇遍全球；⑥亲密付：我淘宝，他买单；⑦红包：送红包，拉近你我距离；⑧手机支付宝付款：深受手机用户喜爱。

下面以转账到银行卡为例进行介绍：把光标放到“转账到银行卡”上，单击“我要使用”按钮，如图 5-11 所示。输入收款方、付款金额、校验码并选择到账时间，单击“下一步”按钮，信息确认无误后，单击“确认信息并付款”按钮，然后按提示完成付款操作。

图 5-11　转账到银行卡

实训要点提示

① 付款后，资金将直接进入对方银行账户，无法撤回或退款。如向陌生人转账，请谨慎操作。

② 通过计算机转账到银行卡上需要支付手续费，可以在手机上使用支付宝钱包进行无手续费的转账汇款。

2．生活便民

生活便民应用主要包括以下 9 个：①手机充值：到账快，优惠力度高；②信用卡还款：跨行还款免费，到账速度快；③有线电视缴费：电视不能少，轻松在家缴；④固话宽带：无需排队，24h 服务，零手续费；⑤物业缴费：物业账单一目了然，在线缴费灵活方便；⑥交通违章：无需出门，在线缴纳交通罚单；⑦加油卡充值：中石化加油卡在线充值轻松搞定加油卡（中石化指定）；⑧医院挂号：足不出户，轻松挂号；⑨水电煤缴费：无需排队，24h 服务，零手续费。

下面以水电煤缴费为例进行介绍：把光标放到“水电煤缴费”上，单击“我要使用”按钮，选择“缴电费”，在下拉列表中选择公用事业单位并输入用户号后单击“查询”按钮，结果如图 5-12 所示。如果存在欠费，则直接单击“去缴费”按钮，然后按提示完成缴费操作。

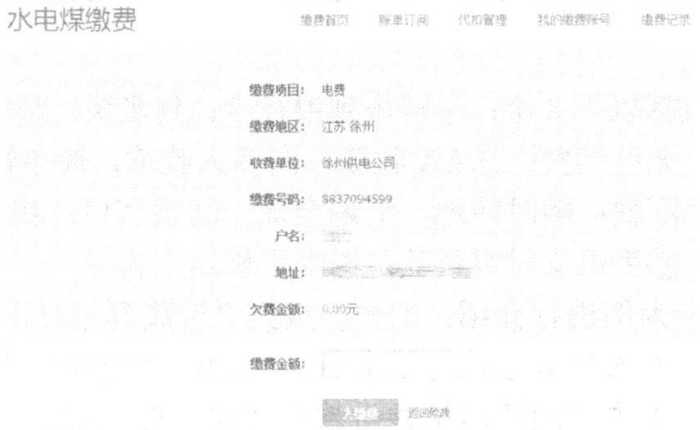

图 5-12　水电煤缴费

实训要点提示

① 用支付宝缴费，支付宝不收取任何手续费。如果在缴费时支付了一元手续费，则该代缴服务是由支付宝及支付宝委托的代办人（自然人或商户）共同完成的，用户支付的一元手续费最终由代办人收取，支付宝不向用户收取任何费用。另外，只要有他人的缴费账单就可以代他人缴费。

② 部分生活便民应用只有部分地区开通了。例如，水电煤缴费，没开通的地区是无法进行缴费的。

3．公益教育

公益教育应用主要包括以下 4 个：①校园一卡通：充值不用等，省时又省力；②教育缴费：一站式查询及缴费平台；③爱心捐赠：公开透明的网络捐赠平台；④助学贷款还款：贷款查询，实时还款。部分公益教育应用只有部分地区、单位开通了。

4. 旅行票务

旅行票务应用主要包括以下 4 个：①买汽车票：7×24h 购票，零手续费；②机票火车票：海量折扣机票，出行好帮手；③订酒店：海量折扣酒店，出行好帮手；④境外游：海外旅行吃喝，购物有打折，交通、退税更方便。

5. 娱乐网购

旅行票务应用主要包括以下 4 个：①买彩票：7×24h 购彩票，简单快捷；②游戏充值：网友充值，迅速到账；③淘宝电影：无需排队，在线购票；④淘宝网：亲，要购物？来淘宝吧。

6. 其他

其他应用主要包括以下 4 个：①话费卡充值：在线充值，轻松搞定；②淘宝贷款：无需抵押，鼠标点点，钱即到手；③阿里贷款：为阿里巴巴客户，提供融资服务；④网购还款：先消费，后还款。

实训要点提示

① 想成为支付宝高手、玩转支付宝，就到 http://abc.alipay.com/cool/cool.htm。

② 公益教育、旅行票务、娱乐网购以及其他应用部分，读者可以根据需要自行尝试，教师也可以根据实际需求进行演示、布置操作任务。

相关知识

1. 第三方支付的概念

第三方支付是指第三方平台提供商通过采用通信、计算机和信息安全技术，在商家和银行之间建立起连接，从而实现从消费者到金融机构、商家的货币支付、现金流转、资金清算、查询统计等，为商家开展 B2B、B2C 交易等电子商务服务和其他增值服务提供完善的支持。

在通过第三方支付平台的交易中，买方选购商品后，使用第三方平台提供的账户进行货款支付，由第三方通知卖家货款到达、进行发货；买方检验物品后，就可以通知付款给卖家，第三方再将款项转至卖家账户。由于拥有款项收付的便利性、功能的可拓展性、信用中介的信誉保证等优势，第三方网上支付较好地解决了长期困扰电子商务的诚信、资金流等问题，在电子商务支付中发挥着重要的作用。

2. 第三方支付的特点

第三方网上支付平台在与各家银行密切合作的前提下，为商户提供整合型网上支付服务。第三方网上支付平台有如下特点：

1）第三方支付平台采用了与众多银行合作的方式，从而大大方便了网上交易的进行，对于商家来说，不用安装各个银行的认证软件，从一定程度上简化了费用和操作。

2）第三方支付平台作为中介方，可以促成商家和银行的合作。对于商家第三方支付平台可以降低企业运营成本；对于银行，可以直接利用第三方服务系统提供服务，帮助银行节省网关开发成本。

3）第三方支付平台能够提供增值服务，帮助商家网站解决实时交易查询和交易系统分析，提供方便及时的退款和止付服务。

4）第三方支付平台可以对交易双方的交易进行详细记录，从而防止交易双方对交易行为可能的抵赖以及为在后续交易中可能出现的纠纷问题提供相应的证据。

拓展训练

1）登录财付通网站（http://www.tenpay.com），完成财付通的注册、充值和支付。

2）登录网银在线（http://www.chinabank.com.cn），体验银行卡在线支付、网银钱包使用方法。

实战训练

1）用支付宝为自己的手机进行话费充值。

2）用支付宝钱包进行跨行汇款。

任务 4　杀毒软件的安装与使用

任务情景

在日常生活中，经常发生 QQ 账号被盗、密码被修改、个人信息泄露，单击一个陌生的链接，导致网银中的钱被莫名其妙地转走等问题。伴随着互联网的发展，网络安全、网上支付等安全问题已成为电子商务发展亟需解决的问题。

任务分析

针对网络安全问题，360、腾讯、金山、江民等高新技术企业推出系列杀毒软件，在日常工作、学习和生活中确保计算机安装一款杀毒软件，并养成定期查杀的良好习惯，可保障个人账户、信息、资金等安全。

任务实施

360 杀毒是 360 安全中心出品的一款免费的云安全杀毒软件。它创新性地整合了五大领先查杀引擎，包括国际知名的 BitDefender 病毒查杀引擎、小红伞病毒查杀引擎、360 云查杀引擎、360 主动防御引擎以及 360 第二代 QVM 人工智能引擎，为您带来安全、专业、有效、新颖的查杀防护体验。据艾瑞咨询数据显示，截至目前，360 杀毒月度用户量已突破 3.7 亿，一直稳居安全查杀软件市场份额头名。

360杀毒软件具有查杀率高、资源占用少、升级迅速等优点。零广告、零打扰、零胁迫，一键扫描，快速、全面地诊断系统安全状况和健康程度，并进行精准修复。其防杀病毒能力得到多个国际权威安全软件评测机构认可，荣获多项国际权威认证。

1. 360杀毒软件下载与安装

1）到360官方网站（www.360.cn）下载360杀毒软件。

2）双击安装软件，保持默认设置，单击“立即安装”按钮，几秒后即可完成安装，如图5-13所示。

图5-13　360杀毒

2. 360杀毒软件的使用

360杀毒提供了4种手动病毒扫描方式：全盘扫描、快速扫描、自定义扫描和宏病毒扫描。

1）快速扫描：扫描Windows操作系统目录及Program Files目录。在360杀毒主界面单击“快速扫描”按钮，如图5-14所示。扫描结束后，可以对扫描结果进行处理。

图5-14　快速扫描

2）全盘扫描：扫描所有磁盘。在360杀毒主界面单击“全盘扫描”按钮，如图5-15所示。扫描结束后，可以对扫描结果进行有选择的处理。

图 5-15　全盘扫描

3）自定义扫描：用户可以指定磁盘中的任意位置进行病毒扫描，完全自主操作，有针对性地进行扫描查杀。在 360 杀毒主界面单击“自定义扫描”按钮，如图 5-16 所示。勾选需要扫描的目录或文件，然后单击“扫描”按钮。

4）宏病毒扫描：对办公族和学生计算机用户来说，最头疼的莫过于 Office 文档感染宏病毒，轻则辛苦编辑的文档全部报废，重则私密文档被病毒窃取。对此，360 杀毒自从 3.1 正式版开始，就推出了 Office 宏病毒扫描查杀功能，可全面处理寄生在 Excel、Word 等文档中的 Office 宏病毒，查杀能力处于行业领先地位。

在 360 杀毒主界面单击“宏病毒扫描”按钮，系统提示要先关闭已打开的 Office 文档，如图 5-17 所示。

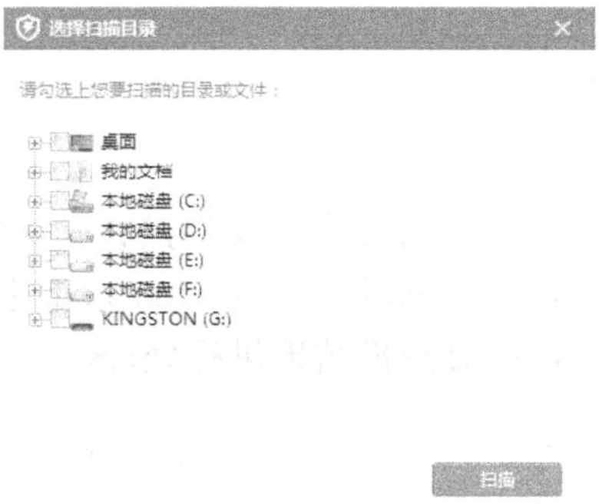

图 5-16　自定义扫描

图 5-17　宏病毒扫描提示

3．功能大全

360 杀毒的功能大全包括系统安全、系统优化和系统急救。在 360 杀毒主界面单击“功能大全”按钮，如图 5-18 所示。

系统安全功能主要包括：自定义扫描、宏病毒扫描、人工服务、安全沙箱、防黑加固、手机助手以及网购先锋等。

系统优化功能主要包括：弹窗拦截、软件净化、上网加速、文件堡垒、文件粉碎机、垃圾清理、进程追踪器以及杀毒搬家等。

系统急救功能主要包括：杀毒急救箱、系统急救箱、断网急救箱、备份助手、系统重装、修复杀毒等。

有兴趣的读者可以尝试以上各种功能，也可以根据自身的实际需要进行功能的使用。

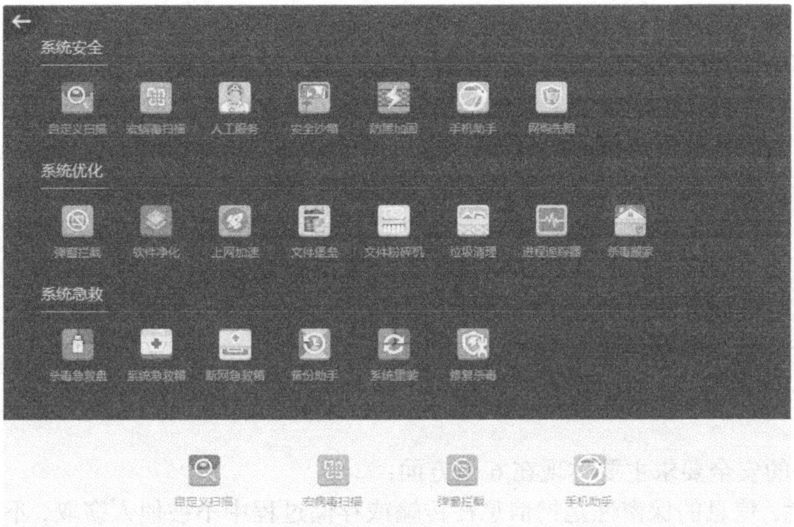

图 5-18　功能大全

相关知识

1．电子商务安全概述

（1）电子商务安全的内涵

电子商务安全就是保护在电子商务系统里的企业或个人资产（物理的和电子化的）不受未经授权的访问、使用、篡改或破坏。电子商务安全覆盖了整个电子商务活动的各个环节，因此，电子商务安全是电子商务的关键和核心。

对电子商务安全的理解与认识应注意以下几个方面：电子商务安全不只是安全管理部门的事情；电子商务安全具有全面性和普遍性的特点；电子商务安全是一个系统性的、整体性的概念；电子商务安全是相对的并且不断发展变化的；电子商务安全是有代价的，即要付出安全成本。

（2）电子商务安全面临的主要风险

电子商务的安全问题主要涉及信息的安全问题、信用的安全问题、安全的管理问题以及电子商务安全的法律保障问题。

① 信息安全问题。从技术上看，电子商务面临的信息安全问题主要来自以下几个方面：冒名偷窃，即冒名他人窃取信息；篡改数据，即破坏数据的完整性，造成电子商务交易中的信息风险；信息丢失，即交易信息的丢失；信息传递出问题。

② 信用的安全问题。信用安全问题主要来自三个方面：来自买方的信用安全问题，例如，使用信用卡恶意透支、使用伪造的信用卡骗取卖方的货物、拖延货款等；来自卖方的信用安全问题，卖方没有按照合同或约定执行，造成买方的安全风险；买卖双方的抵赖行为，即双方都有可能会抵赖曾经发生过的交易。

③ 安全的管理问题。严格管理是降低电子商务风险的重要保证，特别是在网络商品中介交易的过程中，交易中心不仅要监督买方按时付款，还要监督卖方按时提供符合合同要求的货物。在这些环节上，都存在着大量的管理问题。另外，电子商务管理上的漏洞也带来较大

的交易安全问题。

④ 安全的法律保障问题。在目前的法律上是找不到或很少有现成的条文来保护电子商务交易中的交易方式的，在网上交易可能会承担由于法律滞后而造成的安全风险。此外，还存在来自其他方面的各种不可预测的风险。

概括来说，电子商务的安全需要依靠三个方面的支持：一是信息技术方面的措施，如防火墙、网络防毒、信息加密、身份认证、授权等，但只有技术措施并不能保证百分之百的安全；二是信息安全管理制度的保障；三是社会的法律政策与法律保障。只有“三管齐下”，才能最终保证电子商务的安全。

（3）电子商务的安全要求

电子商务安全是一个复杂的系统问题，在使用电子商务的过程中会涉及以下几个有关安全方面的要素。

电子商务的安全要求主要体现在 6 个方面：

① 保密性。信息的保密性是指信息在传输或存储过程中不被他人窃取、不被泄漏给未经授权的人或者经过加密伪装后使未经授权者无法了解其中的内容。因此，信息需要加密以及在必要的结点上设置防火墙。

② 完整性。加密的信息在传输过程中，虽能保证其保密性，但不能保证不被修改。信息的完整性要从传输和存储两个方面来保证。传输协议必须具有查错、纠错功能；存储的磁盘也要采用热修补技术。

③ 真实性。真实性也称认证性，是指在虚拟市场中确认交易者的实际身份。对于为客户开展服务的银行、信用卡公司和销售商店，都要进行身份认证的工作。

④ 不可否认性。信息的不可否认性又称不可抵赖性，是指信息的发送方不能否认已发送的信息，接收方不能否认已收到的信息。商情是千变万化的，交易一旦达成后就不能否定，否则会损害另一方利益。

⑤ 不可拒绝性。不可拒绝性又称可靠性，是保证已授权用户在正常访问信息和资源时不被拒绝，可以为用户提供可靠的服务。

⑥ 访问控制性。访问控制性又称可控性，规定了主题访问客体的操作权利限制，包括出入控制和存储控制。

2．加密技术

密码学是应用复杂的数学运算以增强电子交易安全性的科学，是实现网络和信息安全的重要技术方法。“加密”就是使用数学的方法将原始消息（明文）重新组织、变换成只有授权用户才能解读的密码形式（密文），使其只能在输入相应的密钥之后才能显示出本来内容，通过这样的途径来达到保护数据不被非法窃取、阅读的目的。“解密”就是将密文重新恢复成明文。相关术语解释如下：

明文：发送方将要发送的消息。

密文：明文被变换成看似无意义的随机消息。

加密：明文变换成密文的过程。

解密：加密的逆过程，即由密文恢复出原明文的过程。

加密算法：密码员对明文进行加密时所采用的一组规则。

解密算法：接收者对密文进行解密时所采用的一组规则。

现代密码学的一个基本原则是一切秘密应寓于密钥之中，即在设计加密系统时，总是假定密码算法是公开的，真正需要保密的是密钥。现代密码体制如下：

1）对称密码体制和非对称密码体制。

根据密码算法使用的加密密钥和解密密钥是否相同，将密码体制分为对称加密和非对称加密两类。

对称密码体制又称为秘密密码体制，加密密钥和解密密钥相同或者一个可由另一个导出。对称加密技术的最大优势是加/解密速度快，适合于对大数据量进行加密。但这种体制密钥管理困难，需要有可靠的密钥传递渠道，常用的有DES、IDEA、AES等算法。

非对称密码体制称为公开密码体制，它需要使用一对密钥来分别完成加密和解密操作，一个公开发布，称为公开密钥；另一个由用户自己秘密保存，称为私有密钥。即加密密钥公开，解密密钥不公开。非对称密码体制比较灵活，适用于开放的使用环境，密钥管理相对简单，但加密和解密速度却比对称密钥加密慢得多。常用的有RSA、LUC、椭圆曲线等算法。

2）分组密码体制和序列密码体制。

根据密码算法对明文信息的加密方式进行分类的方法。如果密文仅与给定的密码算法和密钥有关，与被处理的明文数据段在整个明文或者密文中所处的位置无关，则称为分组密码体制。分组密码体制是将明文分为固定长度的组，如64bit一组，用同一个密钥和算法对每一组加密，输出也是固定长度的密文。

如果密文不仅与给定的密码算法和密钥有关，同时也是被处理的明文数据段在整个明文或者密文中所处的位置的函数，则称为序列密码体制。序列密码的关键技术是伪随机序列产生器的设计。

3）加密技术中的摘要函数。

摘要是一种防止改动的方法，其中用到的函数叫摘要函数。这些函数的输入可以是任意大小的消息，而输出是一个固定长度的摘要。摘要有这样一个性质，如果改变了输入消息中的任何东西，甚至是只有一位，输出的摘要将会发生不可预测的改变，也就是说输入消息的每一位对输出摘要都有影响。总之，摘要算法从给定的文本块中产生一个数字签名（fingerprint或message digest），数字签名可以用于防止有人从一个签名上获取文本信息或改变文本信息内容和进行身份认证。

3．SSL和SET协议

（1）安全套接层协议SSL

安全套接层协议（Secure Socket Layer，简称SSL）最初是由美国网景公司（Netscape）推出的一种安全通信协议，它能够对信用卡和个人信息提供较强的保护。SSL是通过在收发双方建立安全通道来提高应用程序间交换数据的安全性，从而实现浏览器和服务器（通常是Web服务器）之间的安全通信。SSL是一种利用公共密钥技术的工业标准，广泛用于Internet。

SSL采用了公开密钥和私有密钥两种加密方法，是对计算机之间整个会话进行加密的协议。目前，几乎所有操作平台上的Web浏览器以及流行的Web服务器都支持SSL协议，现在它已成为事实上的工业标准。SSL协议解决了目前TCP/IP难以满足的网络安全通信的要求，它运行在TCP/IP之上而在其他高层的应用层协议（如HTTP、FTP、SMTP等）之下。SSL协议在应用层协议通信之前就已经完成加密算法、通信密钥的协商以及服务器认证工作。在此之后应用层协议所传送的数据都会被加密，从而保证通信的私密性。SSL协议的好处之一在于它是个独立的应用协议，其他高层的协议能透明地位于SSL协议之上。

SSL 可分为两层：一是握手层，二是记录层。SSL 握手协议描述建立安全连接的过程，在客户和服务器传送应用层数据之前，完成诸如加密算法和会话密钥的确定，通信双方的身份验证等功能；SSL 记录协议则定义了数据传送的格式，上层数据包括 SSL 握手协议建立安全连接时所需传送的数据都通过 SSL 记录协议再往下层传送。这样，应用层通过 SSL 协议把数据传给传输层时，已是被加密后的数据，此时 TCP/IP 只需负责将其可靠地传送到目的地，弥补了 TCP/IP 安全性较差的弱点。

SSL 安全协议主要提供以下三个方面的服务。

① 用户和服务器的合法性认证：认证用户和服务器的合法性，使得它们能够确信数据将被发送到正确的客户机和服务器上。客户机和服务器都是有各自的识别号，这些识别号由公开密钥进行编号，为了验证用户是否合法，SSL 要求在握手交换数据时进行数字认证。

② 加密数据以隐藏被传送的数据：SSL 采用的加密技术既有对称密钥技术，也有公开密钥技术。在客户机与服务器进行数据交换之前先交换 SSL 初始握手协议，在 SSL 握手协议中采用了各种加密技术对其加密，以保证其机密性和数据的完整性，并且用数字证书进行鉴别。这样就可以防止非法用户进行破译。

③ 保护数据的完整性：SSL 采用 Hash 函数和机密共享的方法来提供信息的完整性服务，建立客户机与服务器之间的安全通道，使所有经过安全套接层协议处理的业务在传输过程中能全部完整准确无误地到达目的地。

SSL 协议的缺点主要体现在以下两个方面：

① 客户的信息先到商家，让商家阅读，这样，客户资料的安全性就得不到保证。

② SSL 只能保证资料信息传递的安全，而传递过程是否有人截取就无法保证了。所以，SSL 并没有实现电子支付所要求的保密性、完整性，而且多方互相认证也是很困难的。

（2）安全电子交易协议 SET

安全电子交易协议（Secure Electronic Transaction，简称 SET）是美国 Visa 和 MasterCard 两大信用卡组织联合于 1997 年 5 月 31 日推出的电子交易行业规范，其实质是一种应用在 Internet 上、以信用卡为基础的电子付款系统规范，目的是为了保证网络交易的安全。

SET 协议是信用卡在互联网上进行支付的一种开放式标准，也是银行卡安全支付的具体规范。SET 本身并不是一个支付系统，而是一个安全协议集，SET 规范保证了用户可以安全地在诸如 Internet 这样的开放网络上应用现有的信用卡支付设施来完成交易，SET 较好地解决了信用卡在电子商务交易中的安全问题。SET 中的核心技术主要有公开密钥加密、电子数字签名、电子信封、电子安全证书等。目前已经被广为认可而成了事实上的国际通用的网上支付标准。SET 的制定与推广既为业务相互渗透的各家信用卡公司提供了统一的安全通信标准，也促进了信用卡在互联网上作为支付工具的应用。

SET 支付系统主要由持卡人、商家、发卡行、收单行、支付网关、认证中心六个部分组成。相应地，基于 SET 协议的网上购物系统至少包括电子钱包软件、商家软件、支付网关软件和签发证书软件。

SET 安全协议主要提供以下三个方面的服务。

① 保证客户交易信息的保密性和完整性：SET 协议采用了双重签名技术对 SET 交易过程中消费者的支付信息和订单信息分别签名，使得商家看不到支付信息，只能接收用户的订单信息；而金融机构看不到交易内容，只能接收到用户支付信息和账户信息，从而充分保证了消费者账户和定购信息的安全性。

② 确保商家和客户交易行为的不可否认性：SET 协议的重点就是确保商家和客户的身份认证和交易行为的不可否认性，采用的核心技术包括 X.509 电子证书标准、数字签名、报文摘要、双重签名等技术。

③ 确保商家和客户的合法性：SET 协议使用数字证书对交易各方的合法性进行验证。通过数字证书的验证，可以确保交易中的商家和客户都是合法的、可信赖的。

SET 协议的缺点主要体现在以下两个方面：

① 只能建立两点之间的安全连线，所以顾客只能把付款信息先发送到商家，再由商家转发到银行，而且只能保证连接通道是安全的而没有其他保证。

② 不能保证商家会私自保留或盗用他的付款信息。

拓展训练

了解国产主流杀毒软件。

实战训练

1）给自己的计算机安装一款杀毒软件。

2）给自己的手机安装手机安全软件。

项目 6

网上创业

学习目标

能力目标

能在淘宝网完成淘宝开店流程，初步掌握网店运营技巧；
能对网店进行装修和商品管理；
会使用站内、站外等手段宣传和推广自己的店铺和商品。

知识目标

了解淘宝开店相关规则；
熟悉第三方电子商务平台的类型与功能；
掌握网店运营与推广的常用方法。

素质目标

培养学生创业意识和创新精神，实现创业梦想。

任务1　淘宝开店流程

任务情景

2015 年，李克强总理在政府工作报告中提出“互联网+”行动计划，奏响了“大众创业，万众创新”的时代序曲，掀起了第四次创业大潮；浙江义乌工商管理学院学生淘宝开店，月入过万，更是激发了张宇的创业热情，坚定了他创业的决心，在老师的指导下，张宇决定运用所学的电子商务技能实现他的网上创业梦想。

任务分析

实现网上创业，淘宝网是首选的电子商务平台。淘宝开店流程需要 7 个步骤：①注册淘宝账户；②绑定支付宝账户；③通过支付宝实名认证；④通过淘宝开店认证；⑤创建店铺；⑥发布宝贝；⑦店铺基本信息设置。完成上述工作，就可以创建一个属于自己的淘宝网店了。

任务实施

1．注册淘宝账户

要在淘宝上进行商品买卖，需要先注册成为淘宝网（www.taobao.com）的会员，具体注册流程如下。

1）打开淘宝网，单击左上角的“免费注册”按钮。阅读相关注册协议，单击“同意协议”按钮。

淘宝网账户注册方式有两种：手机号注册和电子邮箱注册。这里以“电子邮箱注册”为例，单击“通过电子邮箱注册”按钮。

2）设置登录名：输入电子邮箱→向右拖动验证条完成验证→单击“下一步”按钮，如图 6-1 所示。

图 6-1　电子邮箱验证

3）输入手机号码进行验证，输入完成后，单击“下一步”按钮。输入手机上接收到的验证码，单击“确定”按钮，如图 6-2 所示。

图 6-2　验证手机

4）系统提示验证邮件已发送到邮箱，单击“立即查收邮件”按钮。登录邮箱查看淘宝网发来的验证邮件，单击邮件中的“完成注册”按钮，如图 6-3 所示。

图 6-3　完成注册

5）填写账户信息：设置登录密码，并再次确认，设置会员名，如图 6-4 所示。单击“确定”按钮，系统提示注册成功，如图 6-5 所示。

图 6-4　填写账户信息

实训要点提示

① 密码为 6～20 位字符，可采用“字母+数字”的形式，密码设置请不要使用自己的生日或电话号码，以防别人破解。

② 淘宝会员名一旦设置成功，将无法修改。建议起一个简单易记的会员名，方便买家查找，会员名尽可能起中文名字；不要带有生僻字；有亲和力，给人好感；最好与销售内容相关。

③ 牢记自己的会员名和登录密码。

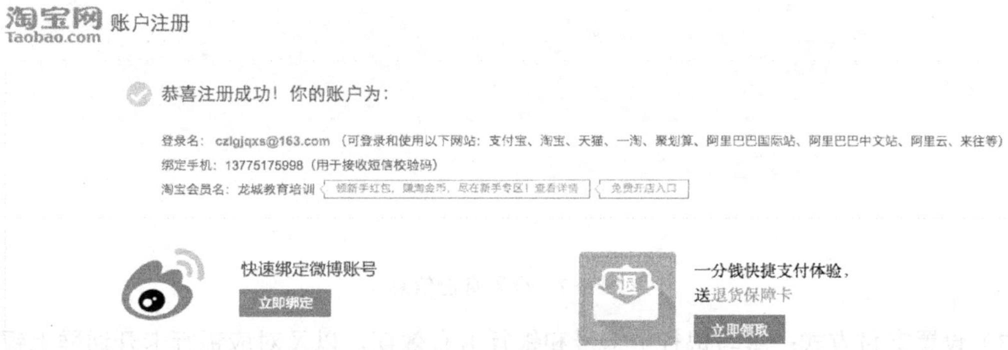

图 6-5　注册成功

2．绑定支付宝账户

1）单击图 6-5 中的“免费开店入口”，进入支付宝账户设置页面，进行支付密码设置，如图 6-6 所示。

图 6-6　设置支付密码

实训要点提示

支付密码涉及支付宝账户资金安全，建议不要与登录密码一致，并妥善保管。

2）设置身份信息：填写真实姓名和身份证号码，勾选“我同意支付宝服务协议”，然后单击“确定”按钮，如图 6-7 所示。

图 6-7　设置身份信息

3）设置支付方式：填写银行卡卡号和银行卡有效期，以及对应银行卡开通网上银行预留的手机号码，如图 6-8 所示。然后单击“同意协议并确定”按钮，系统提示成功注册支付宝，如图 6-9 所示。

图 6-8　设置支付方式

图 6-9　支付宝注册成功

3. 支付宝实名认证

支付宝的实名认证分为个人认证和商家认证两种，由于使用个人的身份进行网上开店，所以选择个人认证，具体认证流程如下。

1）登录支付宝（www.alipay.com），单击“我的支付宝”，目前支付宝账户是未认证、未保障状态，将光标指向未认证，系统提示“申请实名认证后，可享受更多特权”，单击“立即认证”，如图 6-10 所示。

图 6-10　我的支付宝

2）身份信息验证（实名校验）：填写真实姓名、身份证号码、支付宝支付密码，确认无误单击“下一步”按钮，如图 6-11 所示。系统弹出确认窗口，如图 6-12 所示。确认姓名和身份证号码无误，单击“确定”按钮，系统自动进行实名制校验，审核通过后，继续进行认证。

3）银行卡验证（实名认证 v1）：填写本人银行卡号和手机号码，确认无误单击“下一步”按钮，如图 6-13 所示。系统弹出手机校验窗口，这时手机上会收到一条含有校验码的短信，填写校验码，确认无误单击“下一步”按钮，如图 6-14 所示。

图 6-11　实名认证

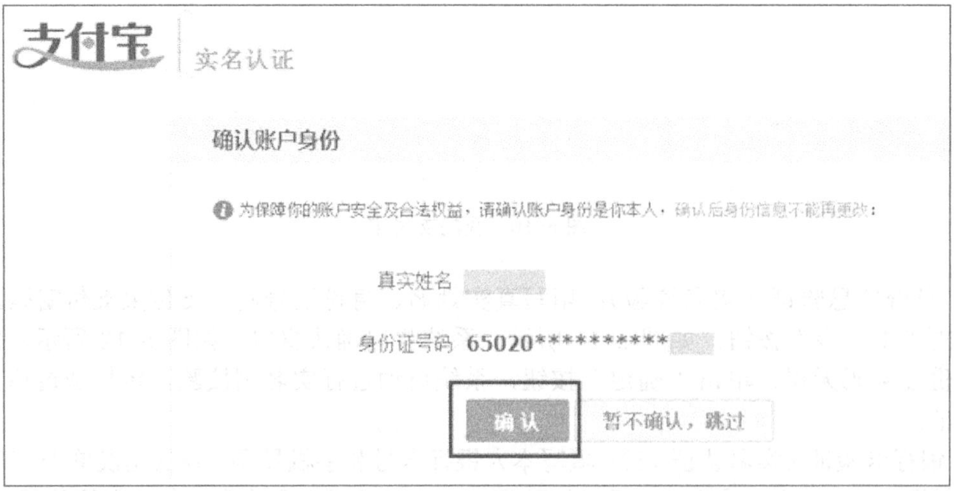

图 6-12　身份信息确认

图 6-13　填写银行卡号手机号

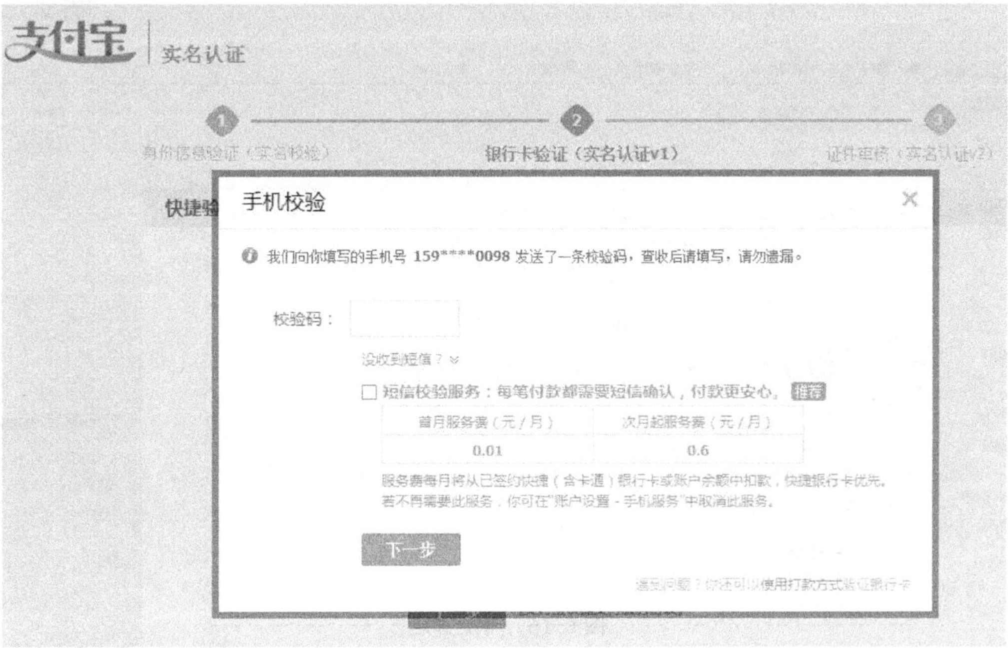

图 6-14　手机校验

4）最后通过证件审核，支付宝实名认证便成功了。

4. 淘宝开店认证

1）登录淘宝网，单击右下方的“免费开店”按钮，如图 6-15 所示。

图 6-15　免费开店

2）开店前请查看“开店规则”，单击“马上开店”按钮，如图 6-16 所示。

图 6-16　马上开店

3）首先，通过开店条件检测，其次，申请开店认证，单击“立即认证”按钮，如图 6-17 所示。

4）开店认证有两种方式，分别为计算机认证和手机认证，这里选择“计算机认证”。填写个人真实信息：姓名、身份证号码、身份证到期时间，如图 6-18 所示。

5）上传手持身份证、身份证正面、身份证反面三张照片，如图 6-19 所示。

图 6-17 开店认证

图 6-18 身份认证

图 6-19　上传身份证照片

实训要点提示

新手开店经常因为照片拍摄和身份证拍摄不符合规范，没有通过淘宝审核。因此，上传照片前一定要查看详细要求，确保证件上的文字清晰可识别，证件全部信息清晰无遮挡，手持身份证照片做到五官可见，完整露出双手手臂。

6）填写联系地址、联系手机和验证码，单击“提交”按钮，如图 6-20 所示。

图 6-20　填写地址手机号码

开店认证还需人工审核，一般 1～3 天，审核通过后即可创建店铺。

5．创建店铺

1）登录淘宝网，单击“卖家中心”进入免费开店页面，单击“个人开店”按钮，如图 6-21 所示。

图 6-21　个人开店申请

2）已经通过了开店条件检测和开店认证，单击“创建店铺”按钮，如图 6-22 所示。

图 6-22　创建店铺

3）阅读开店协议，单击“同意”按钮，如图 6-23 所示。

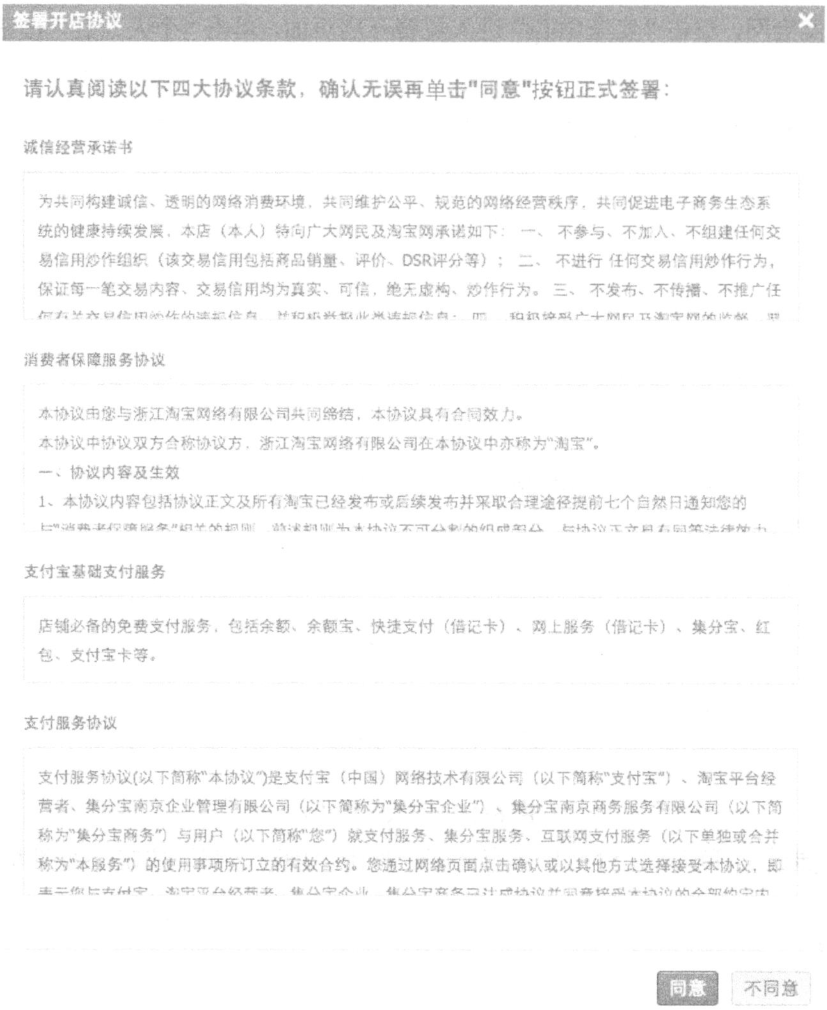

图 6-23　开店协议

4）店铺创建成功，如图 6-24 所示。

图 6-24　创建成功

6. 发布商品

1）单击图 6-24 中的“立即发布宝贝”按钮，选择宝贝所在类目，如图 6-25 所示。

2）单击“我已阅读以下规则，现在发布宝贝”按钮，编辑宝贝的详细信息，如图 6-26 所示。

图 6-25　选择宝贝类目

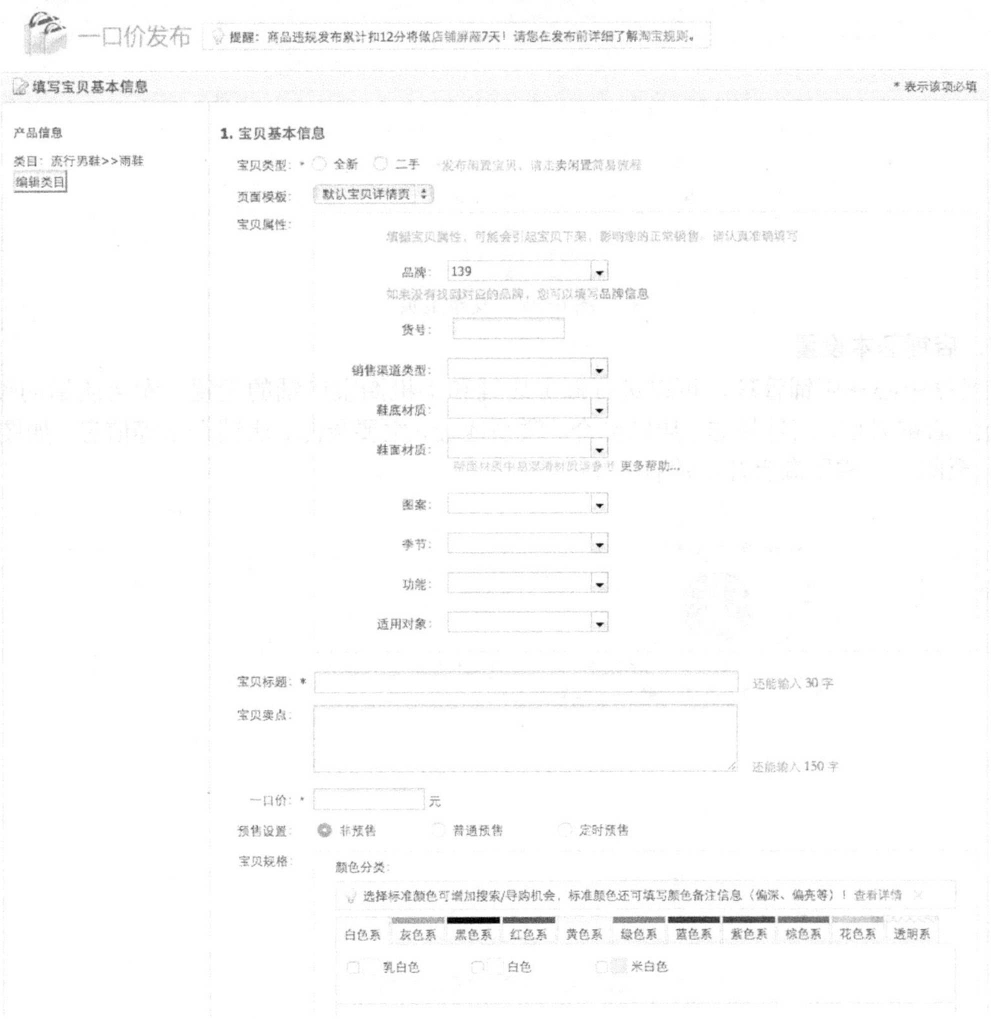

图 6-26　编辑宝贝信息

3）宝贝信息填写完成后，单击“发布”按钮，宝贝便成功发布，如图 6-27 所示。

图 6-27 发布宝贝

7. 店铺基本设置

在卖家中心→店铺管理，可以进行淘宝店铺和手机淘宝店铺的设置。淘宝店铺的设置主要包括：店铺名称、店铺标志、店铺简介、联系地址、主要货源、店铺介绍等信息，如图 6-28 所示。至此，完成了淘宝开店流程。

图 6-28 店铺基本设置

相关知识

1．第三方电子商务平台

第三方电子商务平台泛指独立于产品或服务的提供者和需求者，通过网络服务平台按照特定的交易与服务规范为买卖双方提供服务，服务内容有供求信息发布于搜索、交易的确立、支付、物流等。

2．电子商务平台的类型

第三方电子商务平台按照电子商务模式可以分为 B2B 平台、B2C 平台和 C2C 平台。B2B 电子商务平台是为企业对企业进行电子商务服务的电子商务平台，中国主要的 B2B 电子商务平台有阿里巴巴、慧聪网、中国制造网等；B2C 电子商务平台是为企业对客户的电子商务服务的电子商务平台，常见的 B2C 电子商务平台有京东商城、当当网、天猫等；C2C 电子商务平台是为客户对客户的电子商务模式服务的电子商务平台，常见的 C2C 电子商务平台有淘宝网、拍拍网等。

3．网店名称设置技巧

一个好的淘宝店铺名，会让买家很容易地记住淘宝店铺，或是一看店名就被吸引进来，从而达到宣传和推广的目的，同时带来一些销售收入。

（1）基本要求：店铺名称不超过 30 个字符

① 不能违反淘宝关于店铺名称设置的相关规定。

② 店铺的名称可以修改，但是具有唯一性。

例如，柠檬绿茶，精品居家生活馆，高端、精品、品味，C2C 第一店等。

分析："柠檬绿茶"简单易记，具有一定的亲和力；"精品居家生活馆"凸显主要销售内容；"高端、精品、品味"展示店铺的档次；"C2C 第一店"突出店铺的信誉。

（2）店名设置小贴士

① 店铺或主营品牌、经营内容、定位特点等行业介绍类关键字。

② 皇冠、钻石、好评率等信誉信息类关键字。

③ 包邮、打折、清仓、新货上架、热卖程度、收藏有奖等促销信息类关键字。

④ 原创手工、外贸尾单、厂家直销等专业特色类关键字。

⑤ 在线情况、议价态度、发货周期等个性化关键字。

⑥ 商盟、满就送、搭配减价等淘宝组织的或活动类关键字。

拓展训练

1）学习、知晓淘宝规则，为下一步网店运营奠定基础。

2）对比分析同类淘宝网店，从货源、价格、网店促销、物流配送等方面分析其经营特色。

实战训练

1）结合自己的创业计划，在淘宝网完成网上开店流程。

2）在分销管理中，选择 1、2 家供应商，申请分销其商品，以解决货源问题。

任务2 网店装修

任务情景

张宇终于在淘宝成功开设了自己的网店，但他很疑惑，为什么别人的店铺看上去非常美观、井井有条，而自己的店铺却很普通呢？通过在线咨询，淘宝的工作人员告诉他：店铺申请成功后，还必须进行店铺装修。漂亮的店铺才能吸引顾客的注意，从而提升店铺的人气。

任务分析

一个好的淘宝店铺，其店铺装修设计需要通过视觉向顾客传达产品信息、服务信息和品牌理念，这样的店铺装修设计可以达到促进商品销售、树立品牌形象的目的。对买家而言，视觉营销吸引的是眼球、是购物欲望。店铺的装修设置可繁可简，主要涉及网店模板的选择、网页功能模块的选择、网店页头和店招的制作、促销广告制作、宝贝分类制作、宝贝详情页制作等。

任务实施

淘宝网提供了网店装修的功能，可以通过“卖家中心”中的“店铺管理”模块进入“店铺装修”。

注意：所有装修素材图片都必须上传到淘宝的“图片空间”中，“图片空间”在“卖家中心”中的“店铺管理”模块里。

1. 选择店铺模板

1）目前针对店铺装修，淘宝推出了旺铺，旺铺分为基础版和专业版。所有用户都可以免费使用旺铺基础版，旺铺专业版对一钻以下用户免费，一钻以上用户收取 50 元每月的费用。这里将网店切换到专业版旺铺。

2）好的模板是店铺装修是否成功的第一步，这里可以选择旺铺专业版自带的三套免费模板，在店铺装修界面，单击“模板管理”按钮，可以看到三套自带的免费模板，在这三套模板里可以自由选择切换。

3）也可以购买付费模板，在店铺装修界面，单击“装修模板”进入装修市场，如图 6-29 所示。可以按照旺铺版本、模板类型、行业、风格、色系挑选满意的模板，这里的模板都是按三个月、六个月或者十二个月进行收费的。当然在购买前也可以试用一下，觉得满意再付款。

4）选择好模板后，就可以设置喜欢的配色，如图 6-29 所示。不同的模板提供的配色不同。

图 6-29 选择配色

2．选择和设置网页功能模块

1）旺铺专业版提供了“模块”服务，可以将需要的功能模块拖动到页面上去，模块按照宽度尺寸分为 190px、750px、950px 三种，有的模块可以适应多种尺寸，放置的位置也相对更自由。

2）每个功能模块被拖动到页面上后，将鼠标移动到模块上，都可以进行编辑、调整顺序和删除，如图 6-30 所示。

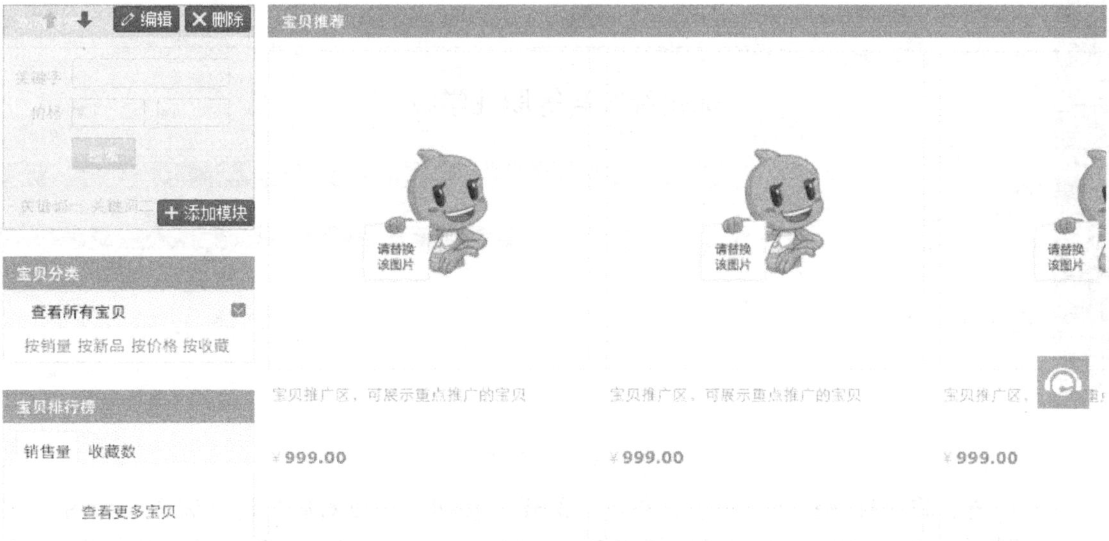

图 6-30 模块编辑

3）由于功能模块较多，需要整体调整时可能会带来麻烦，可以切换到布局管理，从整体上对模块进行添加、删除、排序，如图 6-31 所示。

图 6-31　布局管理

3．制作网店页头和店招

网店页头和店招是进入网店第一眼看到的区域，处于非常重要的地位。

1）网店页头。单击“页头”模块，可以根据需要设置页头的背景色、背景图、显示方式、对齐方式和是否应用到所有页面，如图 6-32 所示。

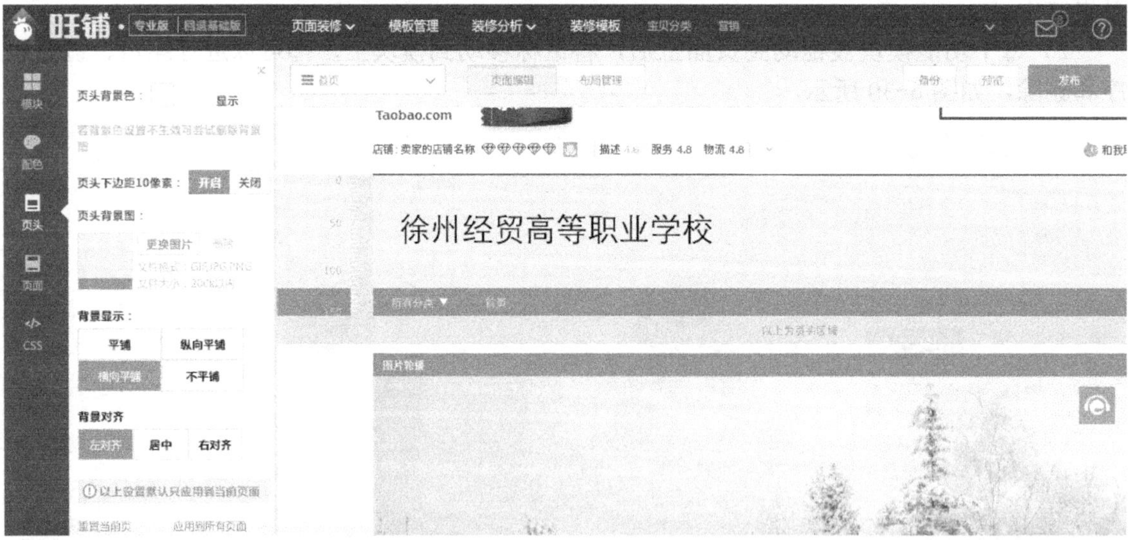

图 6-32　页头模块

2）店招。将鼠标移动到店招上，单击“编辑”按钮，可以对店招进行编辑，如图 6-33 所示。招牌分为默认招牌、自定义招牌和 BannerMaker 三种类型，一般选择“自定义招牌”。将设计好的店招图片上传到淘宝图片空间，然后粘贴到自定义内容区，单击“保存”按钮即可。店招图片的高度为 120px，长度为 950px。

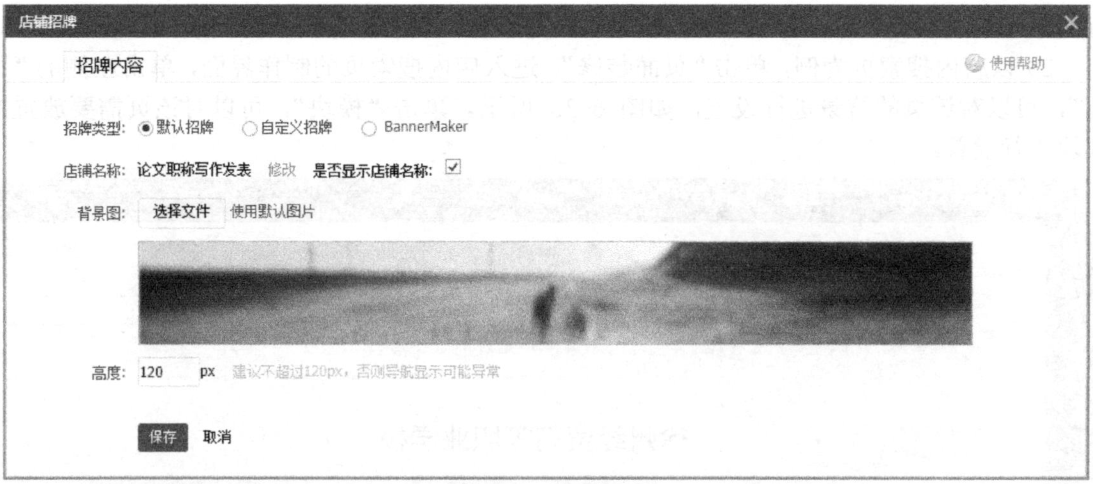

图 6-33 店招编辑

4. 设置宝贝分类

在淘宝上销售的商品被称作“宝贝”，为了方便顾客进入店铺后快速地找到自己需要的宝贝，卖家可以对宝贝进行分类管理。设置分类后，单击相应的分类链接，即可查看该分类下的所有宝贝。

1）通过“卖家中心”的“店铺管理”模块，进入“宝贝分类管理”。可以添加手工分类，也可以添加自动分类。其中自动分类是淘宝按照网店商品自动按类目、属性、品牌、时间进行归类。

2）这里以添加手工分类为例。单击“添加手工分类”按钮，可以添加一个一级分类，在一级分类上可以设置分类名称或者用图片替代分类名称，并设置是否展开显示。

3）同时可以在一级分类下单击“添加子分类”按钮，在一级分类下面添加小分类，可以对小分类设置名称及显示顺序，如图 6-34 所示。全部设置完成后单击右上角的“保存更改”按钮将设置的分类进行保存。

图 6-34 添加子分类

4）最后单击左侧的“宝贝管理”，将网店的商品添加到对应的分类里。

5. 制作网店页面及导航

1）在店铺装修→页面装修→页面管理中，可以对基础页、宝贝详情页、宝贝列表页进行制作。其中基础页包括首页和店内搜索页。每个页面都可以单击“页面装修”进行制作。

2）以店内搜索页为例，单击“页面装修”，进入店内搜索页的制作界面，单击左侧的“页面”，可以对该页的背景进行设置，如图 6-35 所示。单击“模块”，可以对该页需要放置的模块进行设置。

图 6-35　页面设置

3）也可以新建自己想要的页面，即在页面装修→页面管理→新建页面中，可以选择页面位置、页面类型、添加页面名称、修改页面地址，设置页面的显示方式，完成后单击“保存”按钮，一个自定义页面就完成了。在自定义页面上同样可以修改页面的背景，增加模块。

4）制作网店导航：将光标移至“导航”模块，单击“编辑”按钮，进入导航编辑页面，如图 6-36 所示。

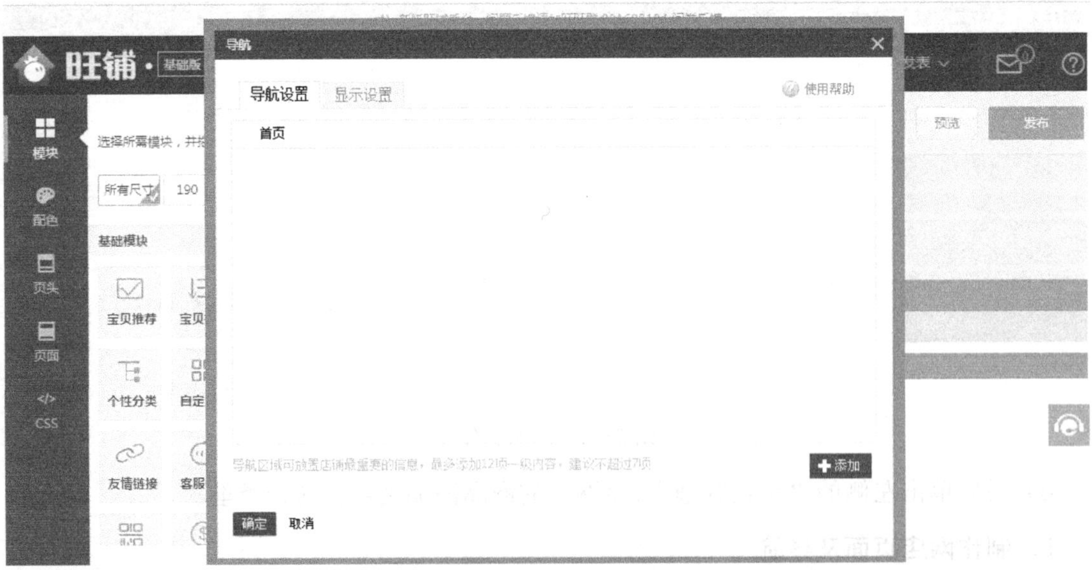

图 6-36　导航编辑

5）单击“添加”按钮，可以添加宝贝分类、页面、自定义链接三种类型的导航。单击“宝贝分类”，可以看到之前制作好的宝贝分类，将分类全部勾选后单击“确定”按钮。单击“页面”，可以看到之前制作好的自定义页面，勾选这个页面后单击“确定”按钮。单击“自定义链接”，可以添加淘宝网内部链接。

6）全部添加好后分别单击“确定”按钮，导航便设置完成，可以在店铺首页预览效果。

6．制作促销广告

1）在网店首页添加模块“图片轮播”。将鼠标移至模块上，单击“编辑”按钮可以对促销广告进行制作。

2）促销广告图片制作完成后先上传至图片空间，在图片地址中选取上传好的图片，编辑单击图片要转到的链接地址。如果有多张促销图片，则单击“添加”按钮继续添加。

3）对图片轮播进行显示设置，可以选择是否显示标题、高度以及多张促销图片切换的效果，如图6-37所示。一般促销图片的宽度为750px，高度不超过600px。

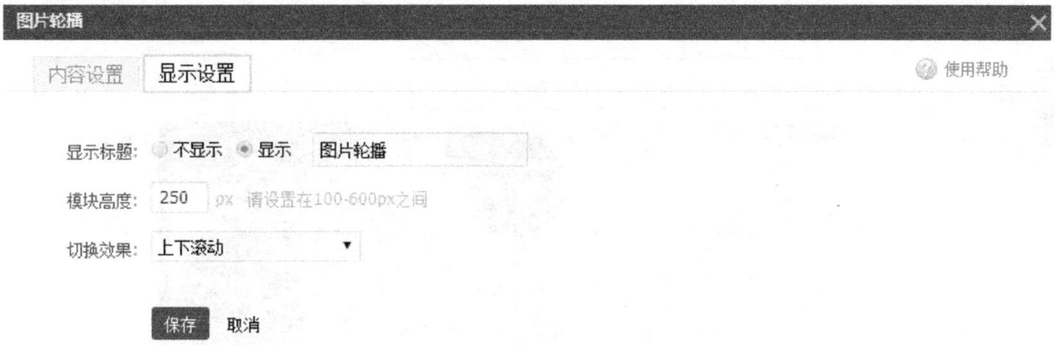

图6-37 图片轮播设置

7．制作宝贝详情页面

宝贝详情页面是唯一一个向顾客详细展示宝贝细节与优势的地方，顾客喜不喜欢这个宝贝、是否愿意在你的店里购买，肯定都要仔细看宝贝的详情页，99%的订单也都是在看过宝贝的详情页后生成的。因此，宝贝详情页是提高转化率的入口，能激发顾客的消费欲望，树立顾客对店铺的信任感，打消顾客的消费疑虑，促使顾客下单。由此可见宝贝详情页的重要性。

1）宝贝详情页可以自己设计制作，也可以通过淘宝最新推出的淘宝神笔来进行制作。淘宝神笔的链接地址是https://xiangqing.taobao.com。

2）在淘宝神笔中，单击“模板市场”，可以按照支持端、行业、风格选择自己满意的宝贝详情页模板。单击“使用模板”进入模板详情介绍页面，如果觉得不错就可以单击“立即使用”按钮。单击“我的模板”，就可以看到自己选择的所有模板。

3）单击“宝贝详情管理”，如图6-38所示。框1可以选择编辑的宝贝是出售中还是仓库中，帮助卖家快速找到所需要编辑的宝贝；框2可以选择待编辑宝贝的所属类目；框3提供的是卖家输入宝贝标题直接搜索待编辑宝贝。

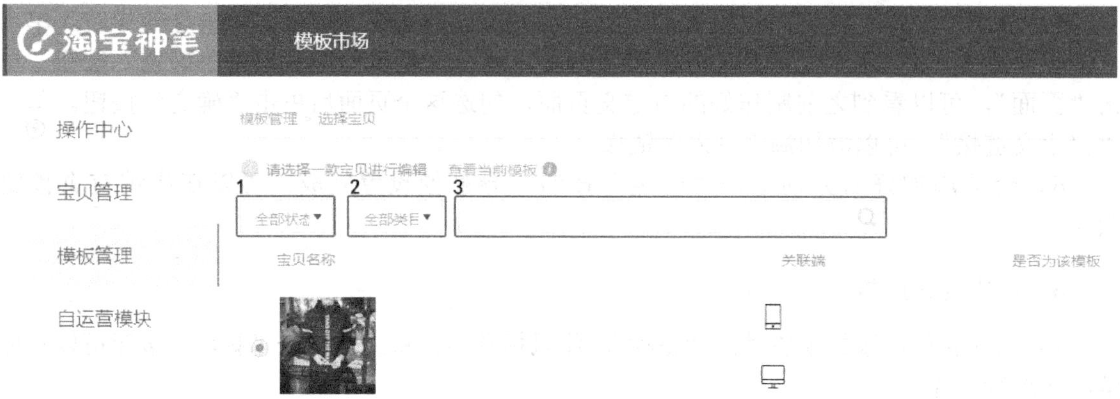

图 6-38 宝贝详情管理

4）选择完宝贝后，单击编辑计算机详情或者编辑手机详情。单击编辑详情后，就进入了宝贝详情编辑器界面，如图 6-39 所示。框中所示的按钮从左到右依次是：添加链接、添加图片、添加文字、复制、置顶、置底、添加/隐藏热区、撤消、重做、保存、错误信息。

图 6-39 宝贝详情编辑

5）模板是以模块的形式制作，因此卖家如果要修改可以单击一个模块，如图 6-40 所示。单击后，模块外面会描边，如图 6-40 中框 1 所示；并且可以在最左边的属性编辑区域，单击更换图片，如图 6-40 中框 2 所示。

6）单击更换图片后，卖家可以选择自己上传新图片、在图片空间中选择合适的图片或者在千牛云盘中选择。选择完后，可能需要对图片进行裁剪，裁剪到需要的大小后单击“确认”按钮即可将模板中的图片更换为自己的图片了。

7）图 6-41 中所示，框 1 代表该模板可以对计算机和手机端的宝贝详情页进行编辑，单击对应图标即可；框 2 是如果卖家需要对模块位置进行移动，则可以单击箭头进行上下位移，如果要使该模板设置成隐藏，则单击“眼睛”图标。

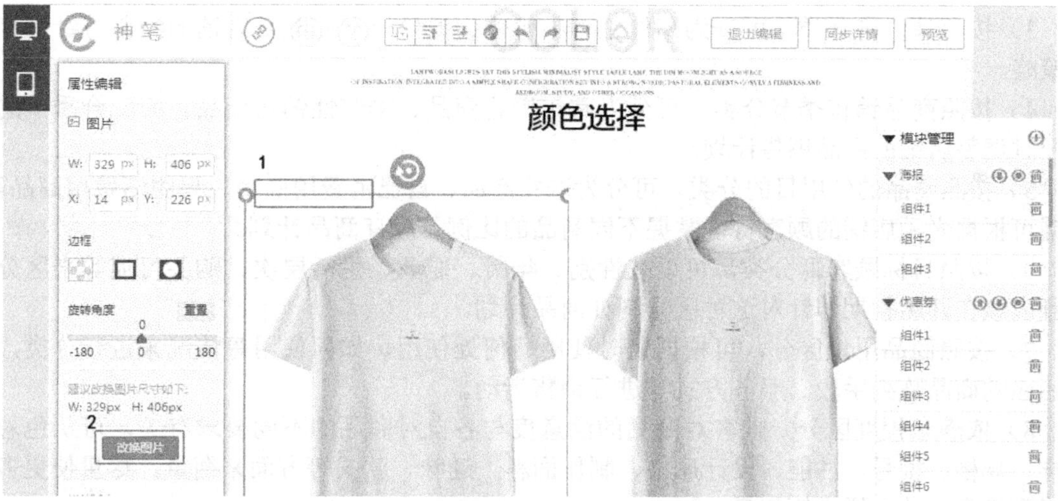

图 6-40　修改模块

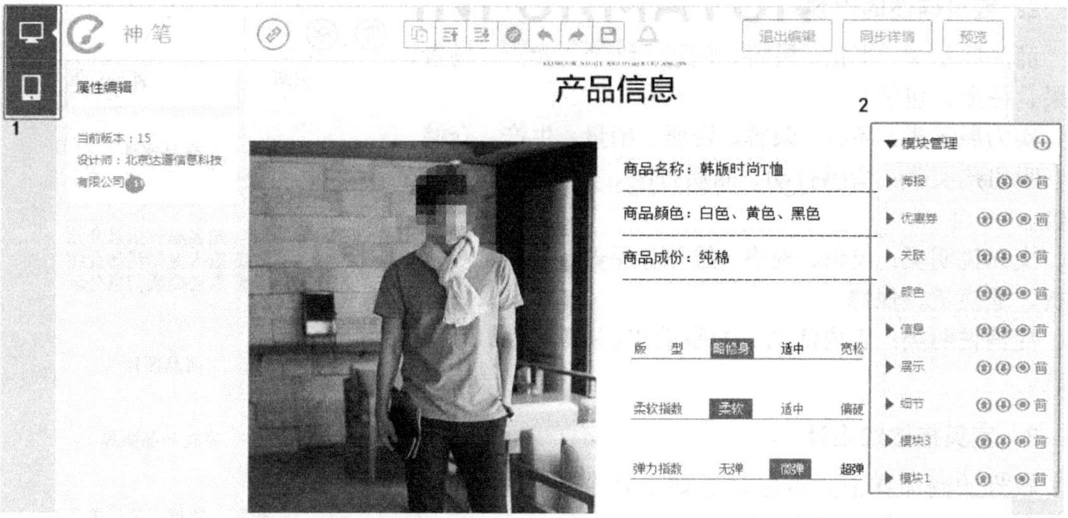

图 6-41　宝贝详情页编辑

8）卖家编辑完宝贝详情页面后，单击最上面的“保存”按钮，并单击同步详情，会出现同步成功界面。稍等一会儿后，修改完的宝贝详情就同步到了淘宝店铺中。

相关知识

1．网店商品分类

1）按商品销售状况分类，可以分为畅销商品、主力商品、试销商品、优惠商品、滞销商品、应淘汰商品等。对不同类别的商品，应配合店铺的特性及店铺所在的商圈环境，制订适用的销售计划。

2）按商品周期分类，可分为介绍期、全盛期、保持期、衰退期。店铺应对处于不同阶段的商品制订相应的销售策略，使用相关的促销手段，从而增加销售量。

3）按商品价格分类，可分为高价位、中价位、低价位。应配合店铺的经营方针制订价格策略。

4）按照商品销售季节分类，可分为常年销售商品、季节性销售商品。应配合季节的交替及时调整店铺的商品销售计划。

5）按照商品的使用目的分类，可分为送礼产品、自己消费用商品、集团消费用商品等。店铺可根据光顾店铺的顾客特性掌握不同商品的比例，制订商品计划。

6）按照目标顾客群分类，可以按性别、年龄、职业、生活层次、购买习惯等来区分，并且应该在开店初期即针对这种区分制订商品计划。

7）按照商品用途区分，可根据何时使用、何处使用、如何使用等情况来进行分类，采用相应的商品陈列手段、服务方式等进行销售活动。

8）依满意程度区分，顾客对商品的满意度与各自对商品的不同要求有关，可从色彩、花样、规格、型号、性能、设计风格、制作面料、趣味、款式等方面来衡量，尽量使更多顾客感到满意，从而增大销售量。

2．宝贝描述的内容

商品展示类：平拍、模特、色彩、细节、卖点、场景、效果、搭配、包装。

实力展示类：品牌、荣誉、资质、销量、生产、仓储。

吸引购买类：情感打动、品质打动、实力打动、买家评价。

交易说明类：尺码、规格、维护、保养、购买、发货、验货、退换货、保修。

促销说明类：店内活动、关联销售、搭配商品、优惠方式。

3．宝贝描述的设计

较好的商品详情大多包括了如下几个要素并能够进行合理布局，如图 6-42 所示。

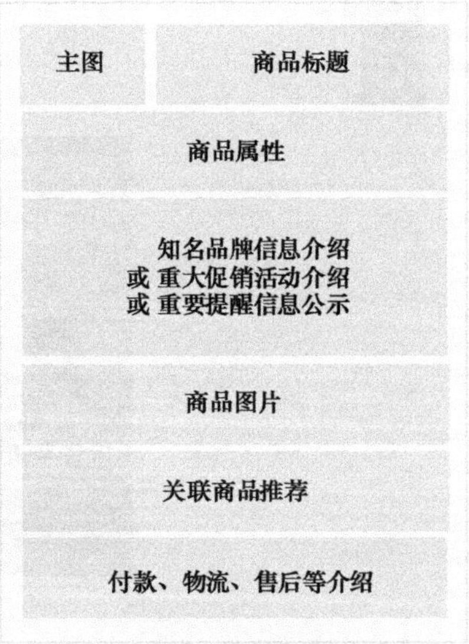

图 6-42　宝贝描述布局

1）商品属性（包括品牌介绍、规格、质地、颜色、套餐价格等）。

2）商品图片（包括模特效果图、细节图、关联推荐图等）。

3）促销活动介绍。

4）买家必读（物流运费、售后服务、尺寸量法、付款方式、联系方式等）。

以上要素，也需要根据实际需要进行逻辑布局。大概有以下几个原则：

① 系统自动标记的属性肯定是在最前面的，也是自己不能决定的；但这里的属性设置也是最重要的，特别诸如品牌、颜色、尺码等属性一定要注明清楚。如果是知名品牌而且是正品，则应给买家一个强化提醒。

② 买家必读中的付款方式、售后、物流、尺寸量法等信息一般可以放在详情最底部，当然如果有特别重要的提醒，则可以放在“商品属性”和“图片之间”。这里的信息固然重要，但不是让消费者产生购买欲望的信息，反而是在产生购买欲望后决定购买前的一些参考信息和提醒信息。因此可以放在详情偏后的位置。

③ 店铺重大促销活动，可以视具体情况放置在详情偏顶部位置。这里与进入超市看到的堆头是一样的。要让买家一进入就能感受到促销的巨大拉力。另外可在底部介绍些与此款商品搭配的相关商品，再次刺激消费。

4．买家必读撰写的内容

买家通过标题进入商品详情，对商品属性进行了解以及对商品图片进行观摩。这时如果买家有购买兴趣，则会细看购物必读等文字信息。那么该如何通过文字的补充信息帮助买家做最后的购买决策呢？

（1）商品补充介绍

通过图片（特别是服装鞋包等商品的图片）不能实际感受商品的面料、做工、尺寸、厚薄、品牌等信息，此时文字就是最好的传递工具。比如，卖家可以把自己或其他买家拿到实物后“摸”到的实际感受通过文字描述的形式传递给买家。此外，哪些是配件哪些属于商品本身，也要说清楚，避免后期产生不必要的误会，造成中差评就不好了。

示例

“这件衣服摸起来手感很好”“摸起来偏硬/软”“摸起来比较薄”“摸起来比较厚”“摸起来比较像……”“由于拍摄光线问题，会有轻微色差”等。

（2）商品使用说明

向买家提示商品的使用方法，如窗帘可以介绍挂钩用法，食品可以介绍烹调方法，服装可以介绍尺寸测量方法等。

示例

以鞋类的尺寸说明为例：建议买家也这样去测量，尽可能避免沟通实物或标准、量法不统一导致买家不满意，如图 6-43 所示。

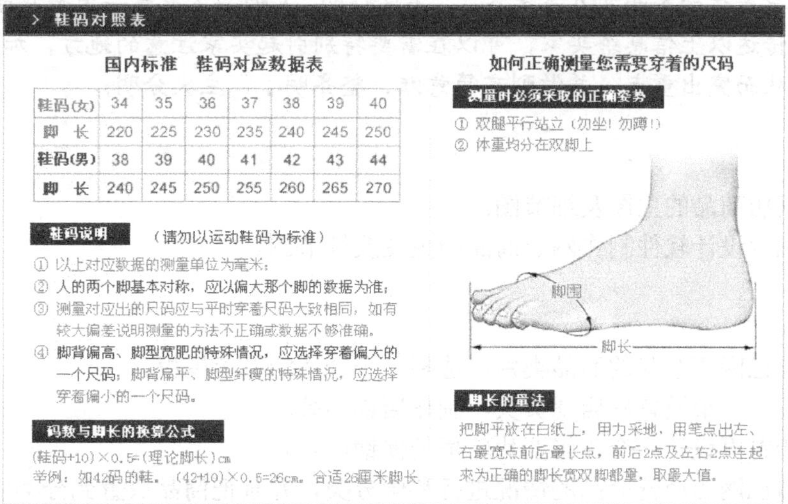
> 鞋码对照表

国内标准　鞋码对应数据表

鞋码(女)	34	35	36	37	38	39	40
脚　长	220	225	230	235	240	245	250
鞋码(男)	38	39	40	41	42	43	44
脚　长	240	245	250	255	260	265	270

鞋码说明　（请勿以运动鞋码为标准）

① 以上对应数据的测量单位为毫米；
② 人的两个脚基本对称，应以偏大那个脚的数据为准；
③ 测量对应出的尺码应与平时穿着尺码大致相同，如有较大偏差说明测量的方法不正确或数据不够准确。
④ 脚背偏高、脚型宽肥的特殊情况，应选择穿着偏大的一个尺码；脚背扁平、脚型纤瘦的特殊情况，应选择穿着偏小的一个尺码。

码数与脚长的换算公式

(鞋码+10)×0.5=(理论脚长)cm
举例：如42码的鞋。(42+10)×0.5=26cm。合适26厘米脚长

如何正确测量您需要穿着的尺码

测量时必须采取的正确姿势

① 双腿平行站立（勿坐！勿蹲！）
② 体重均分在双脚上

脚长的量法

把脚平放在白纸上，用力采地，用笔点出左、右最宽点前后最长点，前后2点及左右2点连起来为正确的脚长宽双脚都量，取最大值。

图 6-43　如何选择合适的鞋码

（3）物流运费信息

这些往往也是买家很关注的，如果每次都通过旺旺逐个给客户介绍解释，那是相当庞大的一个工作量，所以一定要充分利用商品描述，把物流配送等信息及时传达给客户。最好以列表方式将常用物流公司、配送区域、各地运费、到货天数以及快递跟踪查询方法等都一一列出方便买家了解配送信息。为了避免买家觉得运费太高，还要注意合理设置运费。

关于收货问题，在收到货时应检查货品后再签收，发现问题时应及时联系卖家拒绝签收等都应注明。

（4）售后服务说明

相信每一位成功的卖家都有好的售后服务。不过既然承诺了就一定要履行。说明售后服务情况也有利于在遇到交易纠纷问题时提供证据。售后服务具体包括：退、换、修具体期限；退、换、修范围以及不予退换修的情况说明；退、换、修来回邮费等。

（5）联系方式

将手机、办公座机、QQ、电子邮件等联系方式列出，便于买家在遇到问题时与卖家取得联系。

（6）其他说明

① 关于评价说明。提醒买家在收到货物评价前要和卖家联系，在对商品有不满意的时候能及时为买家解决问题，有利于解决交易纠纷。可以减少令不少卖家感到头疼的问题：一些新手买家在评价里面写道“不错，还行”“挺好的，有点色差”，但却给了中差评，他们可能不清楚中评的恶劣性不亚于差评。此外，可以拿自己的以往销售记录出来展示一下，引导买家正确评价，这样得到中差评的机率小很多。

② 关于付款帮助。有些买家不知道如何通过支付宝付款，直接要求汇款转账。但是只有支付宝交易才能更好地满足买卖双方利益，而且有利于卖家增加店铺信用。因此，可以补充一些付款帮助说明，让买家感受到贴心的服务，利于成交也利于培养忠诚客户。

温馨提示

由于大家要表达的东西实在是太多了，事实证明，人们并不愿意一次性接受太多的文字，所以为了准确传达以上信息给买家，可以在需要特别引起买家注意的地方，加大字体或者改变字体颜色，从而突出重点，并做到言简意赅、整齐明了、主次分明。

拓展训练

1）拍摄网店商品的主图及细节图。

2）利用图片设计软件制作网店商品的主图及细节图。

实战训练

1）根据自己网店经营的商品类别，选择一个合适的网店模板。

2）为自己的店铺设置好店铺页头，制作店铺招牌。

3）在网店首页设计一个三张图片轮播的促销广告。

4）根据自己网店经营商品的情况进行科学分类，并且把商品放置到分类中。

5）为网店商品制作宝贝详情页。

任务3 网店经营与推广

任务情景

张宇的店铺经过一番装修，果然看上去美观了许多，但是，店铺的生意却冷清，张宇非常郁闷，为什么别人的店动不动就是钻石、皇冠级别，而自己才有孤零零的一颗红心呢？有哪些方法可以宣传推广自己的店铺，从而吸引客流呢？

任务分析

淘宝目前每天新增店铺三万余家，面对激烈的市场竞争，作为一个新卖家一定要打起十二分精神。首先，应尽快熟悉店铺的日常管理，如在线沟通、修改价格、发货、评价等；其次，要掌握店铺促销、付费推广、站外宣传等尽可能多的宣传推广手段。

任务实施

1. 处理订单

买家在经过一番搜索比较后，在确定购买前会通过阿里旺旺与卖家进行沟通交流，对商品的价格、质量、服务等方面进行进一步了解。经过一番洽谈，买家终于下单了，这时卖家中心中的“已卖出的宝贝”栏目会显示订单信息。那么接下来就需要对订单进行处理了。订单的处理主要分为三种情况：订单改价、修改邮费和关闭交易。订单处理的常用入口有阿里旺旺、淘宝网站登录和旺旺聊天入口。

1）订单改价。已卖出的宝贝→找到相应的订单→修改价格，可以按优惠折扣调整价格，也可以按优惠金额调整价格，这里用“－”代表优惠折扣。

2）修改邮费。已卖出的宝贝→找到相应的订单，当卖家承诺包邮时，应该将邮费修改为0，需要注意的是邮资不能为负数。

3）关闭交易。当买家拍下后却不想购买时，该订单就视为无效订单，卖家可以在征得买家同意的情况下将交易关闭。已卖出的宝贝→找到相应的订单→关闭交易，选择关闭的理由后提交。如果卖家不主动处理，订单也会在买家拍下后三天内不付款后自动关闭，同时，买家自己也可以主动关闭交易。

2. 发货管理

当买家付款后，订单状态显示“买家已付款”。卖家应该在48h内安排发货。通常情况下，买家付款成功后，卖家要复制对方收货地址、收货人姓名、联系电话和所订购的商品等信息给买家确认。这样做的好处是完善收件信息，经过客户认可后，对发货过程中可能出现的问题便于解决。也可以体现卖家的细心和专业，便于买家完善或更改信息，再次确定产品，这是确保收发件准确的基础条件。

发货的流程一般为选择物流公司、填写快递单、包装发货。

1）选择物流公司。物流发货的形式有四种：限时物流、在线下单、自己联系物流、无需物流。一般建议新手卖家选择“在线下单”进行发货，卖家选择相应的快递公司，单击“选择”可以查看派送范围及派送时间，做到心中有数。物流公司上门取件后，卖家只需填写运单号码，单击“确认”按钮即可完成发货。

2）填写快递单。作为第一笔生意，卖家要格外慎重，快递单的填写尤其要仔细。以“申通快递”为例，如图 6-44 所示。

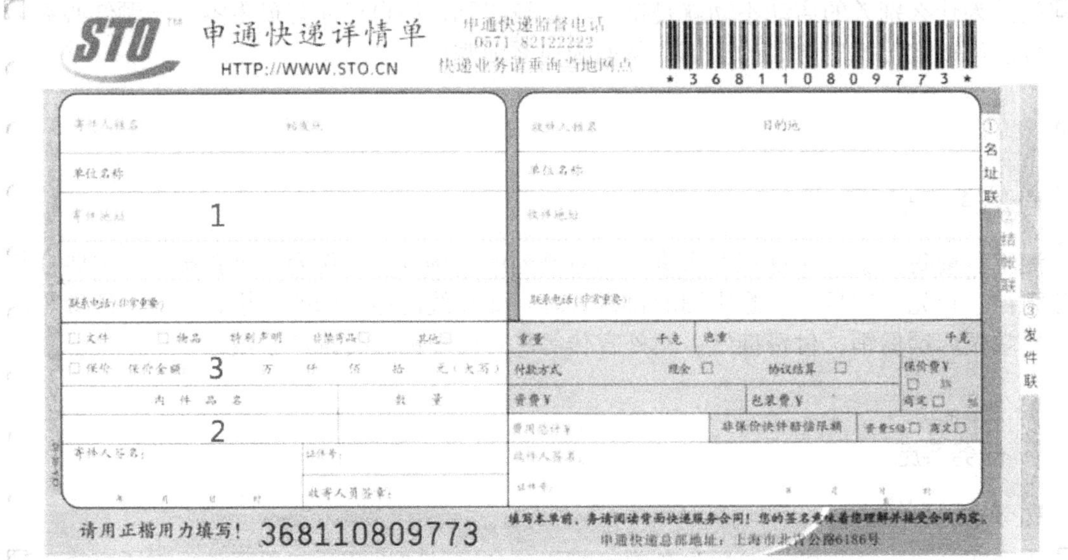

图 6-44　快递单

在填写快递单时，买家的姓名、地址和联系方式都是必填项，联系方式尤其重要，快递员在派送货物时都会先电话联系买家，未能取得联系的不派送。

在图标 1 处，可以填写自己的店铺地址和主营业务，这也是一种免费推广店铺的方式。

在图标 2 处，如果邮寄的是普通物品，则应详细填写发货商品的名称和数量，方便买家收货时进行核对。但如果邮寄的是贵重物品，建议不要写，容易引起丢件或换包等情况。

在图标 3 处，建议当邮寄贵重物品时，选择保价，保价费用并不高，一旦发生纠纷，快递按 3 倍费用进行赔偿。

建议卖家在面单上备注：“请顾客当面签收，有问题请拒收”，虽然看似微不足道的几个字，也可以减少很多物流纠纷。

3）包装发货。发货一般应在当日内完成。在发件完成后告知买家什么时间走件、发货单号和查询方法，以安买家之心，买家可以自己查询货物，随时了解自己的货物情况。

在发货前还有一个重要程序就是包装。商品包装的好坏直接决定着买家对商品的第一印象，质量再好的商品放在脏乱差的包装盒里也会使价值大打折扣，因此作为卖家要掌握一定的包装技巧。

① 首先要准备好包装材料。常用的包装材料有销售包装盒、外包装纸盒、塑封袋、胶带等。

② 根据订单进行包装。将相关的商品、商品说明书、发货单、赠品等装入销售包装盒。

③ 最后将销售包装盒装入外包装纸盒。装箱后，用胶带封箱是包装的必要条件，先封住

纸箱闭合处存在的缝隙。然后在边角处粘上胶带，这样不易产生裂源，更耐挤压。全部完成后在外包装纸盒上贴上快递单。

3．交易评价

淘宝网会员在使用支付宝服务成功完成每一笔交易后，双方均有权对对方交易的情况作一个评价，这个评价也称为信用评价。

评价分为“好评”“中评”“差评”三类，每种评价对应一个积分。具体为：“好评”加一分，“中评”零分，“差评”扣一分。评价的有效期是交易结束后的 15 天以内。在评价生效后的一个月内，评价可以修改。

卖家评价步骤：已卖出的宝贝→选择需要评价的订单→评价。

买家的评价直接影响着产品的销售，好的评价会增加商品的销量，但是有可能一个差评会使得商品销售停滞，因为网购中买卖双方互不见面，买家希望通过其他买家的评价来获得更多参考和意见，以决定是否值得购买。那么如何引导买家给予好评？

信用评价体系是网络零售的核心，在商家竞争异常激烈的今天，“服务”已经成为商家脱颖而出的利器，而服务最直接的反映就是客户的好评。首先，必须清楚顾客给予好评的条件：

好评=好的顾客体验+评价。

（1）好的顾客体验需要具备的条件

① “上帝”的服务：客服熟悉产品、非常热情、耐心解答，回复时间不超过 30s；发货较快、包装有档次，主动帮助买家处理物流、售后问题。

② 靠谱的产品：顾客打开包装，看到商品的那一刻，已经决定是否给差评。所以产品的质量以及是否与宝贝描述相符，都会影响顾客最终的评价。

③ 超出预期的惊喜：如果商家希望能获得更多好评，那么无论是在服务上还是在产品上，必须要超出顾客此前的预期。比较可控的方法有小赠品、VIP 福利等。

（2）当具备以上条件之后，最终还需要人为地推动顾客来评价，有效的方法如下

① 老顾客的评价：通过在宝贝描述页面、帮派等地方展示老顾客的好评，不仅是推动成交，还可以在潜意识里引导顾客的从众心理，从而给予类似的好评。

② 温馨提示：在买家等待收货期间，建议以短信的形式提示其发货和物流信息，可以放置手写的小贺卡，做客户关怀。有条件的情况下以电话的形式做回访，顺便提醒买家在收货之后给予好评。

③ 推出“写好评，得大奖”之类的活动，除了在相关页面有显示，在客户付款之后，旺旺上、短信中、电话中、贺卡上都可以提醒此活动。

4．店铺促销

与开设实体店铺一样，在网上开店也需要开展一些让利促销活动来吸引顾客，增加客流量。为此淘宝网在“卖家中心”专门设置了“营销中心”这一模块。

（1）店铺营销中心

① 进入淘宝网“卖家中心”，在“营销中心”模块，单击“店铺营销中心”，可以进行店铺活动的创建、管理及数据分析。

② 店铺活动包括 PC 端活动和手淘活动。其中 PC 端活动包括店铺引流、老顾客维护、会员专享、客户互动、淘金币专区五大板块的活动。手淘活动包括店铺引流、老顾客维护、客户互动三大板块的活动。卖家可以根据自己的情况创建自己网店的营销活动。

（2）淘宝站内活动

① 淘宝网不定时地为淘宝店铺开设了一些促销活动，卖家可以选择参加。参加淘宝网促销活动的具体操作步骤如下：进入淘宝网“卖家中心”，在“营销中心”模块，单击“活动报名”。淘宝网提供的各项营销活动会进行列表显示，并且会显示卖家是否能参加。

② 单击“可参加的活动”，可以直接看到可以报名参加的活动列表，如图 6-45 所示。在打开的页面中查看活动要求，如果符合要求，则单击“立即报名”按钮。

图 6-45　可参加活动列表

③ 在打开的“填写报名信息”页面中填写店铺信息、要参加促销的宝贝的相关信息。

5．付费推广

淘宝网提供了一些付费推广工具，比如付费营销工具、淘宝直通车、钻石展位等。

（1）付费营销工具

淘宝网官方提供 4 种付费营销工具，分别是：搭配套餐、限时打折、满就送、店铺优惠券。每种营销工具都可以按一季度、半年、一年进行付费购买，也可以将 4 种工具打包购买。购买完成后即可按照自己的情况进行设置。

（2）淘宝直通车

淘宝直通车是为淘宝卖家量身定制的，按点击付费的效果营销工具，实现宝贝的精准推广。淘宝直通车推广，用一个单击，让买家进入店铺，产生一次甚至多次的店铺内跳转流量，这种以点带面的关联效应可以降低整体推广的成本和提高整店的关联营销效果。

淘宝直通车展现的位置主要在 5 个地方：关键词搜索结果页右侧掌柜热卖 12 个；关键词搜索结果页底部掌柜热卖 5 个；首页搜索文字链接单击后搜索结果页中部前 4 个掌柜热卖；淘宝网热卖页面；爱淘宝页面位置，主要由站外进入爱淘宝页面（http://re.taobao.com）。

注意：目前申请加入淘宝直通车，店铺需要同时满足以下条件，信用等级≥2 心、店铺动态评分各项≥4.4 分；店铺主营商品所属的类目需要先加入“消保”并缴纳保证金后才能申请使用淘宝直通车软件服务。

1）加入淘宝直通车。

淘宝直通车登录步骤是：我的淘宝→卖家中心→营销中心→淘宝直通车。

新用户加入淘宝直通车费用预存 500 元起（和手机预存话费类似，没有任何服务费用）。用户所充值的金额全部都是未来可使用的推广费用。提示充值成功之后，即表示已开通淘宝直通车服务。淘宝直通车按照点击来收费，宝贝展现是免费的，只有点击了才会产生扣费。

2）淘宝直通车推广基本流程。

① 新建推广计划。我的直通车→我要推广→新建推广计划→填写推广计划名称→保存并继续。

② 选择推广宝贝。进入推广计划，选择新推广的宝贝后，通过翻页或者直接搜索找到要推广的宝贝，单击“推广”按钮。

③ 编辑推广内容。“直通车推广内容”字数限制为 20 个汉字。如果字数超出，则系统会提示超出字数，超出部分不予展示，需要调整。另外，尽量设置满两个标题，充分利用两个标题，突出宝贝卖点和活动。

④ 选择关键词。方法主要有以下四种：

a）直接输入已经知道的关键词，然后按<Enter>键换行，或者是直接复制文档里的关键词，粘贴即可。

b）使用系统的推荐词——“系统推荐词”，直接单击或添加当前页。

c）使用关键词的相关词——“相关词查询”，直接单击或添加当前页。

d）使用“正在使用的关键词”，直接单击或添加当前页。

⑤ 启用类目出价。可以选择“启用”或“不启用类目出价”。近半数的淘宝成交来自类目浏览，建议启用，让更多买家看到宝贝。

⑥ 设置默认出价。推广一个新宝贝的“默认出价”是对该宝贝已设置的关键词和类目的统一出价。在推广完成后可单独修改每个关键词或者类目的出价。

⑦ 推广计划的投放设置。主要包括日限额、投放城市、投放时间、投放平台设置。

（3）钻石展位

钻石展位是专为有更高信息发布需求的卖家量身定制的产品。精选了淘宝最优质的展示位置，通过竞价排序，按照展现计费，性价比高。更适于店铺、品牌的推广。目前申请加入淘宝钻石展位，店铺需要同时满足多个条件，感兴趣的读者可以到阿里妈妈客服中心查询相关条件。

钻石展位推广的操作流程主要包括：可用展示位资源查看、投放计划创建、投放计划暂停、更换计划图片、调整计划出价/日预算、调整计划投放日期、添加展位图片、消费账户充值等。

6．站外推广

（1）淘宝客推广

淘宝客推广是专为淘宝卖家打造，按成交计费的推广模式。淘宝客从淘宝联盟拿到卖家推广商品的链接，在聊天、论坛、博客和个人网站或其他地方推广商品，买家通过推广链接进入完成交易后，淘宝客拿到该卖家一定比例的佣金。

以下 6 个条件必须同时满足的卖家才能加入淘宝客推广：

① 掌柜的店铺星级在一颗星以上或参加消费者保障计划。

② 店铺非虚拟交易近半年的 DSR（Detail Seller Rating，卖家服务评级）评分三项指标不得低于 4.5（开店不足半年的从开店之日起算）。

③ 店铺好评率不得低于 97.5%。

④ 掌柜的店铺状态是正常的。

⑤ 掌柜的店铺内，有一口价的商品（大于等于 10 件），拍卖的商品不能参加推广。

⑥ 掌柜的店铺内，商品状态正常，并且结束时间比当前系统时间晚。

加入淘宝客的步骤：登录淘宝→卖家中心→我要推广→淘宝客推广→阅读淘宝客推广协议→注册。注册完成后，进入“新增计划”→“设置类目佣金比率”页面。勾选主推的商品（最多可选择 30 件商品），单击“下一步”按钮，然后设置佣金比率，即可设置完成。设置完毕，此时页面会显示当前设置的主推商品的所有状态，需要注意的是，此时的佣金比率不会立即生效，鼠标指向时钟会显示生效时间。

（2）外部网站推广

① 返利网站：即网站与商家达成协议，凡是买家用过合作平台前往商家成功购买商品，商家根据商品金额支付给合作平台一定的费用。目前主要合作形式为 CPS（Cost Per Sales，按销售付费）赢利模式。

举例：返利网、返利优惠网购、易购网等。

评价：现在的返利平台质量参差不齐，建议卖家尽量考虑有实力、信誉的大平台，确保自身权益。

② 社交网站：即卖家以个人关系网络为核心展开的关系营销，重点在于建立新关系、巩固老关系，以支持其业务的发展。

举例：微博、微信、贴吧、人人网。

评价：拥有庞大的用户群和流量，但一直没有寻找到合适的推广方式。大部分无法做到精准的到达营销，后期转化效果常是未知数。

③ 导购类网站：即指导对网上购物不熟悉的消费者，或是把各大电商网站进行对比后，挑选出一些性价比高的商品导购网站。

举例：蘑菇街、美丽说、口袋购物。

评价：站外推广的质量和用户精准性均较高，是网购交易的上游环节。相对于站内推广，其营销成本和技术门槛都很低，已成为卖家新宠。

④ 广告联盟：即指集合众多网络媒体资源组成联盟，通过联盟平台帮助广告主实现广告投放，并进行广告投放的数据检测统计。

举例：阿里妈妈、百度联盟。

评价：目前市场上做广告联盟的公司众多，主流媒体都能覆盖，但质量参差不齐，后期效果监测也难以保障，适合有一定技术背景的商家。

相关知识

1．网店网络营销的方法

针对网店的网络营销方法很多，现在要提出一些网络营销新方法。

1）知识型营销：如同百度知道、搜搜问答等，通过用户之间的互助关系，达到一定“链锁推广”效应。按照分类进入自己擅长的频道进行解答互助，提升在圈内的知名度，使其产生“粘带”性。扩展完善自己的个人资料，合理自然出现自己所要表达的内容，这个需要有耐心。要注意底下的参考资料和地图标识，要充分利用资源合理编排，帮助用户解决问题。

2）新闻类营销：即事件营销。新闻类营销取决于实体企业线下的一些重大有意义的活动，能够产生社会效应，策划组织有积极意义的活动，进而制造“新闻热点”，最终引起媒体及社会的关注，进而达到营销的一种方法。

3）微博营销：也是近两年出来的一种新型营销方法，关键点在于如何组织策划广告词。同时这个也关系到产品或服务的营销根基以及用户群体大小问题。

4）威客营销：威客营销之间存在招标和悬赏的关系，在招标的期间内也是产品服务展示的一个营销点。

5）网络红人：这也是近年来网络上特别爆热的一个话题，但怎么去利用这一点，值得大家好好思考，淘宝里面有红人，娱乐圈里也纷纷爆出一些网络红人，如果是做产品服务则可以考虑淘宝模式红人，特别对于做服装类的，在彼此允许的情况下，策划一下如何将自己的签约模特“炒红”，合理运用，切勿极端化。

6）图片营销：图片营销存在两个营销点，产品本身特点以及模特造型搭配。另外一个是视觉色彩把控，最终表现：清爽，自然，突出产品特点，色彩合理搭配，进而激发用户心目中的购买欲望。

7）贴吧营销：贴吧好比论坛一样，互动性比较强，搜索关键词度比较大，比如百度贴吧。注意，不管是百度论坛、百度贴吧还是百度知道，如果做，那么就要做好，否则也是垃圾广告，无济于事，正所谓“有问必答”“有求必应”。

8）视频营销：视频营销首先要结合企业内部大型活动或事件，类似于前面提到的“新闻类营销”一样，要有东西，有好东西，有用，可观性强的一些内容作为视频才行。可以展示企业、产品、服务、新闻等，可以发布到一些视频网站上。

9）口碑营销：产品服务的好坏将会是影响口碑好坏的直接点。因此，企业在做营销的前提下首先完善自己的产品与服务，这样方可起到事半功倍之效，一个买家可能会告知亲朋好友，一传十，十传百……在一定程度上，口碑效应胜过任何推广。因此，大家在这方面要认真策划。

10）即时通信营销：目前网络上较为流行的就是QQ、旺旺等，即时通信的特点在于“速度快”，第一时间得到最新消息，也体现出电子商务的及时性、便捷性及无地域性，好比千里传音一样。

11）公关营销：公关营销一定程度上要有一定的“关系链组合”，也就是企业与媒体、政府、社会建立的关系。通过赞助活动、公共活动以及大型企业间的合作，诚邀媒体采访，顺应社会发展以及政府的支持，这样就会产生“新闻效应”进而产生“口碑效应”，外界人士方可更多地了解企业文化、产品和服务，最终达到营销的作用。

12）SNS 营销：SNS 即 Social Network Service，社交网络服务。依据六度理论，以认识朋友的朋友为基础，扩展自己的人脉，并且无限扩张自己的人脉，在需要的时候，可以随时获取一点，得到该人脉的帮助。SNS 网站，就是依据六度理论建立的网站，帮你运营朋友圈的朋友。其实推广营销人员无非就是哪里有人去哪里，谁先发现“新大陆”谁就是受益者。因此，要不断寻找一些“新大陆”有创意地第一时间展示自己。

13）点评营销：点评营销其实就是上述的口碑营销里面的线上口碑营销，这不仅是一个评价，而且是一个消费者对该企业商品与服务的肯定与认可。同时，消费者的一个评价将会起到一个口碑性的连锁效应。好与不好、销量的好与坏可能就在此引发。一个好的点评将会给下一个消费者肯定，一个评价也胜过商家的任何推广营销。反过来，产品服务的好与坏是靠市场来说话。因此，建议各类商家在企业的运营过程中必须以市场消费者为导向，没有市场，那么产品自认为再好，也是无人问津的。

14）创意广告营销：创意广告在实施过程中一定不能忘记广告的本质，过于抽象未必是好事，百姓无法识别。广告必须要做到两点：信息的传达能够让消费者理解；要能够体现出品牌的价值。

15）病毒式营销：病毒式营销要通过一套合理的策略引导并刺激用户主动进行宣传，是建立在双向互利的基础上的一种营销模式。一种口碑式的连锁效应营销，在用户得益的前提下无意识中起到了一种推广。要注意的是“热点”度要高。例如，免费空间、免费二级域名、便民服务类、免费计数器等，用户在使用的过程中感觉很好就会通过口碑（线上/线下）方法传播。

16）百科营销：百科，大家或许已经有所了解。例如，百度百科、搜搜百科、互动百科等。合理完善地将公司的文化历史、产品信息予以编辑，亦可起到推广之效。特别对于百度搜索引擎的用户，大家尽量选择合理利用百度产品，一定程度上百度首先注重的是自己的产品，同一个关键词先出现的可能就是百度自己内部的一些，所以大家好好运用即可。

17）新媒体营销：个人微信和微信公众平台的建设和推广，社交网络平台建设和推广，QQ 空间及豆瓣网的营销。

还有其他营销方法，读者可以合理利用：电子邮件营销，数据库营销，线下营销（电梯广告，车体广告，网吧桌面广告，发放传单等）。

基本的推广方法就这些，其中部分的营销法是互通相辅相成的。因此，一定要做好每个细节，以平常心态踏实做好每个步骤，在发展中寻求创新。营销无处不在，一个图标、一个网络语都有可能成为营销。

2．淘宝直通车操作优化

（1）宝贝选择

宝贝的选择要从以下几点考虑：

① 宝贝应季性和前瞻性。如在盛夏重点推广雪纺裙和 T 恤时，要及早为秋款打底衫作预热。

② 宝贝符合当前潮流趋势和社会主流价值需求。如夏天销售的 T 恤，具有莱卡、泡泡袖、人头像等大热的时尚元素，则更容易被大众接受，对成交也有促进作用。

③ 宝贝具有一定的成交记录和客户评价。由于网购无法看到实物，用户除了通过图

片和文字介绍来了解宝贝外，历史购买记录和客户的评价也是用户是否会产生购买行为的重要依据。

④ 宝贝货源充足。推广对宝贝的销量有推进作用，同时，也会产生滞后购买效应，所以库存量充足也是推广不可忽视的。

⑤ 宝贝市场需求量大，目标购买人群规模较大。重点推广的宝贝最好是市场大、目标用户群范围较广的，新奇特或者个性的宝贝作为人气宝贝推广存在一定的市场需求。

⑥ 宝贝在货源渠道和销售价格上具有优势。推广为宝贝争取了更多展示机会，如果产品有价格优势，对成交的推动和成本的控制都会有一定的推动作用。如市面上雪纺衫，大部分价格集中在80～120元，如果自己的产品成本可以在40元以下，则相比推广优势会更大。

⑦ 宝贝颜色尺码等齐全。由于客户需求不同，如果具备多种颜色可以供选择，并且常用尺码都备货充足，则对销售也会起促进作用。

（2）关键词优化

① 关键词设置原理。站在买家的角度思考问题，思考买家会搜索什么词；宝贝名称词，如毛衣、雨伞、T 恤等；宝贝详情里的属性词；组合词（组合词=名称词+属性词，如毛衣+红色；组合词=属性词+属性词，如套头+长袖）；其他买家会搜索的词。

② 关键词来源。关键词来源设置主要有4种方法：分析宝贝特征填入相对应的词语；可以在社区帮派中寻找别人推荐的关键词；可以在宝贝淘宝排行榜中选择使用淘宝网排名最靠前的行业关键词；在数据魔方的后台，可以选择热搜关键词加以使用。

③ 关键词选词方法。淘宝直通车系统关键词；宝贝标题中的关键词；宝贝详情中的关键词；淘宝首页搜索下拉列表中的关键词；“你是不是想找”以及更多筛选条件中的关键词；“类目词”中的关键词。

其中淘宝直通车系统关键词包含以下几种：系统推荐词即系统根据宝贝相关性信息提取的关键词推荐；相关词查询，即在搜索文本框中输入任意词，查询本词及相关词的流量等情况。如输入“毛衣”，则系统会显示：毛衣、韩版毛衣、女式毛衣等关键词及相关信息；正在使用的关键词：当前账户中其他宝贝的关键词。

（3）提高标题和图片点击率

直通车推广标题必须要突出亮点、有创意，才能引人注目，比如可在标题中添加特价、秒杀、包邮、折扣、正品等吸引人的词汇，以吸引大家的关注。

直通车推广图片必须要清晰，突出商品的特征，最好还可以与上下广告位的宝贝图片有所差异，醒目的图片能更好地吸引顾客，增加页面到达率。

（4）定价策略

直通车推广的定价很难设置，出价过低就会没流量，出价过高会太费钱，很难在两点之间找到平衡点，所以必须去寻找到一种可以保证不亏钱，且不至于没流量的定价方法。

点击价值，即指一个点击能带来多少利润。只要点击商品花费的金额低于商品点击价值就不会亏钱，这也是直通车效果的直接反应。目前淘宝网还没有提供点击价值的数据为卖家参考，但有些服务平台商已推出了近似的功能。保证直通车不亏钱，首先要学会成本核算，了解店铺的毛利润是多少。毛利润就是销售额减去成本后的费用，即商品的利润减去直通车的费用。而点击价值实际上就是商品在一个时间段内的利润除以这个时间段的点击量。查看某段时间的点击量的具体操作步骤如下：

① 进入“我的淘宝”页面，单击左侧栏的“数据分析”按钮，进入“量子恒道店铺统计”页面。

② 单击页面左侧的“宝贝被访排行榜”按钮。

③ 在“宝贝被访数据”页面中可以看到想查阅宝贝的最近 30 天的数据，包括关注度、浏览量、访客数、平均访问时间、入店数、出店数等。由得到的数据分析直通车的效果，然后进行投放改进。

3．淘宝客推广技巧

（1）调整佣金比例

投放的商品佣金比例尽可能要比同行的高，比如说可以超过 5%，最高达到 10%。佣金比例越高对淘宝客来说越有吸引力。只有在众多商品中脱颖而出，首先吸引淘宝客的目光，才能带来好销量。

（2）挑选优秀的商品

淘宝客推广绝对不应该成为卖家滞销品的仓库，只有诱人的销售记录，有说服力的标题，才能带给淘宝客和买家信心。

（3）调整当季、合适的商品

关注淘宝客推广后台，当忙着为店铺更新换季的时候，不忘调整淘宝客推广上的商品。将淘宝客推广当作第二间店铺，而且是一间面向全互联网的店铺。常换常新，根据效果来调整商品和设置，才是好销量的保证。

（4）设置优秀的标题、简介

突出希望传达给买家的商品价值点。比如某件商品正在搞促销，或者有赠品，或者是某个品牌，最好能在标题和简介里明确体现，第一眼就能吸引淘宝客的目光。

（5）额外奖励刺激

如果希望有更多的优秀淘宝客帮助推广商品，还可以在佣金之外，对淘宝客设置额外推广激励计划。

4．淘宝站内其他推广方式

网店商品的推广方式除了利用淘宝客、淘宝直通车、钻石展位、搭配销售外，还有一些别的方式，比如，淘金币、淘女郎、新品中心等。

淘金币是淘宝网的虚拟货币，能够在淘金币这个平台兑换、竞拍到品牌折扣商品。对于卖家而言，它是很好的营销互动平台，它是一个快速提升品牌形象，打造口碑营销的平台。拥有优质的客户群体和每天大量的 PV，可以帮助在淘金币平台上展示品牌，提高品牌曝光度。精准的消费群体和高转化率及购物分享可以很好地帮助打造口碑营销，拉拢回头客。

淘女郎平台不仅是一个淘生活的秀场，更是发掘淘宝草根麻豆的星场，也是一个麻豆网。在打造具有时尚影响力的网络红人和达人的同时，更是让淘宝各大品牌和其他媒介便于寻找到最适合的店铺代言或当家麻豆。对于商家来说，加入淘女郎平台，是一个寻找网模、推广店铺的营销平台。

淘宝新品中心是针对品牌商家的新品上市网络整合的营销平台。现在，越来越多的新品发布活动将在网络上进行，但是很多新品发布时，暂时是没有生意的。新品中心的目的就是在新品上市前帮助商户做好市场探测、聚集人气、创造抢购氛围，通过这些来提升店铺的流量，打造品牌影响力，提高营业额，为二次销售做好铺垫，同时起到带动性营销。

拓展训练

1）尝试利用淘金币进行网店商品推广。
2）申请店铺免费试用功能并开展此活动。

实战训练

1）请为自己的网店设置 1、2 个店铺推广活动推广网店商品。
2）利用 QQ 等即时通信工具进行网店商品推广。
3）利用微博、微信宣传自己的网店。

参考文献

[1] 宋文官．电子商务实务教程[M]．5 版．北京：高等教育出版社，2014．

[2] 相成久，等．电子商务应用与运营[M]．2 版．北京：中国人民大学出版社，2014．

[3] 中国就业培训技术指导中心．电子商务师国家职业资格培训教程（国家职业资格三级）[M]．北京：中央广播电视大学出版社，2014．

[4] 浙江淘宝网络有限公司．C2C 电子商务创业教程[M]．北京：清华大学出版社，2008．